AF450715

Editorial
NUN

Philosophia mundi

Ficha bibliográfica

Guillermo de Conches

Philosophia mundi
1a. edición, 2023

ISBN: 978-607-59880-2-3

Editorial Notas Universitarias, S.A. de C.V.
Colección Sapientia

Impreso en la Ciudad de México, julio de 2023
Formato: 18 × 24 cm

208 pp.

Editorial NUN

es una marca de Editorial Notas Universitarias, S.A. de C.V.

Xocotla17, Tlalpan Centro II, alcaldía Tlalpan,
Ciudad de México, C.P. 14000

www.editorialnun.com.mx

Versión impresa ISBN: 978-607-59880-2-3
Versión digital ISBN: 978-607-59880-1-6

Los textos aquí presentados fueron arbitrados (doble-ciego) y dictaminados por especialistas
nacionales e internacionales.
Posteriormente fueron revisados, corregidos y modificados por los traductores antes de llegar a su versión final.

Dirección editorial y diseño de portada: Miryam D. Meza Robles
Cuidado de la edición: Óscar Díaz Chávez
Lecturas: Casandra D. Álvarez García
Traducción: Carlos Rafael Domínguez, Claudio Calabrese y Ethel Beatriz Junco
Revisión técnica y responsable de la compaginación latina: María Gabriela López Solana
Diagramación y versión digital: Alejandro Ramírez Monroy

Impreso en México

Philosophia mundi

Guillermo de Conches

Carlos Rafael Domínguez
Claudio Calabrese
Ethel Beatriz Junco
(Traductores)

Agradecemos a la Casa Editorial La Finestra Editrice, en la persona de su fundador Marco Albertazzi, el libre acceso que nos ha permitido de su edición crítica de Guillelmi de Conchis, *Philosophia* (a cura di Marco Albertazzi), Lavis: La Finestra Editrice, 2010.

Índice

Guillermo de Conches, un maestro del siglo XII

Una introducción a su contexto cultural
y a su obra *Philosophia mundi*

1. El siglo XII

Sapientia et philosophia idem sunt.

Guillermo de Conches

El siglo XII constituye uno de los puntos de inflexión en la historia de la cultura, pues, por un lado, vemos prolongarse los logros de la época carolingia y, por otro, asistimos a la ampliación de la imagen del mundo que conllevan las cruzadas, que ponen en contacto asiduo a Europa con las culturas bizantina y árabe. Se expanden los centros de traductores, especialmente en España (Toledo y Barcelona) y en Italia (Sicilia, Nápoles y Bolonia). En conjunción con esta nueva realidad, continúan con vigor las escuelas fundadas en el siglo anterior, junto con las nuevas como Chartres, Notre-Dame, San Víctor y Santa Genoveva. En esta época se concentra una generación de intelectuales que articularán la producción de nuevos conocimientos: Guillermo de Conches, Honorio, Pedro Abelardo, Santa Hildegarda, Thierry de Chartres, Bernardo Silvestre, Juan de Salisbury, Alan de Lille, Gilberto Porretano y Pedro Lombardo, por solo nombrar algunos de los más significativos. Fue una época vivaz, efervescente, contradictoria y, consecuentemente, muy poco monótona.

En este escenario, asistimos, entonces, a un nuevo florecimiento de la cultura: se desarrolló una muy importante actividad de índole propiamente filosófica, especialmente en el marco de las escuelas de París, Chartres y Saint-Victor; en efecto, el encuentro de maestros y discípulos se da en este nuevo contexto institucional, suscitado también por el auge demográfico y la consecuente urbanización, que comenzó a consolidarse desde la segunda mitad del siglo anterior; buena parte de los conocimientos, que esta nueva época requería, se obtenían en las mencionadas escuelas. La afluencia de traducciones del griego y del árabe conmocionó los estrechos márgenes en que se había desenvuelto la cultura latina hasta ese momento;[1] fueron necesarios, por ello,

---

[1] Lemoine, M. M. "Guillaume de Conches, première philosophe moderne?", en *Bulletin de la Société Nationale des Antiquaires de France*, 2001, 125. Disponible en <https://www.persee.fr/docAsPDF/bsnaf_0081-1181_2001_num_1997_1_10175.pdf>.

nuevos modelos de aprendizaje, es decir, un paulatino perfeccionamiento de los instrumentos intelectuales, bajo la forma de reunión de sentencias de los Santo Padres,[2] y de temas que eran objeto de discusión académica (las famosas *quaestiones*), cuyo tratamiento se hizo sistemático, al ordenarse aquellos textos según una continuidad temática (*de Deo, de mundo, de homine*) y comentarios de textos sagrados y profanos.[3] Esto condujo al redescubrimiento de la lógica, la cosmología, la antropología y la hermenéutica. En este marco de novedad institucional y metodológica resultó natural que los pensadores de la época se sintieran inclinados a interrogarse por la naturaleza de su actividad; ello implicó el esfuerzo por hacer propia la finalidad de su obrar, es decir, responder a las preguntas ¿qué es la filosofía? y ¿cuál es el lugar del filósofo en este nuevo tiempo? Según Agustín de Hipona, quien seguía el *Hortensius* de Cicerón, la filosofía es el conocimiento de las cosas divinas y humanas y de sus causas; los filósofos medievales, siguiendo este camino, la consideraron un saber puesto al servicio del vivir bien, es decir, de la sabiduría. La comprensión de esta *sapientia*, sin embargo, ha cambiado respecto de la concepción greco-latina, pues se la considera tanto desde la perspectiva trascendente de Dios como de los hombres, hechos a imagen de su creador. La condena de san Pablo a la forma mundana de sabiduría continuaba repitiéndose, pero más como un tópico literario y erudito que como una convicción de orden espiritual; la lectura de los intelectuales del siglo XII deja el convencimiento, en todo caso, de que se trata de una polémica del pasado, nítidamente perteneciente al orbe de la patrística, que nada decía o sugería a su presente. De este modo,

---

[2] Calabrese, C. "Introducción", en Pedro Lombardo, *Sentencias*. Arequipa: Universidad Católica de San Pablo, 2012 (Tr. Carlos Domínguez).

[3] La noción de "comentario" no debe conducirnos necesariamente a la idea de una labor continuada, correspondiente a las preocupaciones intelectuales y pedagógicas de una única persona; de hecho, se trata de un trabajo que comenzaba en el aula: el maestro anotaba entre líneas lo que los alumnos no habían comprendido o que así él consideraba (a esto se lo conoce con la denominación técnica "escolio" y tenía una extensión variable, pero usualmente abarcaba varias líneas). La glosa consistía sí en una explicación más detallada de un pasaje, lo que normalmente significaba una ampliación del texto traducido, es decir, no se diferenciaba de la versión propiamente dicha; podían reunirse estas anotaciones en *Glossae collectae* o aportaciones a las palabras o frases relevantes de texto o *lemmata*. Nos interesa insistir en dos características de las *Glossae*: a) se trataba de una actividad pedagógica que, como tal, estaba dirigida a los alumnos y b) consistía en un comentario continuado, aunque ello no implique afirmar que necesariamente tenía un único autor. Papahagi, A. "*Glossae Collectae* on Boethius's *Consolation of Philosophy* in Paris, BN Lat. MS 13953*", en *χωρα. Revue d'études anciennes et médiévales. Philosophie, théologie, sciences* 6 (2008) 291-337; O'Sullivan, S. *Early Medieval Glosses on Prudentius' Phychomachia. The Weitz Tradition*. Leiden/Boston: Brill, 2004, 23-24.

siguieron la senda agustiniana, construida en la época de Casiciaco, que considera a Platón y al Génesis en un mismo nivel.

1.1 La Escuela de Chartres

La adecuación intelectual a este nuevo estado de cosas fue pensada fundamentalmente en Chartres, donde floreció el estudio de Platón en diálogo con las Escrituras; los estudiosos han denominado a esta relectura "Humanismo medieval" (nos detendremos sobre este concepto más adelante), el cual plasmó, durante el siglo XII, en autores como el que nos ocupa, una cierta autonomía de lo humano respecto de Dios, es decir, un modo de pensar y de hacer teología que no se mantendrá más allá de este siglo, a causa de la introducción de Aristóteles y de la presión que sobre este paradigma intelectual ejerció la interpretación medieval de Agustín de Hipona, que conocemos como "agustinismo". La novedad es lo suficientemente significativa para que categorías conceptuales como "monasticismo" o "escolástica temprana" puedan aportar algo de claridad; en principio, la impronta de los estudios platónicos, direccionados a la comprensión de las Escrituras, no implicó una distinción disciplinar entre filosofía y teología, sino un encuentro de recursos retóricos, lecturas clásicas (de matriz latina o griega traducidas a la lengua del Lacio) y agudeza hermenéutica de naturaleza filosófica y teológica a la vez. La literatura de la época puede ofrecernos elementos para una mejor comprensión de esta atmósfera intelectual; esta, a su vez, estuvo marcada por dos momentos concurrentes: a) por un extraordinario desarrollo de las artes del lenguaje y por el encuentro de estas artes con la comprensión de la Biblia y b) un amplísimo trabajo de traducción de textos, fundamentalmente griegos y árabes, al latín y los comentarios que fueron necesarios para su comprensión y transmisión en las escuelas.[4]

Como señalamos poco más arriba, Chartres fue el espacio intelectual en el que comenzó a forjarse una nueva y compleja imagen del mundo: filosofía neoplatónica (incluida la reinterpretación de Aristóteles mediante la *logica nova*), preocupación por el conocimiento de la literatura preferentemente latina, fe cristiana y ciencia árabe (en especial física y fisiología); aquí justamente Guillermo de Conches estudió y pasó parte de su vida como profesor,

---

[4]   De Libera, A. *La Filosofía medieval*. Buenos Aires: Docencia, 2000, 313-315.

fundamentalmente es el ámbito donde se generó una de las síntesis más originales con el mundo clásico.

El obispo san Fulberto (960-1028), discípulo de Gerberto de Aurillac (el futuro Silvestre II, papa entre 999-1003), fundó la Escuela en la ciudad de Chartres, próxima a París, en 990.[5] A principios del siglo XII, en cuya primera mitad alcanzó la Escuela su mayor relevancia, destacó el canonista san Ivo de Chartres, quien murió en el 1117. Debemos esperar, sin embargo, hasta Bernardo de Chartres, para que la Escuela alcanzara la fisonomía intelectual y pedagógica que la distinguió de otras fundaciones catedralicias o monacales. ¿Cuáles fueron las características? En principio, su interés por el *quadrivium*, desvelo que encontramos, desde su origen, en Gerberto de Aurillac y su preocupación por las matemáticas, la astronomía y las ciencias naturales.[6] Al mismo tiempo, se intensificaron los estudios de retórica, que formaba parte del *trivium*, dando lugar a un auge literario, que irá de la mano del cultivo de la filosofía antigua; además de las obras lógicas de Aristóteles ya conocidas (*Categorías*, *Sobre la interpretación*), se integran las que comienzan a reaparecer en Europa (*Primeros* y *Segundos analíticos*, *Tópicos* y *Argumentos sofísticos*), integrados a los comentarios de Boecio y la *Isagogé* de Porfirio (el conjunto de estas obras se conocerá como *Logica nova*). En esta misma línea de trabajo se comentaron el *De Trinitate* de Boecio[7] y el *Timeo* de Platón,[8] lo que conllevó que el resurgimiento literario antes mencionado se conjugara con el platonismo, cuya recepción siguió la huella de san Agustín; la Escuela asumió la doctrina ejemplarista: las ideas están en Dios, quien obra de acuerdo con aquellos modelos, dando la *forma essendi* a las cosas. Sin duda, se continúan y se profundizan las tesis agustinianas sobre la creación, tal como están presentes en *De Genesi ad litteram*; en efecto, el recurso del neoplatonismo para explicar la doctrina cristiana se articula en dos goznes: por un lado, la poderosa analogía entre la idea de Dios y la de Bien y, por otro, la concepción de una materia

---

[5] Teixeira Lopes, J. F. "La escuela de Chartres y la tradición del *Quadrivium*", en *Cuestiones Teológicas*, 41/96, (2014) 403–424. Recuperado a partir de ‹https://revistas.upb.edu.co/index.php/cuestiones/article/view/308›.

[6] Riché, P. "La Renaissance intellectuelle du Xe. siècle en Occident", en *Cahiers d'Histoire*, XXI (1976), 27-42; Duby, G. *L'anno Mille: storia religiosa e psicologia collettiva*. Turín, Einaudi, 1976, 153ss.

[7] De Rijk, L. M. "On Boethius' Notion of Being. A Chapter of Boethian Semantics, Kretzmann, N. (ed.). *Meaning and Inference in Medieval Philosophy*. Dordrecht-Boston-Londres: Kluwer Academics Publishers: 1988, 1-29.

[8] Caiazzo, I. "La forme et les qualités des éléments : lectures médiévales du Timée", en F. Celia y A. Ulacco. *Il Timeo. Esegesi greche, arabe, latine.* Pisa: Pisa University Press, 2021, 307-345; Brasa Díez, M. "Luces y sombras en el siglo X. Gerberto de Aurillac", en *Revista Española de Filosofía Medieval* 7 (2000), 45-60.

informe creada, pero pasible de recibir las ideas ejemplares (la *conversio* que había planteado san Agustín); de este modo, Dios es concebido como la realidad inmutable que posibilita y sostiene todo cambio.[9]

Los brotes de las semillas de las obras aristotélicas, que se fueron asentando en la tierra fértil de las Escuelas, según el modelo interpretativo que había propuesto Boecio,[10] permitieron establecer tres niveles en la concepción de ciencia, que puede presentarse de esta manera, en términos de contemplación descendente: a) de la forma pura, provista por la teología; b) del conjunto de la realidad física, independientemente de su corporeidad, que posibilitan las matemáticas y c) de las leyes corpóreas universales ínsitas en los singulares, según el modelo de la física. Esta estructura conceptual no solo revitalizó el *Quadrivium*, sino que abrió la senda para nuevos conocimientos en matemáticas, astronomía y fisiología[11] (esto lo veremos más detenidamente en nuestro análisis de la obra aquí presentada de Guillermo de Conches). No menos novedosa que el proceso antes presentado, resulta la incorporación de lo que podríamos llamar "preocupación estética" o cultivo de la literatura clásica grecolatina, mediante una imitación producto de la frecuentación y del estudio en sede retórica.

Entre los maestros más destacados de la Escuela de Chartres, encontramos cronológicamente a Bernardo de Chartres (m. c. 1124-1126), autor de *De expositione Porphyrii*, un tratado de lógica hoy perdido, cuyos tópicos de enseñanza conocemos por aquello que su discípulo Juan de Salisbury consignó en su *Metalogicon*, es decir, las relaciones numéricas como alma de la naturaleza; la materia, que no es una verdadera realidad, fue creada por Dios como imagen de las ideas ejemplares y, en su realismo ejemplarista, las ideas universales tienen realidad verdadera y eterna (ideas ejemplares de lo sensible). Gilberto Porretano (1076-1154), discípulo de Bernardo de Chartres, continuó la dirección de la Escuela hasta 1141, año en que se trasladó a París, donde prosiguió su enseñanza. Escribió comentarios a Boecio (*De Trinitate* y *De duabus*

---

[9] Aguirre Martínez, L. A. *La noción cristiana de creación y la filosofía griega: de Étienne Gilson a Giovanni Reale*. Bogotá: Universidad de La Sabana, 1998.

[10] Jiménez, O. "Las ediciones de las obras latinas de la Edad Media, en relación con los Comentarios de Tomás de Aquino", en *Tópicos* 26/1 (2003) 9-42.

[11] Grant, E. *Physical Science in the Middle Ages*. Cambridge: Cambridge University Press, 1977.

naturis in Christo),[12] a Porfirio (*Isagogé*) y a Aristóteles (*Organon*); de su pluma también salió el *Liber sex principiorum* (conocido también bajo el título *De sex principiis*), que durante siglos fue un referente para el aprendizaje de la lógica. En sus explicaciones acerca de la Trinidad, estableció que en Dios las relaciones son reales y no de razón: no son únicamente del orden de conocimiento, sino propiamente reales; como consecuencia de lo anterior, entendió que en Dios no se distinguen las personas de sus propiedades (niega, entonces, que sea un *modus loquendi*); de su lectura surge, más bien, que las propiedades trinitarias son formas abstractas. En el plano filosófico, Gilberto es conocido por realizar una distinción radical entre *quod est* y *quo est*, que corresponde, según este autor, al subsistente y la subsistencia, poniendo en máxima tensión la diferencia real entre la esencia individualizada y la esencia común; de hecho, enseñó que el Padre es Dios (*quod est*), pero la paternidad es aquello por lo cual el Padre es Dios (*quo est*), o sea, las relaciones —según él— no se identifican con las personas divinas, de manera que la paternidad ni es el Padre ni es Dios. Podríamos decir que la doctrina porretana, al considerar la relación como algo externo, que no se da realmente en la Trinidad, se presenta en cierto modo como un modalismo mitigado.[13] Siendo Obispo de Poitiers, se retractó de sus posturas (firmó un acta de ortodoxia) por las acusaciones de san Bernardo de Claraval, en el Concilio de Reims (1148), de atentar contra la recta comprensión de la Trinidad.

Cuando Gilberto Porretano se radicó en París y luego en Poitiers, Thierry de Chartres (m. *c.* 1155) lo sucedió como responsable de la Escuela. Formó parte del Concilio de Reims que, como vimos, condenó a su maestro Gilberto Porretano y al ilustre Pedro Abelardo. Escribió un manual de artes liberales, el *Heptateucon*, una interpretación del Génesis a la luz del neoplatonismo, el *Hexameron* y un comentario al *De Trinitate* de Boecio. Para realizar esta tarea siguió a Platón en la traducción de Calcidio, principios de pitagorismo, recibido seguramente mediante manuales, en los que se compilaban sentencias, a Aristóteles, a Boecio y a san Agustín. Mostró, sin embargo, especial interés por

---

[12]   Häring, N. (ed.). *Commentaries on Boethius by Thierry of Chartres and his School*. Toronto: Pontifical Institute of Medieval Studies, 1971.

[13]   Mercant Simó, J. "Santo Tomás de Aquino ante la doctrina porretana de las relaciones divinas", en *Comunicació* 136 (2019): 167-185; Marenbon, J. "Gilbert of Poitiers", en Dronke, P. (ed.). *A History of Twelfth-Century Western Philosophy*. Cambridge: Cambridge University Press, 1988, 328-352; Pinzani, R. "Sull'ontologia di Gilberto Porretano", en *Noctua* vol. I, n. 2, (2014), 209-259; Gilson, É. *La filosofía en la Edad Media*. Madrid: Gredos, 2007, 256-261.

las ciencias naturales y las matemáticas.[14] Siguió el modelo ejemplarista, con matices pitagóricos, para explicar las relaciones entre el mundo y Dios: Dios es la unidad eterna e inmutable; las criaturas son números, es decir, realidades mudables, en tanto permiten adición y sustracción.[15] A partir de esta estructura conceptual, Thierry de Chartres probó la existencia de Dios: la multiplicidad del mundo requiere, como condición de existencia, la unidad. Dios Padre es la unidad y, por lo tanto, la igualdad; esta procede de Él y es el Hijo, y de la unidad y de la igualdad surge la armonía, que es el Espíritu Santo. Hay pues una causa eficiente, Dios Padre, que crea la materia de la nada; una causa formal, con la participación del Espíritu Santo, que creó la forma del mundo, y del Hijo, que creó las esencias reales y universales. Si bien Thierry de Chartres mantiene una nítida distinción entre la esencia del Creador y de las criaturas, dicha distinción se mantiene en el plano de la esencia (y no de la existencia), es decir, en el marco del ejemplarismo de raigambre platónica. Entre sus discípulos más destacados se encuentran Herman el Dálmata, Clarembaldo de Arrás, Juan de Salisbury y Guillermo de Conches.

1.2 La idea de naturaleza que se fundamenta en el siglo XII

Uno de los aspectos más fructíferos de este movimiento de renovación se alcanza al momento de reflexionar sobre la noción de *natura*. Las observaciones de los autores literarios de este período tendrán hondas repercusiones en el saber teológico, filosófico y científico, y se proyectarán en las artes, de modo particular, en la poesía latina.

En la *Alexandreida*, poema épico escrito entre 1178 y 1182 por Gautier de Châtillon, nos encontramos ante una representación literaria de *natura*, que resulta consonante con los avances científicos y filosóficos de la época. En los últimos versos del libro noveno, Alejandro manifiesta su voluntad de proseguir con sus conquistas más allá de lo conocido:

---

[14] Kijewska, A. "Mathematics as a Preparation for Theology: Boethius, Eriugena, Thierry of Chartres", en Galonnier, Alain (ed.). *Boèce ou la chaîne des savoirs*. Louvain/París: Éditions Peeters, 2003, 625-674.

[15] Para la relación entre neoplatonismo y cristianismo véase Martin, F. X. y Richmond, J. A. (eds.). *From Augustine to Eriugena. Essays on Neoplatonism and Christianity in Honor of John O'Meara*. Washington: Catholic University of America Press, 1991. Finan, Th. y Twomey, V. (eds.). *The Relationship Between Neoplatonism and Christianity*. Dublín: Four Courts Press, 1992.

Antipodum penetrare sinus aliamque uidere

Naturam accelero. michi si tamen arma negatis,

Non possum michi deesse. manus ubicumque mouebo,

In theatro mundi totius me rear esse,

Ignotosque locos uulgusque ignobile bellis

Nobilitabo meis, et quas Natura remouit

Gentibus occultas calcabitis hoc duce terras.

Hiis operam dare proposui nec rennuo claram

Si Fortuna ferat uel in hiis extinguere uitam.[16]

Este pasaje de la *Alexandreida* nos muestra tanto el concepto de "naturaleza", cuanto su modelo de representación. *Natura* es presentada como una divinidad cuya principal ocupación es informar la materia e infundir el alma en los miembros. Por esta razón, debemos tener presente que *natura* es un poder cósmico de vitalidad inagotable,[17] tal como se la concebía en los últimos estadios de la cultura pagana; su interpretación no debe quedar sujeta a los dispositivos retóricos que la expresaban, es decir, a una personificación puramente retórica, al modo en que Prudencio presentaba vicios y virtudes en la *Psychomachia*.[18]

Al emplear la idea de "Humanismo medieval", nuestro punto de partida es el señero texto de Richard W. Southern, que introduce la precisión metodológica del mencionado concepto;[19] allí, al realizar el análisis conceptual

---

[16] *Alexandreis* (9. 569-577): "Me doy prisa por penetrar en los territorios recónditos de los Antípodas y contemplar otro universo. No pueden faltarme armas aun en el caso de que vosotros me neguéis las vuestras. Dondequiera que desarrolle mi actividad pensaré que estoy sobre el escenario del mundo; a lugares desconocidos y a pueblos ignotos los haré famosos con mis batallas, y tierras que la naturaleza ha apartado del comercio humano (575) las hollaréis bajo mi caudillaje. A estas empresas es mi propósito entregarme, y no me niego a extinguir, incluso mi vida, si la Fortuna lo quiere". Gautier de Châtillon. *Alejandreida*. Madrid: Akal, 1998 (ed. Pejenaute Rubio, F.). Texto latino, *Alexandreis*, disponible en ‹http://www.fh-augsburg.de/~harsch/Chronologia/Lspost12/Gualterus/gua_al09.html›.

[17] Lewis, C. S. *The Discarded Image: An Introduction to Medieval and Renaissance Literature*. Cambridge: Cambridge University Press, 2012 (1964), 25-38; Gregory, T. "L'idea di natura nella filosofia medievale prima dell'ingresso della fisica di Aristotele", en Gregory, T. *La filosofia della natura nel Medioevo*. Milán: Vita e Pensiero, 1966, 27-65.

[18] Fuentes, J. H. "'La Natura que cría todas las crïaturas': una nota sobre la figura de Naturaleza", en el *Libro de Alexandre*, en Disalvo, S.(ed.). *Natura litterata. La naturaleza en la poesía hispánica medieval y su contexto latino y románico. Olivar: revista de literatura y cultura española*, 17 (2016) 2-18. Recuperado de http://www.olivar.fahce.unlp.edu.ar/article/view/OLIe013

[19] *Medieval Humanism and Other Studies*. Oxford: Blackwell, 1970, 29-60; en las páginas señaladas, el autor también distingue este humanismo del renacentista (en este punto tenemos presente la perspectiva de Jurdjevic, M. "Hedgehogs and Foxes: The Present and Future of Italian Renaissance Intellectual History", en *Past & Present* 195

del humanismo medieval, establece las siguientes características: a) un nítido sentido de la dignidad de la naturaleza humana; b) de la naturaleza misma y c) el orden del mundo está abierto a la comprensión de la inteligencia del hombre.[20] Uno de los aportes de la tradición judeocristiana (el ser humano creado "a imagen y semejanza de Dios"[21]) fue reelaborado en sede filosófica y así se consideró su valor en términos de "dignidad". Esta elaboración filosófica sobre el relato revelado implicó un modo de comprender la acción divina y de asignarle un sentido para el hombre.[22] Si esta afirmación conlleva una cierta divinización del hombre en su condición creatural, es decir, en cuanto ha recibido los efectos de la acción de Dios, entonces, se acepta también una dinámica que sostiene su potencialidad para el saber teórico y práctico o, en términos más próximos a nosotros, para la ciencia y la tecnología.[23] Esta postura sobre la consideración del hombre como creatura tiene continuidad en la comprensión de la naturaleza; como producto únicamente material del obrar de Dios, el humanismo medieval establece la centralidad del estudio de la naturaleza en sí misma y en línea con las Escrituras; en esta época se afianzaron las comparaciones entre el Génesis y el *Timeo* de Platón, conocido en la versión latina de Calcidio; la lectura de ambos textos se llevaba a cabo en el marco de un mismo horizonte exegético.[24] El acto de *creatio ex nihilo* de Dios, considerado filosóficamente, muestra la dignidad de la naturaleza mediante un entramado de razones ocultas, pero que subyacen en la misma naturaleza; a diferencia de la tradición origenista, que se centraba en la idea de una creación únicamente

---

(2007): 241-268). R. W. Southern vuelve sobre estas ideas y las reelabora en *Scholastic Humanism and the Unification of Europe*. Oxford: Blackwell, 1995, aunque conservando la idea de "Humanism" que interesa a nuestra Introducción, resulta importante considerar que el adjetivo es ahora "Scholastic". En este segundo texto, suma la idea de la infalibilidad de las Escrituras al núcleo constitutivo de este humanismo (108-109).

[20] Southern, R. W. *Medieval Humanism and Other Studies*, 29-33.

[21] Gn. 1: 26-27.

[22] Marion, J. L. *Au lieu de soi. L'approche de saint Augustin*. París: Presses Universitaires de France, 2016², 389-394. Marion, J. L. "Resting, Moving, Loving: The Access to the Self according to Saint Augustine", en *Journal of Religion* 91 (2011): 28. La idea de imagen supone que el hombre no es un dios, pero que participa a modo de semejanza de Él; consideramos que esta noción, que Marion encuentra en Agustín de Hipona, es aplicable al conjunto del siglo XII.

[23] Carlson, Th. A. "Religion and the Time of Creation. Placing 'the Human' in Techno-scientific and Theological Context", en de Vries, H. (ed.). *Religion: Beyond a Concept*. Nueva York: Fordham University Press, 2008, 826-841; Ellul, J. *Sans feu ni lieu*. París: Éditions de La Table Ronde, 2003, 25-40.

[24] Otten, W. "Nature and Scripture: Demise of a Medieval Analogy", en *Harvard Theological Review* 88 (1995): 258: "Today the marriage between biblical interpretation and theological tradition us suitably dismissed as medieval [...] Despite the premodern notion of biblical exegesis as sanctioned by ecclesiastical authority, the synthetic nature of Christian medieval thought which coordinated deserves reexamination".

espiritual, que había precedido a la material, el humanismo del siglo XII ve en las causas ocultas aquello que procura la vida y la unidad de lo corpóreo.[25] Así se comprende la presencia del monje benedictino Constantino el Africano en la obra de Guillermo de Conches; en efecto, sus traducciones de textos médicos del árabe al latín, reunidas en el *Pantegni*, proveen la distinción de los cuatro elementos materiales, que nombra *elementata*, y considera que cada uno de ellos resulta del equilibrio de un conjunto de elementos no visibles o *elementa*.[26]

En continuidad con la tradición exegética agustiniana,[27] durante el siglo XII, el conocimiento más amplio de la naturaleza no redujo la significación de la Escritura; no hubo una ruptura entre los conocimientos de la *natura* y la vocación exegética: se trató más bien de un estímulo intelectual para armonizar conocimientos, que de un problema acerca de la verdad de la Escritura. La innovación profunda se da en otro orden, pues se advierte que la relación entre el saber natural y el revelado requería de un diálogo permanente; si bien nunca se consideraron las Escrituras como incorrectas, su interpretación dependió de una hermenéutica permanente: la profundización de los conocimientos cosmológicos lleva a nuevas consideraciones sobre la revelación. Esta afirmación abrió dos puertas: por un lado, considerar seriamente si la preocupación doctrinal conllevó una pérdida de terreno para el saber científico; si bien la afirmación o la negación de esta tesis no puede extenderse al conjunto del Medioevo y debería resolverse autor por autor, el siglo XII parece tener una perspectiva común sobre el tema. Por otro lado, las personificaciones de la naturaleza, que presenta la literatura de la época, también abrieron un espacio de comprensión

---

[25] Otten, W. "Platonism", en Lamm, J. *The Wiley Blackwell Companion to Christian Mysticism*. Oxford: Wiley-Blackwell, 2013, 59-61.

[26] Ronca, I. "The influence of the *Pantegni* on William of Conches's *Dogmaticon*", en Burnett, Ch. y Jacquart, D. (eds.). *Constantine the African and 'Alī Ibn Al-'Abbās Al-Magūsī. The Pantegni and Related Texts*. Leiden/Nueva York/ Colonia: E. J. Brill, 1994, 266-285; Jacquart, D. "Aristotelian Thought in Salerno", en Dronke, P. *A History of Twelfth Century. Western Philosophy*. Cambridge: Cambridge University Press, 1988, 407-428; Elford, D. "William of Conches", en Dronke, P. *op. cit.*, 308-327. Lo fundamental del comentario de estos especialistas, en referencia al punto de vista de nuestra Introducción, descansa en que los filósofos más representativos del siglo XII latino recibieron estos textos de medicina como instrumento para considerar cada vez más al detalle la intervención divina en el desarrollo cósmico, tendiendo a dar creciente importancia a la autonomía de la naturaleza. Tenemos presente las observaciones de Otten, W. (*From Paradise to Paradigm*. Leiden/Boston: Brill, 2004, 94-100) sobre la presencia de la lectura de la traducción de Constantino el Africano, en el concepto de *natura operans*, en las *Glosae super Platonem* 1. 27 de Guillermo de Conches.

[27] Calabrese, C. "The Meaning of Doctrine in *De doctrina christiana*", en Esparza, G. y Bravo, N. *The Bounds of Myth. The Logical Path from Action to Knowledge*. Leiden/Boston: Brill/Rodopi, 94-108.

de la visión filosófica, pues ambas se entrelazaron estrechamente. Sobre el primer punto: los pensadores del siglo XII estuvieron dedicados a la comprensión de las razones subyacentes en la naturaleza, es decir, a sus aspectos no susceptibles de percepción sensorial. Sobre el segundo punto: en el modelo intelectual preescolástico, no resulta determinante si el enfoque sobre la naturaleza es realizado en sede filosófica o literaria, pues –consideramos que esto es lo decisivo– los niveles de comprensión de la Escritura que abre la exégesis, en correlación con la cosmología, implican la posibilidad de representar la naturaleza de manera simbólica, con la nítida vocación de tener a la mano una expresión estética y gnoseológica más flexible ante los nuevos conocimientos. Tenemos presente los textos de Alan de Lille (*De planctu naturae* y *Anticlaudianus*), Bernardo Silvestre (*Cosmographia*), Juan de Hauville (*Architrenius*), Hilderberto de Lavardin (*Liber de Querimonia*), Abelardo de Bath (*De eodem et diverso*), Lorenzo de Durham, cuyo nombre latinizado fue *Laurentius Dunelmensis* (*Consolatio de morte amici*).[28] En todos los casos, la representación de la naturaleza refleja la idea de que esta ejecuta su propio oficio colaborativo con la creación. Consideramos que, en estas obras, mediante los puntos en común y aún en sus divergencias, se expresa un universo intelectual que surgió de una nueva lectura de los clásicos grecolatinos; dicha relectura constituyó el núcleo de la cultura intelectual del siglo XII. Por ello, no nos interesa tanto rescatar alguna idea de "progreso científico" de evidente cuño ilustrado, es decir, como simple antesala del surgimiento de las ciencias naturales tal como las conoceremos en el siglo XIII, sino más específicamente volver sobre textos que colocaron, en un nuevo diálogo, los fundamentos de toda cosmovisión: Dios, naturaleza y hombre. A partir de esta renovación intelectual, el siglo XII, en su esfuerzo por sacar a la luz la estructura de la realidad, generó su propia identidad: una idea más completa de la física del universo, incluida en ella la naturaleza humana, meditada a la luz de la trascendencia de Dios. Insistimos en que se trata de un diálogo, en su sentido genuinamente platónico, es decir, de una conversación que busca comprender las bases de lo que se quiere conocer y no necesariamente de alcanzar un conocimiento fijo o "problema resuelto" de

---

[28] Wetherbee, W. *Platonism and Poetry in the Twelfth Century: The Literary Influence of the School of Chartres.* Princeton: Princeton University Press, 1972, 126-151; Balint, B. *Ordering Chaos: The Self and the Cosmos in Twelfth Century Prosimetrum.* Leiden/Boston: Brill, 2009, 13-42. Esta bibliografía nos muestra el papel central del *De consolatione philosophiae* de Boecio, en el discernimiento de las funciones de la naturaleza y de la correlación poesía-filosofía, tal como estas fueron leídas por los autores del siglo XII que mencionamos.

manera definitiva; si no hubiese sido por esta actitud meditativa, no se hubiese verificado el desarrollo intelectual que lo caracterizó.[29]

En este contexto, surge nítidamente la centralidad de la naturaleza humana, en cuyo núcleo conduce el diálogo al que nos referíamos poco más arriba, pues es la persona la que interroga el universo (y se interroga a sí misma); esto, a su vez, lleva a la propia conciencia de su dignidad, en tanto no se trata únicamente de discernir su lugar en el universo, sino de comprender −en clave filosófica y literaria− el sentido operativo de la naturaleza o *natura operans* (o de su correlato, *natura optima parens*): la idea de organicidad de la naturaleza, con carácter autónomo, es decir, regida por leyes, principios activos o causas segundas, como resulta evidente en *Philosophia mundi* de Guillermo de Conches; se observa un gran interés, a partir del segundo cuarto del siglo XII, por adquirir copias de textos y manuscritos dedicados a saciar el ansia de conocimiento de la filosofía natural y, en general, de los problemas de la naturaleza, como hizo la escuela de Chartres, en cuyas aulas se intentó explicar los fenómenos del cosmos a través de las leyes de la naturaleza.[30] Se inicia lenta pero claramente una secularización de signo positivo:[31] la comprensión del universo a partir de (y a la vez de manera independiente) la noción de creación, pues posee una estructura racional propia. El entramado de teología, filosofía, retórica, gramática no puede ser relegado tan fácilmente al estado de un mero preludio de las ciencias naturales del siglo XIII. Por el contrario, se desafían todas y cada una de las preguntas sobre la naturaleza, como para cancelar esta búsqueda solo en términos de avance científico. La *natura* no es un objeto por dominar −en sentido cartesiano−, sino una de las voces que sostiene el diálogo, al que hicimos referencia poco más arriba;[32] presentamos un ejemplo de Guillermo de Conches, a propósito de los significados del término "caos"; en *Philosophia mundi* (XII. 39), analiza la creación sensible a partir de los

---

[29] Recordemos el principio de clara raigambre agustiniana propuesto por Guillermo de Conches en *De philosophia mundi* 1. 23: *Nos autem dicimus, in omnibus rationem esse quaerendam* ("Nosotros, por el contrario, sostenemos que debemos investigar la razón de todas las cosas").

[30] Sureda, J. *El despertar de Europa. La pintura románica, primer lenguaje común europeo. Siglos XI-XIII*. Madrid: Ediciones Encuentro, 1998, 50.

[31] Fazio, M. *Historia de las ideas contemporáneas. Una lectura del proceso de secularización*. Madrid: Ediciones Rialp, 2012. De la lectura de este texto, adoptamos el doble significado (tanto positivo cuanto negativo) que para el autor expresa el término "secularismo"; también lo adaptamos, en cuanto esa distinción está pensada sobre el horizonte de la cultura contemporánea.

[32] Otten, W. *From Paradise to Paradigm...*, 4-5.

elementos, es decir, el control de Dios sobre estos y allí niega que Él necesitara del caos para luego bondadosamente ordenarlo. Guillermo de Conches no confía a la retórica el peso de su argumentación, al explicar las consecuencias científicas de su accionar, sino que se dedica a negar la idea de que Dios creó para mostrar su poder. La iniciativa de Dios supone un ordenamiento básico del mundo para, en cierto modo, entrar en diálogo con él; sobre este principio general se amplían los detalles: Dios está allí como una presencia implícita más que como un factor externo, ya que sin su presencia la *natura operans* carece, en realidad, de un principio vivificante; sin embargo, dotado de este principio, el universo puede prescindir del apoyo divino explícito para su desarrollo. Mientras tanto, el papel de la humanidad es el de una caja de resonancia que proporciona una continuidad exclusiva y constante en lo que de otro modo sería una mezcla aleatoria de imágenes, muy parecida a aquella que Guillermo de Conches rechazó radicalmente al referirse al caos y a los elementos.[33]

Este modelo de diálogo permanente entre Dios y la naturaleza es recreado por la persona, prolongando esta conversación de Dios con la naturaleza; aquí entra en juego la integración del conjunto de lo real en el plano estético, en especial porque verdad y belleza son correspondientes; de manera correlativa, la solidez que la argumentación puede alcanzar también depende de la calidad estética de los argumentos. Esto se observa en Pedro Abelardo, cada vez que entra en diálogo retórico con lo divino; allí el autor se presenta como una caja de resonancia de Dios, en su papel de Soberano que gobierna el universo.

Sin embargo, lo que es de crucial importancia para un autor del siglo XII como Pedro Abelardo, que nos permite definir al humanismo medieval con mayor precisión, es el tono de su debate o capacidad de poner en correlación problemas especulativos y metafísicos mediante la retórica llana de la conversación, cristalizando en ella un encuentro de lo humano con lo divino; es el tono humanístico de los textos que se producen entre Escoto Eriúgena y Alan de Lille, con la valoración del horizonte teológico que hace posible aquel reencuentro dialogante entre las partes involucradas.[34] Reconstruir esta conversación implica plantear el núcleo de la vida cultural del siglo XII, de cuyos hábitos intelectuales nos encontramos abismalmente distanciados. El primer elemento para considerar es, entonces, la naturaleza teológica de las obras de estos

---

[33]   *Ibidem*, 6.

[34]   *Ibidem*, 7-9.

pensadores. Ahora bien ¿cuál es esa naturaleza? En principio aquella que expresa, desde nuestra perspectiva, una dinámica que pone de manifiesto una visión del mundo que da cuenta del hecho estético y de la capacidad cognitiva como envés y revés de la misma tela; ello manifiesta un profundo deseo de descubrir la fuente de la unidad del universo, en tanto punto de intersección entre Dios y la creación entendida como *tota simul*. Estos intelectuales privilegiaron una visión armónica de conjunto, lo cual puso en crisis tanto la línea divisoria entre filosofía y teología cuanto los límites de los géneros literarios, los cuales, a partir del magisterio de Boecio, son objeto de audaces experimentos, en pos de alcanzar una mejor sintonía expresiva ante la nueva manera interdisciplinaria –dicho en términos más cercanos a nuestro presente– de comprender el estudio y la realidad estudiada. Ayuda a comprender la originalidad y la audacia de esta búsqueda extender la vista hacia el siglo siguiente, cuando el proceso pedagógico de la Escolástica se cristaliza en la admirable tarea de la *summa* y, al mismo tiempo, se empobrece la creación literaria.[35]

Aquel modo de buscar del siglo XII requirió a su vez de un giro imaginativo sorprendente, en el que se representaron las limitaciones de la inteligencia, aunque no implicó considerarlas un obstáculo insuperable para sus búsquedas. Este modo de comprensión fue adelantado por Juan Escoto Eriúgena en la afirmación del inicio del *Periphyseon*:

> *Nutrior: Est igitur natura generale nomen, ut diximus, omnium quae sunt et quae non sunt.*
> *Alumnus: Est quidem. Nihil enim cogitationibus nostris potest occurrere quod tali vocabulo valeat carere.*[36]

La diferencia de este texto de Juan Escoto Eriúgena con otras reflexiones también analíticas del Medioevo radica en que la sostiene en un giro imaginativo, en cuya fecundidad se percibe que la comprensión de la mecánica de la naturaleza brota de su propia mente, puesto que el giro *Saepe mihi cogitanti*

---

[35] Amor, L. "Las experiencias de la Naturaleza amante en algunos exponentes de las literaturas vernáculas de la Edad Media (siglos XII y XIII)", en *Olivar: revista de literatura y cultura española* 17/26 (2016) 2-25.

[36] Giovanni Scoto. *Sulle nature dell'universo (Libro I)*. Milán: Fondazione Lorenzo Valla – Mondadori Editore, 2012, I 441a (editado por P. Dronke y M. Pereira). "Maestro: Naturaleza, entonces, es el nombre general, como dijimos, de todas las cosas que son y que no son. Alumno: Efectivamente, pues nada puede ocurrir en nuestros pensamientos que caiga fuera de este nombre".

abre propiamente el libro y sostiene su investigación; desde el movimiento intelectual previo al siglo XII, es posible percibir, entonces, que la mente no es percibida en sus limitaciones ni presentada como un obstáculo. Por el contrario, parece más bien que la mente va más allá de comprender sus propias limitaciones, pues busca afrontarlas y superarlas: toda persona puede aprender la senda de la razón. Para que este camino sea viable intelectualmente es necesario que el término *natura* sea considerado en todos sus alcances, pues expresa la realidad de todas las cosas; por esta razón, tal vez, establece la distinción entre "lo que es" y "lo que no es", presentando a Dios sin el límite de una definición. Dada su trascendencia absoluta respecto de la naturaleza (y, en ella, de la mente), únicamente puede ser identificado como el "no ser", siguiendo la vía negativa de Dionisio el Areopagita. Por esta razón, el recorrido de Escoto Eriúgena y de quienes pensaron estos temas en el siglo XII no tendrá un sentido únicamente ascensional, del cual será claro ejemplo, ya en el siglo XIII, san Buenaventura y su *Itinerarium mentis in Deum*; el hecho de que la investigación no haya sido únicamente *in Deum* (asumir el cometido de avanzar en dirección a Dios lo humanamente posible), abrió otros senderos de diálogo y –dicho a la moderna– de experimentación.[37] La analogía entre la infinitud de Dios y la finitud del universo no podía sino producir relaciones de desigualdad en la comprensión de ambas realidades; este abismo entre Dios y su obra hace que el universo sea comprendido "desde afuera", es decir que, en cuanto finito solo puede ser comprendido, en un sentido absoluto, fuera de sus límites. Aun así, el conocimiento del universo, desde el punto de vista de la inteligencia que conoce, fue ampliando sus fronteras a la par que se especializaba la investigación. Si bien ambos modos de conocimiento diferían absolutamente, comienza a crearse un puente entre la mente y los sentidos, que examinan los alcances de la infinitud del mundo y del acto creador. Estas son las raíces, desde las cuales la cultura del siglo XII buscará representar la realidad.

El modo de conocer el universo comenzó a tener un sentido nuevo, pues aquel modelo se proyectó sobre la comprensión de la revelación. Al haber dispuesto en el párrafo anterior la correlación, tan propia de los siglos XI-XII, entre teología, filosofía, literatura y artes en general hemos asistido, en definitiva, a

---

[37] Otten, W. *From Paradise to Paradigm...*, 11-15; el autor presenta una variedad de materiales que utilizamos con independencia de criterio; en especial tomamos distancia de lo que en este libro se denomina "theologizing' nature of their discourse" (p. 11), mediante el que se busca señalar –nos parece– un progresivo desasimiento del *ordo naturae* en el proceso de la argumentación en los pensadores de los siglos XI-XII.

la presencia de la imaginación en la investigación de la realidad; por ello, no es sorprendente que el contraste entre la infinitud de Dios y el horizonte del universo, que se ampliaba cada vez más, se hiciera poco a poco más difuso, hasta el punto de unificar, en la práctica, el deseo de Dios y de conocimiento del mundo. Este regreso a una percepción prerracional de la unidad introdujo un intenso debate en la vida intelectual de la época, especialmente en Pedro Abelardo y Guillermo de Conches; en efecto, tanto en uno como en otro se hace palpable la presencia de las preocupaciones intelectuales de la época. Si afrontamos a fondo el producto histórico de esta combinación de razón e imaginación, sobre la que se modela la cultura humanística del siglo XII, es evidente que no podemos emprender una discusión seria de su forma, es decir, de su cualidad dinámica, sin evocar el mundo de realidades y percepciones que late en su raíz.[38] La imaginación racional tiene una historia que contar más compleja y a la cual se debe prestarle atención, para que el relato de *natura* no quede, a nuestros ojos, confinada a la utopía o a la abstracción filosófica; para ello, es necesario permanecer atentos a la presencia de imágenes bíblicas y de su lenguaje, que se mantiene muy próximo a la expresión profética que llama a una realización supra histórica de la realidad sensible.[39] Los autores del siglo XII buscaron el equilibrio entre la función evocativa-literaria de la naturaleza y su proyección profética:[40] la infinitud de lo divino se desbordó sobre el universo, transfiriéndole algo de su divinidad e iluminándola con un resplandor nuevo. Escoto Eriúgena ilustra esta concepción, a partir de su noción de *natura* como punto de encuentro entre Dios y creación o como expresión de la unidad de ambos. Si sacamos estas afirmaciones del contexto teológico del que

---

[38]   *Ibidem*, 16-17. Este deseo de unidad entre Dios y naturaleza forman parte del debate medieval acerca de la comprensión del paraíso. Como señala el autor, agrupar textos desde Eriúgena hasta el siglo XII, bajo el título común de un regreso al paraíso, tiene importantes ventajas. El primer comentario se remonta a la forma, mientras que el segundo se centra en su contenido con que se busca la unidad cósmica. Así como la concepción de la forma tuvo mucho que ver con las fuentes escriturísticas, también la proximidad de Dios con su obra fue leída como divinización de la naturaleza, dado que los relatos literarios las presentan como una diosa. Para una interpretación de los procesos de alegorización que brotan de este contexto véase Delumeau, J. *Une histoire du paradis: Le jardin des délices*. París: Fayard, 1992.

[39]   Hacemos propia la expresión *mind's imagination* que leemos en Otten, W. *From Paradise to Paradigm...*, 19.

[40]   Evans, G. R. *The Language and Logic of the Bible. The Earlier Middle Ages*. Cambridge: Cambridge University Press, 1984, 51-58; la búsqueda de un sentido más profundo que el literal en la Escritura requirió de un modelo exegético, lo que llevó a una renovación de la teología.

partimos, puede parecer que representan una forma grosera de panteísmo.[41] Hay, empero, una atención que lo aleja de esa posibilidad: el paraíso es para ellos una realidad histórica; esta afirmación no implica que lo entiendan como el punto final de una progresión de la sociedad humana. Por el contrario, la dimensión temporal, de la cual su ideario es siempre consciente, es su brújula intelectual, pues da siempre la ubicación entre el lugar en que se encuentran y la meta, es decir, abre la posibilidad de salvar la distancia entre el mundo de la materia y su creador. De este modo, queda imposibilitada la vía de retroceso al panteísmo, en tanto la *natura* es considerada conjuntamente creación-creatura; esta perspectiva teórica abre el camino a la exégesis que libera del panteísmo, pues la conciencia de la dinámica del tiempo se percibe a sí misma en movimiento, en el cambio, lo que requiere un ejercicio exegético permanente.[42]

---

[41] Moran, D. *The Philosophy of John Scottus Eriugena. A Study of Idealism in the Middle Ages*. Cambridge: Cambridge University Press, 2004, 84–89; y especialmente: "He (Scottus) holds that all things are resolvable into their ideas, that the being of things is their being known. But he also holds [...] that the finite must be resolved into the infinite, that matter is only a stage in the self-alienation of spirit, that substance is essentially subject, and that spatiotemporal reality is itself an essentially incomplete and dependent mode of being, requiring completion by the timeless and eternal". (283)

[42] Esto se observa paradigmáticamente en Guillermo de Conches, *Philosophia* I. 35-39. Su refutación a la idea sobre la necesaria existencia del caos de manera previa a la creación (*inordinata iactatio*), que fue defendida por los platónicos de su época, se basó en las cualidades naturales de los elementos. Otten, W. "Nature, Body and Text in Early Medieval Theology: From Eriugena to Chartres", en Otten, W., Hannam, W. y Treschow, M. *Divine Creation in Ancient, Medieval, and Early Modern Thought: Essays Presented to the Rev'd. Dr. Robert D. Crouse*. Leiden/Boston: Brill, 2007, 252-253.

2. Guillermo de Conches
y su *Philosophia mundi*

Una breve anotación en este punto de nuestra introducción. La obra *Philoso-phia mundi* cuenta con dos atribuciones previas a la definitiva, la cual debemos —en su forma decisiva— a Grabmann;[43] en efecto, el mencionado texto se encuentra dos veces en la *Patrología Latina* de Migne: en el tomo 90, con el título *De elementis philosophiae libri quatuor* (columnas 1127-1178), atribuido a Beda el Venerable, y en el tomo 172 (*De philosophia mundi libri quatuor*, columnas 39-102), intercalada entre las obras de Honorio de Autun.

Guillermo de Conches (*c.* 1085-1154), nacido en Normandía, fue uno de los más destacados intelectuales del siglo XII y un maestro que gozó de gran prestigio, junto a Pedro Abelardo; su figura se proyectó con fuerza sobre el siglo siguiente, por su dedicación y su genio puesto en la elucidación de la estructura del universo, mediante la explicación únicamente racional de las cosas.[44] Fue un profesor admirado por sus alumnos o, con palabras de Juan de Salisbury, su discípulo (*c.* 1137-1141): "Willelmus de Conchis grammaticus post Bernardum Carnotensem opulentissimus";[45] es probable que hacia 1120 se desempeñara como maestro en Chartres[46] o tal vez en París;[47] desde 1149, estuvo bajo la protección de Geoffrey Plantagenet, duque de Normandía

---

[43] Grabmann, M. *Wilhelm von Conches. Handschriftliche Forschungen und Mitteilungen zum Schrifttum und zu Bearbeitungen seiner naturwissenschaftlichen Werke*. Múnich: Verlag der Bayerischen Akademie der Wissenschaften, 1935, 4-6.

[44] Jeauneau, É. *L'âge d'or des écoles de Chartres*. Chartres: Houvet, 1995, 80 pp. Esta breve obra nos presenta la síntesis de un especialista sobre la tradición de Chartres, desde Fulberto, su iniciador, hasta Thierry de Chartres, quien elaboró un pensamiento profundamente original, a partir de sus lecturas de Boecio; el autor dedica las pp. 41-50 para presentar a Guillermo de Conches. Le Goff, J. *Les Intellectuels au Moyen Age*. París : Éditions du Seuil, 1957, 54-57; en estas páginas lo pondera como un racionalista *avant la lettre*.

[45] *Metalogicon* I. 5. El adjetivo *opulentus*, que en el texto se encuentra en grado superlativo, hace referencia, en general, a quien tiene variedad de recursos o de medios; de aquí los significados de "rico" e "influyente". Entendemos que Juan de Salisbury pondera así la variedad y profundidad de sus conocimientos. La referencia también sugiere que fue considerado discípulo y sucesor de Bernardo de Chartres en su papel de comentarista de autores antiguos; esto hace suponer que estudió en Chartres. Jeauneau, É. *Rethinking the School of Chartres*. Toronto: Toronto University Press, 2009, 44-45. Es posible que también siguiera los cursos de Guillermo de Champeaux en París. Guerrero, R. R. "Guillermo de Conches: *Novam affert philosophiam*", en *Philosophia* 77/2 (2017), 52-53.

[46] Jeauneau, É. *L'âge d'or des écoles de Chartres*, 43-44.

[47] Otten, W. *From Paradise to Paradigm...*, 83.

y conde de Anjou, época en la que redactó su *Dragmaticon philosophiae*, un diálogo sobre filosofía de la naturaleza, que dedicó a su protector.[48] La referencia de Juan de Salisbury no debe llevarnos a la conclusión de que nuestro autor no tenía otro interés que el derivado de las preocupaciones de *grammaticus*; en efecto, fue también estimado como *physicus*, término que, según el contexto, puede ser traducido por "físico" o por "médico". Esto significa que sus intereses eran muy amplios: astronomía, geología, óptica, anatomía y fisiología, razón por la cual su obra tiene —en general— un tono marcadamente enciclopédico; tal vez debamos exceptuar entre ellos, sus textos *Philosophia* y *Dragmaticon*, pues expresan más bien una definida voluntad de difusión o de divulgación escolar. Como más adelante nos ocuparemos con detalle de la *Philosophia mundi*, señalaremos algunas características del *Dragmaticon*. Se trata de un diálogo entre un cierto filósofo y su ya mencionado protector, el duque Geoffrey Plantagenet; su estilo, acorde a la matriz platónica, es llano, espontáneo y familiar, por lo que tal vez espeje algo de las pláticas reales entre ellos; estas características quedan casi por completo limitadas a esta época, pues —como sabemos— serán extrañas a las Escolástica del siglo siguiente. Además de estas obras de carácter sistemático, Guillermo de Conches se dedicó al comentario de textos; conservamos algunos de ellos, que siguieron copiándose y citándose hasta el siglo XV, lo que nos hace evidente el prestigio de que gozó el maestro en el aula y sus obras, en la posteridad. Tenemos presente, en especial, sus *glosae* sobre Boecio (*Glosae super Boetium*),[49] Macrobio (*De somno Scipionis*),[50] las *Institutiones grammaticae* de Prisciano, Juvenal,[51] Marciano Capella y las *Glosae super Platonem*. En las Escuelas, estos comentarios reflejan, de manera fidedigna, la vitalidad de su vida académica y, ante nosotros,

---

[48] A raíz de pasajes de la *Philosophia mundi* fue acusado de faltar a la ortodoxia, lo que causó tensiones con su obispo; por esta razón, regresó a su tierra natal bajo la ya mencionada protección del Duque de Normandía, donde se dedicó a reescribir esta obra, cuyo resultado es el *Dragmaticon philosophiae*. Otten, W. *From Paradise to Paradigm...*, 83-85; Jeauneau, É. *L'age d'or des écoles de Chartres*, 44–45; Cadden, J. "Science and Rhetoric in the Middle Ages: The Natural Philosophy of William of Conches", en *Journal of the History of Ideas* 56 (1995) 1–24.

[49] Courcelle, P. *"La Consolation de Philosophie" dans la tradition littéraire. Antécédents et Postérité de Boèce*. París : Études Augustiniennes, 1967.

[50] Jeauneau, E. "Macrobe, source du platonisme chartrain", en *Studi medievali* 1 (1960) 3-24.

[51] Comentario a los seis primeros libros de las *Sátiras: Glosae in Iuvenalem*. París: Vrin, 1980 (ed. B. Wilson). Muestra la solidez de la cultura literaria de Guillermo de Conches.

desfilan los métodos de trabajo y el espíritu de la enseñanza de maestros como Guillermo de Conches.[52]

En su obra se refleja una fina hermenéutica; Macrobio guía su modo de leer a los filósofos que incorporaron el recurso del mito a sus argumentos; a este procedimiento Guillermo de Conches lo denomina *integumentum*, término que significa tanto "envoltura" como "fábula".[53] En *Glosae super Platonem*[54] sugiere que Platón expuso de una manera velada (*integumentum*) su profunda filosofía: "Si alguien conociera no solo las palabras de Platón sino también su sentido, no solo no encontraría una herejía sino la más profunda filosofía oculta por los velos de las palabras".

Desde el punto de vista cosmológico, Guillermo de Conches se encontró próximo a la teoría de los elementos; mediante esta explicación que remonta a la filosofía de Demócrito, distinguió entre la obra de Dios, de la natura y la del hombre que imita la naturaleza. Celebró y defendió la autonomía de la creación respecto del Creador. En consonancia con lo anterior, la antropología de Guillermo de Conches es de claro sesgo naturalista, a cuyo desarrollo incorporó textos médicos, que recién se conocían en Occidente: las obras de Nemesio de Emesa, Hunaym ibn Ishaq (latinizado como Iohannitius) y Constantino el Africano; en consonancia con su optimismo antropológico, sostuvo una moral muy próxima a los postulados de Cicerón y de Séneca. La presencia de estas fuentes aunada a sus propias investigaciones acerca de la organización de los saberes hacen evidente su vocación de filósofo; en *Philosophia mundi* recurre al esquema ya consagrado *trivium/quadrivium*, el cual introduce al estudio de la Escritura; en las *Glosae super Platonem*,[55] por el contrario, adopta una división de las ciencias sumamente innovadora, tanto por la distinción de los saberes, cuanto por la introducción de disciplinas nuevas en el contexto medieval como

---

[52] Wetherbee, W. *Platonism and Poetry in the Twelfth Century: The Literary Influence of the School of Chartres*. Princeton: Princeton University Press, 1972, 74-103.

[53] Guillelmi de Conchis, *Glosae super Platonem*. Paris: J. Vrin, 1965 (Texto crítico con introducción, notas y tablas de Édouard Jeauneau). "Si quis tamen non verba tantum sed sensum Platonis cognoscat, non tantum non inveniet heresim sed profundissimam philosophiam integumentis verborum tectam", CXIX, 211. Jeauneau, É. "L'usage de la notion d'integumentum à travers les gloses de Guillaume de Conches", en *Archives d'histoire doctrinale et littéraire du moyen âge* 32 (1957) 35-10. Wetherbee, W. *Platonism and Poetry in the Twelfth Century...*, 36-49. Otten, W. "Plato and the fabulous Cosmology of William of Conches", en Kardaun, M. y Spruyt, J. (ed.). *The Winged Chariot. Collected Essays on Plato and Platonism in honor of L. M. de Rijk*. Leiden: Brill, 2000, 189-190.

[54] CXIX, ed. Jeauneau, 211.

[55] Guillaume de Conches, *Glosae super Platonem*.

la economía y la política.[56] Verificamos así que la tarea que Guillermo de Conches se impuso como filósofo se extiende a todos los campos de la filosofía, tal como la ha definido; en este modo de buscar se mostró que la verdad es inmutable (uno de los modos de decir "necesaria"), aunque nada semejante se encuentre en el mundo sensible, razón por la cual, la pregunta permanentemente sobreentendida en la obra de Guillermo de Conches sea ¿dónde se encuentra la verdad? La dificultad esencial de esta pregunta radica en el sentido que se le asigna al objeto, es decir ¿depende de él nuestro conocimiento? Tenemos ciencia o conjunto de conocimientos ciertos, pero no se funda en la naturaleza de las cosas materiales; la verdad, entonces, resulta independientemente de aquellas.

> Lo mismo se prueba de esta manera por el ordenamiento cotidiano: las cosas que están ordenadas están ordenadas sabiamente; por lo tanto, por alguna sabiduría, pues nada se ordena sabiamente sin una sabiduría. Existe, pues, una sabiduría, por la cual se ordenan todas las cosas. Esa sabiduría es humana o divina. Pero no es humana la que hace que una cosa viva y hable. Aunque la sabiduría humana pueda formar la figura de un hombre o de otro animal, no puede conferirle movimiento y vida. Es, por lo tanto, una sabiduría divina la que hace esto. Pero toda sabiduría es sabiduría de alguien. Es de aquel de quien es esa sabiduría y éste no es el hombre. Por lo tanto, es Dios.[57]

Veamos cómo la voz maestra de Guillermo conduce la reflexión: primero, el desafío de empezar con Platón y terminar en el Dios cristiano; sin embargo, no podríamos objetar falta de coherencia, pues su ciencia es siempre un saber que depende de las ideas. El "ordenamiento cotidiano" regresa al intelecto donde lo real sensible no puede conducirlo por sí mismo; en principio, no se trata únicamente del *ordo rerum*, sino en cuanto está dirigido a la comprensión de lo sensible. Esto significa que el "ordenamiento cotidiano" es el que ofrece estabilidad, sin el cual no es posible la ciencia. El hecho de que "nada se ordena sabiamente sin una sabiduría" implica que si bien las cosas son causa de nuestro conocimiento, sin embargo, la causa de que sea posible la ciencia no son las cosas sino el ordenamiento dispuesto por la sabiduría. La

---

[56]   Lemoine, M. M. "Guillaume de Conches, première philosophe moderne?", 127.

[57]   Guillermo de Conches, *Filosofía del mundo*, 1, v.

importancia histórica de Guillermo de Conches radica en que su voluntad de estabilizar la comprensión del orden sensible, es decir, de establecer una cierta inteligibilidad, no exigió la claudicación de los derechos de la inteligencia.

2.1 La obra *Philosophia mundi*

El conjunto del pensamiento de Guillermo de Conches está centrado en responder a la pregunta acerca de lo real. Las argumentaciones que desarrollará nuestro autor para alcanzar sus sucesivas respuestas nos muestran también sus fuentes: la Biblia y, entre los Santos Padres, tienen preminencia Gregorio y Agustín; y, con pareja autoridad que los anteriores, los siguientes clásicos latinos:[58] Cicerón, Séneca, Juvenal,[59] Virgilio,[60] Horacio, Ovidio,[61] Boecio,[62] Constantino el Africano, Macrobio[63] y el *Timeo* de Platón. La obra está escrita en un estilo llano y accesible y, en ella, Guillermo de Conches expresa voluntad de claridad, con una cita de la *Retórica* de Cicerón: "Eloquentia sine sapientia nocet, sapientia vero sine eloquentia etsi parum, tamen aliquid, cum eloquentia autem maxime prodest".[64] Por ello, argumenta contra aquellos que ocultan su ignorancia mediante artificios: "Multos tamen nomen magistri sibi usurpantes, non solum hoc agere, sed etiam aliis sic esse agendum iurantes cognoscimus. Nihil quippe de philosophia scientes, aliquid se nescire confiteri erubescentes,

---

[58] Gersh, S. "Philosophy and Humanism", en Lansing, C. y English, E. D. *Companion to the Medieval World*. Chichester: Wiley-Blackwell, 2009. 525-543.

[59] Este autor está citado tres veces en *Philosophia*: *Sat.* XI, 14 en I. 24; *Sat.* I, 8-9; 14 en I. 44 y *Sat.* III, 47-48 en IV. 2.

[60] Virgilio está citado en siete oportunidades: I. 13 y IV. 54 (*En.* VI, 731); I. 45 (*Georg.* II, 335-336 y 338); III. 3 (*Georg.* I, 233); IV. 18 (*Georg.* III. 129-131 y 136).

[61] Coulson, F. "Ovid's *Metamorphoses* in the school tradition of France, 1180-1400: Texts, manuscript traditions, manuscript settings", en Clark, J. G., Coulson, F. y McKinley, K. *Ovid in the Middle Ages*. Cambridge: Cambridge University Press, 2011, 48-82; Viarre, S. *La survie d'Ovide dans la littérature scientifique des XIIe et XIIIe siècles*. Poitiers : Université de Poitiers, 1966

[62] Courcelle, P. *"La Consolation de Philosophie" dans la tradition littéraire. Antécédents et Postérité de Boèce*. París : Études Augustiniennes, 1967.

[63] Rodnite-Lemay, H. *The Doctrine of the Trinity in Guillaume de Conches' Glosses on Macrobius*, (Diss.). Nueva York: Columbia University, 1972.

[64] I. 1 (Prologus): "la elocuencia sin sabiduría es dañina, y [...] la sabiduría, sin la elocuencia es algo provechosa, pero poco, y con elocuencia, lo es en grado sumo".

suae imperitiae solacium quaerentes ea quae nesciunt nullius utilitatis ese minus cautis praedicant".[65]

Platón guía esta búsqueda y el modo de transmitir lo conocido; en ambos casos la dialéctica es el instrumento privilegiado; Guillermo de Conches expresa el ideal agustiniano de la época de Cassiciaco de aplicar las enseñanzas lógicas o *artes sermocinales* del *Trivium* a las disciplinas del *Quadrivium* y así alcanzar no solo un saber más completo, sino fundamentar una subalternación de los saberes. Desde esta perspectiva, el conocimiento de la naturaleza no se opone a las enseñanzas de la Escritura, sino que permite una lectura literal, sin la cual no tiene sustento real la interpretación espiritual; en otras palabras, una confianza en que la razón permita acceder a la comprensión de los símbolos. Un ejemplo de interpretación, entre tantos: Saturno, el más grande de los planetas, necesita treinta años para completar su recorrido zodiacal; de esta observación astronómica se comprende su representación en los mitos como un anciano; el filósofo lee el libro de la naturaleza (sabe que el recorrido del planeta es lento) y, por ello, comprende cabalmente la simbología que, sobre este dato, estableció una sabiduría antigua.[66] Para Guillermo de Conches, el paso de la lectura simbólica a la lectura alegórica de la Biblia resulta completamente natural.[67] Podemos presentar el programa filosófico de Guillermo de Conches en estos términos: a partir de la interpretación cosmológica del *Timeo*, explicar la visión cristiana del mundo, es decir, presentar filosóficamente al Espíritu Santo como principio vivificante, cumpliendo con el principio agustiniano de poner las *artes liberales* como instrumentos de comprensión espiritual y la Biblia como fuente última de todo saber. En este contexto, el hombre es un microcosmos, es decir, una síntesis de lo creado. Quien puede comprender al hombre en la complejidad de su inmanencia, puede también comprender la finitud del mundo, dado que todo conocimiento específico de la naturaleza conduce a postulados metafísicos o, en otras palabras, no hay conocimiento despreciable o vacuo.

---

[65] I. 1-2: "Hemos conocido a muchos que, usurpando para sí el nombre de maestros, no solo ellos obraron así, sino que impulsaron a otros a hacerlo; no sabiendo nada acerca de la filosofía y teniendo vergüenza de confesar no saber algo y buscando un solaz a su impericia, predican a los incautos aquello que no conocen sin el menor provecho".

[66] II. 22. Con palabras de P. Ricoeur, las ficciones fortalecen la realidad, porque son capaces de reconstruir el conocimiento y no porque tengan un carácter evasivo. *Ideología y utopía*. Barcelona: Gedisa, 1994, 324.

[67] I. 44 nos ofrece un ejemplo de lectura alegórica de un precepto mosaico (Ex. 12. 3-4).

El estilo de Guillermo de Conches, y de la Escuela de Chartres en general, es al mismo tiempo investigación y difusión en las aulas; por ello, el recurso del comentario o *glosa* se adaptó perfectamente a esta vocación.[68] *Philosophia mundi* expresa la *nuda veritas*,[69] es decir, el ejercicio por esencializar la expresión del conocimiento, la cual –fiel al ideal platónico– puede alcanzar diversas plasmaciones, como lo muestra la doble escritura de las mismas preocupaciones intelectuales, en la obra cuya traducción presentamos y el *Dragmaticon* (escrito entre 1144 y 1149, siempre posterior a la condena de Sens de 1141).[70]

2.2 La organización de la *Philosophia mundi*

Se divide en cuatro libros; en el comienzo del libro primero se plantea la relación entre la investigación y el estilo literario, siguiendo el planteo ciceroniano. Este texto de evidente naturaleza polémica se abre con preguntas cruciales: ¿Quién enseña? (muchos que están en las aulas, en realidad, usurpan el título de maestro), ¿qué se enseña? (simplemente, filosofía) y, por último, ¿con qué derecho? (el derecho que da la búsqueda desinteresada de la sabiduría). Una vez que han establecido estos criterios, los aplica en línea descendente, desde el Creador a las criaturas o, en el fraseo del propio Guillermo de Conches, "las cosas que son y que no se ven": el creador, el alma del mundo, los demonios, el alma del hombre. Dado que, en esta vida, no es posible conocer perfectamente a Dios, el filósofo se pregunta ¿qué significa conocer perfectamente? De aquí siguen las once preguntas que permiten saber exhaustivamente algo ("si es, qué es, cuán grande es, para qué es, cómo es, qué hace, qué se obra en él, dónde está, cómo está ubicado en un lugar, cuándo es y qué tiene"). El filósofo puede recorrer dos caminos para demostrar la existencia de Dios: por un lado, la creación del mundo y, por otro, la ordenación de este según orden y belleza, lo que permite discernir un artífice. En continuidad con este planteo, presenta las vías del conocimiento de Dios, que conducen necesariamente al

---

[68] Albertazzi, M. "Prolegomena", en Guillelmi de Conchis. *Philosophia*. Lavis (Trento): La Finestra Editrice, 2010, XVIII-XX.

[69] II. 1: "[...] hemos preferido prometer la verdad desnuda antes que la falsedad bien arropada".

[70] Grabmann, M. *Wilhelm von Conches...*, 1935, 6-7. También tenemos presente que las *Glosae super Platonem* tuvieron una doble redacción.

tratamiento de la Trinidad; para ello, vincula las nociones de "Alma del mundo" y Trinidad, lo que nos hace evidente el intento de Guillermo de Conches de asociar la cultura clásica con la revelación (el *Timeo* tiene un valor anticipatorio e instrumental para comprender la doctrina de la creación, pues el *anima mundi* deriva del Espíritu Santo, en su función de mediador entre el Creador y las creaturas). Seguidamente se aplica al tratamiento de los seres espirituales: corporeidad e incorporeidad de ángeles y demonios. Platón presentó la idea de que había dos categorías para los ángeles, pero la Biblia estableció su número en nueve; resultan de interés los argumentos a favor de la no contradicción de ambos señalamientos. Guillermo presenta la teoría según la cual la realidad está constituida por los elementos; estos se encuentran en los cuerpos (como las letras forman las sílabas, así los elementos son comparados a las letras del texto cósmico). Guillermo de Conches responde las dudas acerca de la organización del universo a aquellos que no tienen conocimientos de física: relación entre elementos y cualidad e identificación de los elementos con las cosas; la relación entre descomposición de los seres y permanencia de los elementos. Los parágrafos 27-34 organizan tal vez uno de los momentos más originales, pues, luego de plantear una visión elemental del mundo, la presenta en perspectiva teológica (Dios quiso un mundo tangible). Sigue con la creación y la mixtura de los elementos (los elementos son cuatro y sus combinaciones posibles: cálido- seco; cálido-húmedo; frío-húmedo; frío-seco); el peso de cada uno define su disposición en la naturaleza (de más pesado a más ligero): tierra-agua-aire-fuego. Discusión con quienes afirman la existencia del caos antes de la creación, pues consideran que Dios lo hace pedagógicamente para recordar a la humanidad su poder creador; Guillermo de Conches refuta la postura a partir de la pregunta: ¿a quién habría mostrado su poder? ¿A un ángel? No, porque conoce la naturaleza divina ¿al hombre? No, porque todavía no existía. Luego, la idea de caos previo a la creación es simplemente inaceptable. El inicio del Génesis muestra, en realidad, la confusión de los elementos y a eso se denomina caos, es decir, que la obra de Dios disolvió el caos: creó las estrellas y estas comenzaron enseguida a moverse y, consecuentemente, a generar calor, el cual descendió al agua y, como consecuencia, comenzaron a nacer los animales. Entre estos, volaron los que están más vinculados a los elementos sutiles, nadaron los que estaban más ligados al agua y el reto permaneció en la tierra. Sigue el relato de la creación del hombre a partir del barro, con un alma que fue agregada posteriormente por Dios; se refiere luego a la creación de la

mujer del costado de Adán, aunque niega que pueda hacerse una lectura literal del pasaje. La última parte está dedicada a establecer la estación del año en que se produjo la creación; no toma partido entre las posibilidades que las tradiciones señalan: primavera, para los hebreos y para los latinos (Virgilio) o verano, para los egipcios.

El libro II abre con un prefacio, que retoma el núcleo del libro I: los modos en que aparecen las cosas que son y que no se ven y los elementos. Trata acerca del éter ("el espacio más allá de la Luna") y de su *ornatus* o "galanura", las estrellas fijas y las errantes. Luego afirma que no existen aguas congeladas más allá del éter, pues o se extinguiría el fuego o se evaporarían las aguas, y da los elementos para interpretar Génesis I, a partir de aquellas afirmaciones. Critica por irracionales a aquellos que afirman que Dios podría crear y mezclar de manera permanente el agua y el fuego. Es posible identificar, en el firmamento, once círculos, de los cuales solo dos son visibles. Más adelante hace referencia a los planetas y su movimiento en el éter: Saturno es el más lento y el más frío; Júpiter es un planeta cálido y, por ello, benévolo. Marte es frío, seco y dañino, aunque Júpiter y Venus atenúan sus efectos. Venus es un planeta húmedo y benefactor, al que sigue el tratamiento de Mercurio. Análisis del Sol, sus operaciones y su relación con la Luna, que carece de luz propia. En relación con la actividad del Sol, Guillermo de Conches se ocupa de las estaciones: la primavera es el tiempo en que la tierra se abre y da lugar a la vida vegetal; la compara con las fuerzas de la pubertad; el verano es cálido y seco, porque está dominado por el fuego; el elemento tierra define y caracteriza al otoño: la melancolía y la sensación de decaimiento. La Luna es el astro más pesado, por su vecindad al agua y a la tierra; por este motivo carece de luz propia; el libro II se cierra con la explicación de los eclipses.

El libro III se abre con nuevas reflexiones sobre un tema que evidentemente preocupaba a Guillermo de Conches: el estilo árido que se requiere para presentar estos temas. Comienza con el tratamiento del espacio que hay entre la Luna y la Tierra y algunos de los fenómenos que allí se producen: la lluvia, el arcoíris, el granizo, la nieve, los rayos y los truenos y la visión de las estrellas que se precipitan a tierra (en II. 18 explica que es una ilusión óptica y si eso sucediese, significaría la destrucción de la tierra), el paso de los cometas y los vientos; nuestro autor explica pormenorizadamente cada uno de estos fenómenos. Luego, Guillermo se pregunta si la destrucción del mundo se dará por

acción del agua o del fuego. El libro se cierra con el establecimiento del vínculo entre las fases lunares y las mareas.

El libro IV comienza con una grave reflexión pedagógica: ¿hay verdaderamente una comunidad de estudio cada vez que los maestros adulan a los discípulos, transformándolos en sus jueces? Inmediatamente trata acerca de la tierra, a la que coloca en el centro del cosmos; distingue dos lugares de la tierra que son habitables, a su vez divididos en cuatro zonas; nombra los continentes y presenta un gráfico con sus límites. Luego pasa al estudio del hombre, dejando de lado a los animales, porque la zoología no forma parte de los intereses del filósofo. Así como en el libro I se ocupó de la creación de Adán y Eva, el libro IV tratará de las vías previstas para la continuidad del mundo natural o, en palabras de Guillermo de Conches, "de cotidiana hominis creatione" (VII. 16); el esperma es el elemento esencial para la continuidad que el autor ha denominado "creación cotidiana", pues transmite la naturaleza sana o enferma: la prueba es la herencia, por parte de los hijos, de las enfermedades del padre. El útero recibe el semen; el primero contiene siete células y cada una contiene impresa la figura de un ser humano. La esterilidad proviene de algún exceso de sequedad, calor, humedad o frío. Sigue el análisis del ciclo menstrual. No habla propiamente de sexología para no perturbar a los lectores en estado religioso. Sigue el tratamiento de la infancia, que ocupa los primeros siete años de la vida, en el último de los cuales comienza a emplear la razón. Luego de pasar brevemente sobre la digestión, se detiene en la teoría de los temperamentos y explica cada uno en clave fisiológica. Trabaja luego la estructura del ojo y de los tipos de visiones. Análisis del oído, que funciona como una introducción al tema del alma. Esta es un espíritu ligado absolutamente al cuerpo, aunque no tiene naturaleza corpórea. Trabaja ampliamente las relaciones entre el alma y el cuerpo. Guillermo de Conches anuncia, sobre el final, una gran obra gramatical, con la intención declarada de continuar y corregir a Prisciano.

Claudio Calabrese y Ethel Junco
Instituto de Humanidades
Universidad Panamericana (Campus Aguascalientes)

Referencias

I. Textos filosóficos consultados

Giovanni Scoto, *Sulle nature dell'universo (Libro I)*. Milán: Fondazione Lorenzo Valla – Mondadori Editore, 2012 (eds. P. Dronke y M. Pereira).

Gautier de Châtillon, *Alejandreida*. Madrid: Akal, 1998 (ed. Pejenaute Rubio F.). Texto latino disponible en http://www.fh-augsburg.de/~harsch/Chronologia/Lspost12/Gualterus/gua_al09.html

Guillelmi de Conchis, *Philosophia*. Lavis (Trento): La Finestra Editrice, 2010 (ed. Marco Albertazzi).

Guillaume de Conches, *Glosae super Platonem*. París: Vrin, 1965 (Texto crítico con introducción, notas y tablas de Édouard Jeauneau).

Guillermo de Conches, *Filosofía del mundo*. Mar del Plata (Argentina): GIEM / Universidad Nacional de Mar del Plata (Traducción de Carlos Domínguez; introducción de Gerardo Rodríguez y Susana Violante).

Wilhelm von Conches, *Philosophia*. Gregor Maurach (Hrsg.). Pretoria: University of South Africa, 1980.

II. Estudios críticos consultados

Aguirre Martínez, L. A. *La noción cristiana de creación y la filosofía griega: de Étienne Gilson a Giovanni Reale*. Bogotá: Universidad de La Sabana, 1998.

Amor, L. "Las experiencias de la Naturaleza amante en algunos exponentes de las literaturas vernáculas de la Edad Media (siglos XII y XIII)", en *Olivar: revista de literatura y cultura española* 17/26 (2016) 2-25.

Balint, B. *Ordering Chaos: The Self and the Cosmos in Twelfth Century Prosimetrum*. Leiden/Boston: Brill, 2009.

Brasa Díez, M. "Luces y sombras en el siglo X. Gerberto de Aurillac", en *Revista Española de Filosofía Medieval* 7 (2000), 45-60.

Cadden, J. "Science and Rhetoric in the Middle Ages: The Natural Philosophy of William of Conches", en *Journal of the History of Ideas* 56 (1995) 1–24.

CAIAZZO, I. "La forme et les qualités des éléments: lectures médiévales du Timée", en Celia, F. y Ulacco, A. *Il Timeo. Esegesi greche, arabe, latine.* Pisa: Pisa University Press, 2021, 307-345.

CALABRESE, C. "Introducción", en Pedro Lombardo. *Sentencias.* Arequipa: Universidad Católica de San Pablo, 2012 (Tr. Carlos Domínguez).

______. "The Meaning of Doctrine in *De doctrina christiana*", en Esparza, G. y Bravo, N. *The Bounds of Myth. The Logical Path from Action to Knowledge.* Leiden/Boston: Brill/Rodopi, 85-113.

CARLSON, Th. A. "Religion and the Time of Creation. Placing 'the Human' in Techno-scientific and Theological Context", en De Vries, Hent. (ed.). *Religion: Beyond a Concept.* Nueva York: Fordham University Press, 2008, 826-841.

COULSON, F. "Ovid's *Metamorphoses* in the School Tradition of France, 1180-1400: Texts, Manuscript Traditions, Manuscript Settings", en Clark, J. G., Coulson, F. y McKinley, K. *Ovid in the Middle Ages.* Cambridge: Cambridge University Press, 2011, 48-82.

COURCELLE, P. *"La Consolation de Philosophie" dans la tradition littéraire. Antécédents et Postérité de Boèce.* París: Études Augustiniennes, 1967.

DE LIBERA, A. *La Filosofía medieval.* Buenos Aires: Docencia, 2000.

DE RIJK, L. M. "On Boethius Notion of Being. A Chapter of Boethian Semantics", en Kretzmann, N. (ed.). *Meaning and Inference in Medieval Philosophy.* Dordrecht-Boston-Londres: Kluwer Academics Publishers: 1988, 1-29.

DUBY, G. *L'anno Mille: storia religiosa e psicologia collettiva*, Turín, Einaudi, 1976.

ELFORD, D. "William of Conches", en Dronke, P. *A History of Twelfth Century. Western Philosophy.* Cambridge: Cambridge University Press, 1988, 308-327.

ELLUL, J. *Sans feu ni lieu.* París: Gallimard, 1976.

EVANS, G. R. *The Language and Logic of the Bible. The Earlier Middle Ages.* Cambridge: Cambridge University Press, 1984.

FAZIO, M. *Historia de las ideas contemporáneas. Una lectura del proceso de secularización.* Madrid: Ediciones Rialp, 2012.

FINAN, Th. y Twomey, V. (eds.). *The Relationship Between Neoplatonism and Christianity.* Dublín: Four Courts Press, 1992.

FUENTES, J. H. "'La Natura que cría todas las crïaturas': una nota sobre la figura de Naturaleza en el *Libro de Alexandre*", en Disalvo, S.(ed.). *Natura litterata. La naturaleza en la poesía hispánica medieval y su contexto latino y románico. Olivar: revista de literatura y cultura española*, 17 (2016) 2-18.

GERSH, S. "Philosophy and Humanism", en Lansing, C. y English, E. D. *Companion to the Medieval World*. Chichester: Wiley-Blackwell, 2009, 525-543.

GILSON, É. *La filosofía en la Edad Media*. Madrid: Gredos, 2007.

GRABMANN, M. *Wilhelm von Conches. Handschriftliche Forschungen und Mitteilungen zum Schrifttum und zu Bearbeitungen seiner naturwissenschaftlichen Werke*. Múnich: Verlag der Bayerischen Akademie der Wissenschaften, 1935.

GRANT, E. *Physical Science in the Middle Ages*. Cambridge: Cambridge University Press, 1977.

GREGORY, T. "L'idea de natura nella filosofia medievale prima dell'ingresso della fisica di Aristotele", en Gregory, T. *La filosofia della natura nel Medioevo*. Milán: Vita e Pensiero, 1966, 27-65.

GUERRERO, R. R. "Guillermo de Conches: *Novam affert philosophiam*", en *Philosophia* 77/2 (2017), 49-66.

HÄRING, N. (ed.). *Commentaries on Boethius by Thierry of Chartres and his School*. Toronto: Pontifical Institute of Medieval Studies, 1971.

JACQUART, D. "Aristotelian Thought in Salerno", en Dronke, P. *A History of Twelfth Century. Western Philosophy*. Cambridge: Cambridge University Press, 1988, 407-428.

JEAUNEAU, É. "Macrobe, source du platonisme chartrain", en *Studi medievali* 1 (1960) 3-24.

______. *L'âge d'or des écoles de Chartres*. Chartres: Houvet, 1995.

______. *Rethinking the School of Chartres*. Toronto: Toronto University Press, 2009.

JIMÉNEZ, O. "Las ediciones de las obras latinas de la Edad Media, en relación con los Comentarios de Tomás de Aquino", en *Tópicos* 26/1 (2003) 9-42.

JURDJEVIC, M. "Hedgehogs and Foxes: The Present and Future of Italian Renaissance Intellectual History", en *Past & Present* 195 (2007): 241-268.

KIJEWSKA, A. "Mathematics as a Preparation for Theology: Boethius, Eriugena, Thierry of Chartres", en Galonnier, Alain (ed.). *Boèce ou la chaîne des savoirs*, Louvain/París: Éditions Peeters, 2003, 625-674.

LE GOFF, J. *Les Intellectuels au Moyen Age*. París: Éditions du Seuil, 1957.

LEMOINE, M. M. "Guillaume de Conches, première philosophe moderne?", en *Bulletin de la Société Nationale des Antiquaires de France*, 2001. pp. 124-130. Disponible en https://www.persee.fr/docAsP-DF/bsnaf_0081-1181_2001_num_1997_1_10175.pdf

LEWIS, C. S. *The Discarded Image: An Introduction to Medieval and Renaissance Literature*. Cambridge: Cambridge University Press, 2012 (1964), 25-38.

MARENBON. J. "Gilbert of Poitiers", en Dronke, P. (ed.). *A History of Twelfth-Century Western Philosophy*. Cambridge: Cambridge University Press, 1988, 328-352.

MARION, J. L. "Resting, Moving, Loving: The Access to the Self according to Saint Augustine", en *Journal of Religion* 91 (2011): 24-42.

______. *Au lieu de soi. L'approche de saint Augustin*. París: Presses Universitaires de France, 2008.

MARTIN, F. X. y Richmond, J. A. (eds.). *From Augustine to Eriugena. Essays on Neoplatonism and Christianity in Honor of John O'Meara*. Washington: Catholic University of America Press, 1991.

MERCANT Simó, J. "Santo Tomás de Aquino ante la doctrina porretana de las relaciones divinas", en *Comunicació* 136 (2019): 167-185.

MORAN, D. *The Philosophy of John Scottus Eriugena. A Study of Idealism in the Middle Ages*. Cambridge: Cambridge University Press, 2004.

O'SULLIVAN, S. *Early Medieval Glosses on Prudentius' Phychomachia. The Weitz Tradition*. Leiden/Boston: Brill, 2004.

OTTEN, W. "Nature and Scripture: Demise of a Medieval Analogy", en *Harvard Theological Review* 88 (1995): 257-284.

______. "Nature, Body and Text in Early Medieval Theology: From Eriugena to Chartres", en Otten, W., Hannam, W. y Treschow, M. *Divine Creation in Ancient, Medieval, and Early Modern Thought: Essays Presented to the Rev'd. Dr. Robert D. Crouse*. Leiden/Boston: Brill, 2007, 235-256.

______. "Plato and the fabulous Cosmology of William of Conches", en Kardaun, M. y Spruyt, J. (eds.). *The Winged Chariot. Collected Essays*

on Plato and Platonism in honor of L. M. de Rijk. Leiden: Brill, 2000, 189-190.

_____. "Platonism", en Lamm, J. *The Wiley Blackwell Companion to Christian Mysticism*. Oxford: Wiley-Blackwell, 2013, 56-73.

_____. *From Paradise to Paradigm*. Leiden/Boston: Brill, 2004.

PAPAHAGI, A. "Glossae Collectae on Boethius's Consolation of Philosophy in Paris, BN Lat. MS 13953", en *χωρα. Revue d'études anciennes et médiévales. Philosophie, théologie, sciences* 6 (2008) 291-337.

PINZANI, R. "Sull'ontologia di Gilberto Porretano", en *Noctua*. vol. I, n. 2, (2014), 209-259. Recuperado de ‹https://revistas.upb.edu.co/index.php/cuestiones/article/view/308›.

RICHÉ P. "La Renaissance intellectuelle du Xe. siècle en Occident", en *Cahiers d'Histoire*, XXI (1976), pp. 27-42.

RICOEUR, P. *Ideología y utopía*. Barcelona: Gedisa, 1994.

RODNITE-LEMAY, H. *The Doctrine of the Trinity in Guillaume de Conches' Glosses on Macrobius*, (Diss.). Nueva York: Columbia University, 1972.

RONCA, I. "The Influence of the *Pantegni* on William of Conches's *Dogmaticon*", en Burnett, Ch. y Jacquart, D. (eds.). *Constantine the African and 'Alī Ibn Al-'Abbās Al-Magūsī. The Pantegni and Related Texts*. Leiden/Nueva York/Colonia: E. J. Brill, 1994, 266-285.

SOUTHERN, R. W. *Medieval Humanism and Other Studies*. Oxford: Blackwell, 1970.

_____. *Scholastic Humanism and the Unification of Europe*. Oxford: Blackwell, 1995.

SUREDA, J. *El despertar de Europa. La pintura románica, primer lenguaje común europeo. Siglos XI-XIII*. Madrid: Ediciones Encuentro, 1998.

TEIXEIRA Lopes, J. F. "La escuela de Chartres y la tradición del Quadrivium", en *Cuestiones Teológicas*, 41/96, (2014) 403–424.

VIARRE, S. *La survie d'Ovide dans la littérature scientifique des XIIe et XIIIe siècles*. Poitiers: Université de Poitiers, 1966.

WETHERBEE, W. *Platonism and Poetry in the Twelfth Century: The Literary Influence of the School of Chartres*. Princeton: Princeton University Press, 1972.

LIBER PRIMUS

PROLOGUS

1.

Quoniam, ut ait Tullius in prologo *Rhetoricorum*, «Eloquentia sine sapientia nocet; sapientia uero sine eloquentia, etsi parum, tamen aliquid; cum eloquentia autem maxime prodest», errant qui, postposita proficiente et non nocente, adhærent nocenti et non proficienti. Id namque agere est Mercurii et Philologiæconiugium, tanta cura Virtutis et Apollinis quæsitum, omni conuentu deorum approbatum, soluere: id etiam est gladium semper acuere, sed numquam in proelio percutere. Multos tamen nomen magistri sibi usurpantes, non solum hoc agere, sed etiam aliis sic esse agendum iurantes cognoscimus.

2.

Nihil quippe de philosophia scientes, aliquid se nescire confiteri erubescentes, suæ imperitiæ solacium quærentes

---

LIBRO PRIMERO

PREFACIO

1.

Puesto que dice Tulio en el prólogo del libro *La invención de la retórica*, que "la elocuencia sin la sabiduría es dañosa, y que la sabiduría sin la elocuencia es provechosa en algo, pero poco y, con elocuencia, lo es en grado sumo",[1] se equivocan aquellos que, dejando de lado la que es provechosa y no dañina, adhieren a lo dañino y no provechoso. Esto significa disolver *La boda de Filología y Mercurio*,[2] lograda con el esfuerzo de Apolo y aprobado por el conjunto de los dioses. Equivale a estar siempre afilando la espada y no usarla en la batalla. Muchos usurpan para sí el nombre de maestros y no solo obran así, sino que sabemos que esto mismo enseñan a otros.

2.

Nada absolutamente saben de filosofía, pero sienten vergüenza de confesar su ignorancia y buscan un solaz para su

---

[1] Tulio Cicerón (106-43 a. C.), *De inventione* 1,1.

[2] Marciano Capella (s. V), "Las bodas de Filología y Mercurio" I, 23 ss., *De nuptiis Philologiae et Mercurii*.

ea quæ nesciunt nullius utilitatis esse minus cautis prædicant. Sed, quia, ut ait Terentius,

non est mirum si meretrix mulier impudenter agit.

Impudentia illorum postposita, de philosophia aliquid dicere proposuimus, ut diligentibus ipsam pro posse nostro proficiamus, non diligentes uero ad diligentiam excitemus.

impericia, predicándoles sin ningún provecho a otros menos precavidos aquello que ellos mismos ignoran. Pero, como dice Terencio:

"No sorprende que una meretriz obre con desvergüenza".[3]

Dejando de lado la impudencia de estos, me he propuesto decir algo sobre la filosofía, para ser de utilidad, en la medida de nuestras fuerzas, a los que se muestran interesados y tratando de despertar el interés de los que por el momento están desinteresados.

3.

Incipientes igitur a prima Causa rerum, usque ad hominem continuabimus tractatum, de ipso homine multa dicentes, illud ante principium dictionis petentes, utsi aliquid in hoc opere imperfectum inueniatur– humanæ imperfectioni deputetur, nec ideo quod in eo utile erit uituperetur. Neque enim propter unum male dictum bona uituperanda, sicut neque propter unum bene dictum mala laudanda.

Quandoque enim uigilat Thersites et dormit Ulixes:

3.

Comenzando por "Dios, causa primera" continuaré mi tratado hasta el hombre, diciendo mucho sobre él, invocando, eso sí, como principio de mis palabras, que, si algo es considerado imperfecto en ellas, se lo atribuya a imperfección humana y no por eso se vitupere lo que pueda ser útil. No por una cosa dicha erróneamente, han de desecharse las buenas; ni por una cosa buena han de alabarse las malas.

De vez en cuando está en vela Tersites y dormita Ulises.

---

[3]   Terencio, *Andria*, 755.

Et longo fas est operi subrepere somnum.

De philosophia igitur tractare incipientes, quid sit philosophia dicamus.

I. QUID SIT PHILOSOPHIA

4.

Philosophia est eorum quæ sunt et non uidentur et eorum quæ sunt et uidentur uera comprehensio.

Sunt et esse non uidentur incorporalia: sensus enim extra subiectam materiam nihil potest. Sunt et esse uidentur corporalia, seu diuinum seu caducum habeant corpus. Corpora namque subiacent sensui. Cum igitur in cognitione utrorumque sitphilosophia, de utrisque disseramus, inchoantes ab eis quæ sunt et non uidentur. Sunt autem hæc: Creator, anima mundi, dæmones, animæ hominum.

5.

Sed quoniam Creator omnibus prior est, omnia enim ab ipso habent existere, et ipse a nullo, ab ipso incipiamus.

Sed – quia dicunt sancti in hac uita non posse Deum perfecte cognosci – quid sit perfecte aliquid cognoscere ostendamus, ut innotescat quare

"En una obra larga es menester darle un espacio al sueño".[4]

Comenzando a tratar sobre la filosofía digamos ante todo qué es.

I. ¿QUÉ ES LA FILOSOFÍA?

4.

La filosofía es la verdadera comprensión de las cosas que son y no se ven y de las que son y se ven.

Son y no se ve que son las cosas incorpóreas, porque el sentido no tiene poder fuera de la materia a su alcance. Son y se ven las cosas corporales, sea que tengan un cuerpo divino o uno caduco, pues los cuerpos caen bajo el sentido. Consistiendo la filosofía en el conocimiento de ambos tipos de cosas, expondremos acerca de ambas, comenzando por aquellas que son y no se ven. Estas son el Creador, el alma del mundo, los demonios, las almas de los hombres.

5.

Puesto que el Creador es anterior a todas las cosas (ya que de Él deriva toda existencia y Él no la tiene de ningún otro), comencemos por Él.

Pero puesto que dicen los santos que Dios en esta vida no puede conocerse perfectamente, demostremos qué es conocer algo perfectamente, para que se vea claramente por qué en esta

---

[4] Horacio, "Carta a los Pisones", *Ep. Ad Pis.*, 360.

Creator in hac uita perfecte cognosci non possit.

Undecim sunt quæ inquiruntur circa unamquamque rem: an sit, quid sit, quantum sit, ad quid sit, quale sit, quid agat, quid in ipsum agatur, ubi sit, qualiter in loco situm sit, quando sit, quid habeat.

Perfecte ergo aliquid cognoscere est ista undecim de illo scire. Sed quamuis sciamus Deum esse, quid <tamen> sit perfecte non comprehendimus. Quantitas uero eiusdem, qui omnia implet, angustias nostri pectoris excedit. Relationi illius explicandæ humana sapientia deficit, qualitates illius non comprehendit. Actionibus eius enarrandis infinitæ linguæ non sufficiunt. Quid in ipsum agatur, non potentia agentis, sed permissio est Volentis. Ubi sit qui supra omnia, infra omnia, totus et integer, qualiter in loco sit, qui localis non est, de tempore uero illius, qui ante omne tempus est, quid habeat, qui «omnia palmo continet», nullus perfecte explicare potest. Nec ergo illum omnino ignoramus, quem esse scimus, nec perfecte cognoscimus, de quo prædicta ignoramus.

vida el creador no puede ser conocido perfectamente.[5]

Hay once preguntas que se hacen acerca de cada cosa: si es, qué es, cuán grande es, para qué es, cómo es, qué hace, qué se obra en ella, dónde está, cómo está ubicada en un lugar, cuándo es, qué tiene.

Conocer algo perfectamente es saber de eso estas once cosas. Pero aunque sepamos que Dios es y qué es, no lo comprendemos perfectamente; pues su cantidad, que todo lo llena, excede la estrechez de nuestra mente; la sabiduría humana no alcanza a explicar su relación; no abarca sus cualidades; infinitas lenguas no bastan para narrar sus acciones; lo que Él hace no es según la potencia del agente, sino según el permiso de su voluntad; dónde esté, el que está por encima de todo, por debajo de todo, entero e íntegro; cómo esté en un lugar, el que no es local; acerca del tiempo de aquel, que es antes de todo tiempo; qué tenga, "el que en su palma todo lo contiene";[6] nadie lo puede explicar perfectamente. Todo lo ignoramos sobre aquel que sabemos que es y no conocemos perfectamente a aquel de quien ignoramos las cosas antedichas.

---

[5]   1 Cor., 13, 9.

[6]   Sap. 1, 7.

II. QUIBUS RATIONIBUS PROBETUR QUOD DEUS SIT

6.

Et quoniam diximus in hac uita sciri Deum esse, rationes quibus etiam incredulis hoc possit probari aperiamus, scilicet per mundi creationem et cotidianam dispositionem.

Cum enim mundus ex contrariis factus sit elementis (calidis, frigidis, humidis, siccis), uel natura operante, uel casu, uel aliquo artifice, in compositione mundi illa coniuncta sunt. Sed proprium est naturæ semper contrarium fugere et simile appetere: non ergo natura contraria elementa coniunxit. Casu uero coniuncta non sunt. Si enim casus mundum operatus esset, quare domum uel aliquid tale quod leuius est non faceret? Iterum: si operatus esset casus mundum, aliquæ causæ præcessissent mundum, quarum concursus operaretur illum. Est enim casus inopinatus euentus ex causis confluentibus. Cum ergo nihil præter Creatorem præcessit mundum, ergo casu non est factus; igitur aliquo artifice. Artifex uero ille homo non fuit, ante enim mundus est factus quam homo: Deus ergo.

7.

Per cotidianam uero dispositionem idem sic probatur. Ea quæ disponuntur,

II. ¿CON QUÉ RAZONES SE PRUEBA LA EXISTENCIA DE DIOS?

6.

Y como hemos dicho que en esta vida se sabe que Dios existe, mostremos las razones por las que esto pueda probarse aun a los incrédulos, a saber, por la creación del mundo y su ordenamiento cotidiano.

Estando el mundo hecho con elementos contrarios (calientes, fríos, húmedos, secos), estos fueron unidos en la composición del mundo o por obra de la naturaleza, o del acaso, o de algún artífice. Pero es propio de la naturaleza evitar siempre lo contrario y apetecer lo semejante, y por eso no fue la naturaleza la que unió elementos contrarios. Tampoco están unidos por azar. Si el azar hubiese realizado el mundo, ¿por qué no haría una casa, o algo semejante, que es más sencillo? Además, si el azar hubiese realizado el mundo, algunas causas hubiesen precedido al mundo, con cuyo concurso hubiese obrado, pues el azar es un resultado inesperado de causas concurrentes. Puesto que nada, excepto el Creador, precedió al mundo, este no fue hecho por el azar, sino por algún artífice. Pero este artífice no fue el hombre, pues el mundo fue hecho antes que el hombre: entonces, fue Dios.

7.

Lo mismo se prueba de esta manera por el ordenamiento cotidiano: las cosas que

sapienter disponuntur, ergo aliqua sapientia: nihil enim sine sapientia sapienter disponitur. Est ergo sapientia qua omnia disponuntur. Sapientia autem illa uel humana est, <uel angelica>, uel diuina. Humana sapientia uero non est quæ res facit uiuere et loqui. Etsi namque humana sapientia formam hominis uel alterius animalis operatur, motum illi et uitam conferre non potest. <Angelica uero sapientia, quomodo angelos ipsos disponeret?> Diuina ergo Sapientia est, quæ hoc agit. Sed omnis sapientia alicuius est sapientia. Est ergo cuius est illa sapientia, nec idem est homo, <nec angelus>: Deus ergo. Sic per cotidianam dispositionem peruenitur ad diuinam Sapientiam, per Sapientiam ad diuinam Substantiam. Unde diuina Sapientia dicitur *signaculum et imago Diuinitatis.*

8.

In hac Diuinitate omnium conditrice et omnia gubernante dixerunt philosophi inesse Potentiam operandi, Sapientiam, Volutatem. Si enim non potuit et nesciuit, quomodo tam pulcra fecit? Si iterum fecit et noluit, uel ignorans uel coactus hoc fecit. Sed quid ignoraret, qui etiam nouit hominum cogitationes? Quis iterum cogeret illum, qui omnia potest? Est ergo in Diuinitate Potentia, Sapientia, Voluntas: quas sancti *tres Personas* uocant, uocabula

están ordenadas lo están sabiamente; por lo tanto, por alguna sabiduría, pues nada se ordena sabiamente sin una sabiduría. Existe, pues, una sabiduría, por la cual se ordenan todas las cosas. Esa sabiduría es humana, angélica o divina. Pero no es humana la que hace que una cosa viva y hable. Aunque la sabiduría humana pueda formar la figura de un hombre o de otro animal, no puede conferirle movimiento y vida. ¿Y la sabiduría angélica de qué modo habría dispuesto a los ángeles mismos? Es, por lo tanto, una sabiduría divina la que hace esto. Pero toda sabiduría es sabiduría de alguien. Es de aquel de quien es esa sabiduría y este no es el hombre, ni tampoco el ángel. Por lo tanto, es Dios. De este modo, a través del ordenamiento cotidiano, se llega a la sabiduría divina, y por la sabiduría divina a la sustancia divina. Por eso la sabiduría divina es llamada "sello e imagen de Dios".

8.

Los filósofos dijeron que, en esta divinidad fundadora y gobernante de todas las cosas, están inherentes la potencia de obrar, la sabiduría y la voluntad. Si no pudo o no supo, ¿cómo hizo cosas tan hermosas? Si lo hizo sin quererlo, o fue sin saberlo o por obligación. Pero ¿qué podía ignorar quien hasta conoce los pensamientos de los hombres? ¿Quién podía obligar al que todo lo puede? Hay, pues, en la divinidad, potencia, sabiduría y voluntad, que los santos llaman tres

illis a uulgari, propter affinitatem quandam, transferentes, uocantes Potentiam Patrem, Sapientiam Filium, Voluntatem Spiritum Sanctum.

III. DE TRIBUS PERSONIS

9.

Potentia dicitur *Pater*, quia omniacreat et paterno affectu disponit. Sapientia uero dicitur Filius a Patre ante sæcula genitus et tamen illi coæternus, quia ut Filius temporaliter est a Patre, ita Sapientia æternaliter et consubstantialiter a Potentia. Sed quia diximus Filium gigni a Patre et tamen coæternum illi esse, de illa genitura aliquid dicamus, illud ante orantes, ne illud quod inuenitur («Generationem eius quis enarrabit?») putetur nobis afficere: illud enim dictum est, non quia impossibile sit, sed quia difficile.

Pater ergo genuit Filium, idest diuina Potentia Sapientiam, quando prouidit qualiter res crearet et creatas disponeret. Et quia ante sæcula hoc prouidit, ante sæcula Sapientiam, idest Filium, genuit; et hoc ex se, non ex alio, quia neque alicuius doctrina, neque usus experientia, sed ex propria natura hoc scire habuit, ex quo autem fuit (si fas est dicere: de æterno), ex eo hoc sciuit, nec fuit quin ista sciret. Si ergo æternus est, et Sapientia eius æterna

personas, y tomando esos vocablos de la lengua vulgar, por cierta afinidad, llaman potencia al Padre, sabiduría al Hijo y voluntad al Espíritu Santo.

III. LAS TRES PERSONAS

9.

La potencia es llamada *Padre*, porque crea todas las cosas, y las ordena con afecto paterno. La sabiduría se dice que es Hijo engendrado por el Padre antes de los siglos y, sin embargo, coeterno con él, porque en cuanto Hijo es temporalmente desde el Padre y así la sabiduría proviene eterna y consustancialmente de la potencia. Puesto que hemos dicho que el Hijo es engendrado por el Padre y, sin embargo, es coeterno con él, digamos algo de esa generación, rogando antes que no se juzgue que nos impida esto lo que está escrito "¿Quién podrá narrar su generación?". Eso se dijo no porque sea imposible sino porque es difícil.

Porque el Padre engendró al Hijo, es decir, la potencia divina a la sabiduría, cuando decidió cómo crear las cosas y ordenarlas una vez creadas. Y porque esto lo decidió antes de los siglos, antes de los siglos engendró a la sabiduría, es decir, al Hijo; de sí mismo y no desde otro, porque tuvo conocimiento de esto por su propia naturaleza y no por la ciencia o la experiencia de algún otro. De aquel de quien fue (si es lícito decirlo: desde la eternidad), de él conoció esto, y nunca

est. Sic igitur Pater genuit Filium coæternum sibi, et consubstantialem.

estuvo sin saberlo. Si, por lo tanto, es eterno, su sabiduría es también eterna. De este modo el Padre engendró al Hijo coeterno y consustancial consigo mismo.

10.

Voluntas uero diuina dicitur *Spiritus Sanctus*. Est autem proprie spiritus *halitus*, sed quia in spiritu et anhelitu, sæpe hominis uoluntas perpenditur (aliter enim spirat lætus, aliter iratus); diuinam Voluntatem translatiue uocauerunt *Spiritum*, sed antonomastice *Sanctum*. Spiritus iste a Patre et Filio procedit, quia Voluntas diuina et Bonitas – inde quod ita potens est et sapiens Deus – effectu ostenditur. Nihil enim aliud est Spiritum Sanctum a Patre et Filio procedere, quam diuinam Voluntatem ex Potentia et Sapientia usque ad creationem rerum et gubernationem extendere.

10.

Se dice que la voluntad divina es llamada Espíritu Santo. Propiamente "espíritu" es "el aliento", pero como en el espíritu y la respiración a menudo se manifiesta la voluntad del hombre (respira de una manera cuando está alegre y de otra manera cuando está airado) traslativamente llamaron "espíritu" a la voluntad divina, y, por antonomasia, "santo". Este Espíritu procede del Padre y del Hijo, pues, desde allí, se demuestran por su efecto, la voluntad y la bondad divinas y que Dios es potente y sabio. No otra cosa es proceder el Espíritu Santo del Padre y del Hijo que extender la voluntad divina desde la potencia y la sabiduría a la creación y gobierno de las cosas.

11.

Hæc Bonitas et Voluntas Patri coæterna est et Filio. Non enim fuit ita potens et sapiens, quod non esset bonus, quia idem est Deo [et] esse, et bonum esse. Et ante tempora uoluit quod fecit. Nulla enim in eo est mutabilitas. Coæterna est ergo prædictis Voluntas et Bonitas. Sed hæc Personarum Trinitas est essentiæ unitas. Una enim substantia est Potentia diuina et Sapientia et Bonitas.

11.

Esta bondad y voluntad son coeternas con el Padre y el Hijo. No hubo ningún potente y sabio que no fuese bueno, porque para Dios es lo mismo ser y ser bueno. Él, antes de los tiempos, quiso lo que hizo, pues no hay en él mutación alguna. Por lo tanto, la voluntad y la bondad son coeternas con los antedichos. Pero esta trinidad de personas es una unidad de esencia, porque una sola es la sustancia divina y la sabiduría y la bondad.

Quæ Trinitas, quamuis in omnibus cooperetur – numquam enim Potentia diuina aliquid agit sine Sapientia et Voluntate, nec Sapientia sine Potentia et Voluntate, nec Voluntas sine Potentia et Sapientia – tamen quædam opera referuntur Potentiæ, et sic Patri; quædam Sapientiæ, et inde Filio; quædam Voluntati, et ideo Spiritui Sancto.

12.

Attribuitur Potentiæ, idest Patri, Filii missio, quam tamen operata est Sapientia et Voluntas. Attribuitur Sapientiæ, idest Filio, incarnatio, quam tamen operata est Potentia et Voluntas; et merito Sapientiæ ascribitur. Cum enim tam potens esset, quod de potestate diaboli humanum genus sola uoluntate eripere posset, maluit tamen diuinitatem coniungere humanitati, ut qui Deum et hominem reconciliaret in se, quod hominis est et Dei haberet. Si enim tantum Deus esset, numquam diabolus in eum manus iniceret. Quippe quomodo seruus in filium potentis domini cognitum manum mitteret? Unde scriptum est: «Si cognouissent, numquam Filium Dei crucifixissent». Si iterum tantum homo esset, quomodo captiuus captiuum liberaret? «Omnes enim peccauerunt, et egent gratia Dei». Redemptor ergo noster Deus fuit et homo, et adhuc est, ut ex diuinitate saluare posset et ex humanitate latere diabolo posset,

Esta Trinidad, aunque obra juntamente en todo (pues nunca la potencia divina hace algo sin la sabiduría y la voluntad, ni la sabiduría sin la potencia y la voluntad, ni la voluntad sin la potencia y la sabiduría), sin embargo, algunas obras se refieren a la potencia y así al Padre, algunas a la sabiduría y por lo tanto al Hijo, y algunas a la voluntad y por eso al Espíritu Santo.

12.

Se atribuye a la potencia, es decir, al Padre, la misión del Hijo, que sin embargo fue operada por la sabiduría y la voluntad. La encarnación se atribuye a la sabiduría, es decir, al Hijo, aunque fue obrada por la potencia y la voluntad; y merecidamente se atribuye a la sabiduría, pues siendo tan potente como para poder arrancar del poder del diablo al género humano, prefirió, sin embargo, por su voluntad, unir la divinidad a la humanidad para reconciliar a Dios y el hombre, teniendo en sí lo que es de Dios y del hombre. Si solo hubiera sido Dios nunca el diablo hubiera puesto las manos sobre él. ¿Cómo el siervo hubiese puesto su mano sobre el hijo conocido del señor potente? Por eso está escrito: "Si lo hubiesen conocido nunca hubieran crucificado al Hijo". Si solamente hubiese sido hombre ¿cómo el cautivo podía liberar al cautivo? "Todos pecaron y necesitan la gracia de Dios". Por eso, nuestro Redentor fue Dios y hombre y todavía lo es. Para que por la divinidad

ut – cum præter ius et fas innocentem inuaderet – potestatem sibi commissam iuste amitteret.

Voluntati uero et Bonitati diuinæ remissio peccatorum attribuitur, quia ex Voluntate et gratia condonat quod ex Potentia et Sapientia quam cito factum est punire posset. Sed quia dum loquimur de diuinitate, angustias nostræ scientiæ transgressi sumus, tacentes interim de ea, ad reliqua transeamus, illud orantes, ne si aliquid quod scriptum non sit alibi, hic inueniatur, hæresis iudicetur. Non enim quia scriptum non est, hæresis est, sed si contra fidem est.

In partitione superiori de eis quæ sunt et non uidentur, primum posuimus Creatorem, deinde animam mundi. Finito ergo tractatu de Creatore, de anima mundi aliquid dicamus.

IV. DE ANIMA MUNDI

13.

Anima ergo mundi, secundum quosdam, Spiritus Sanctus est. Diuina enim Voluntate et Bonitate, quæ Spiritus Sanctus est, ut prædiximus, omnia uiuunt quæ in mundo uiuunt. Alii dicunt1 *animam mundi* esse naturalem uigorem, rebus insitum, quo quædam uiuunt tantum, quædam uiuunt et sentiunt, quædam uiuunt et sentiunt et discernunt.

pudiera salvar y por la humanidad ocultarse al diablo, para que, fuera del derecho y de la ley, el diablo atacara a un inocente y perdiera con justicia el poder que se le había concedido.

A la voluntad y a la bondad divinas se les atribuye la remisión de los pecados, porque la potencia y la sabiduría los castigarían cuanto antes. Pero como, hablando acerca de la divinidad hemos traspasado las estrecheces de nuestra ciencia, callando sobre ese tema, pasemos a otras cosas, rogando que, si algo que no se encuentra en otra parte y está aquí se lo juzga una herejía, no porque no esté escrito es herejía, sino si es en contra de la fe.

En la parte anterior, tratando de aquellas cosas que son y no se ven, hemos puesto primero al Creador y luego al alma del mundo. Terminado, pues, el tratamiento del Creador, digamos algo sobre el alma del mundo.

IV. EL ALMA DEL MUNDO

13.

El alma del mundo, según algunos, es el Espíritu Santo. Pues por la divina voluntad y bondad, que es el Espíritu Santo, como dijimos anteriormente, viven todas las cosas que viven en el mundo. Otros dicen que el alma del mundo es el vigor natural ínsito en las cosas, con el cual algunas solo viven, otras viven y sienten, otras viven, sienten y disciernen, y no hay

Nec est aliquid quod uiuat et sentiat et discernat, in quo non sit ille naturalis uigor. <Tertii dicunt animam mundi esse quamdam corporum incorpoream substantiam, quæ tota est in singulis corporibus, quamuis propter quorumdam corporum tarditatem, non idem in omnibus exercet uel operetur, quod uolens significare Virgilius ait:

Seminibus quantum non noxia
corpora tardant.>.

In homine ergo est illa et propria anima. Si aliquis concludat «Ergo in homine sunt duæ animæ», dicimus *non*, quia non dicimus animam mundi esse animam, sicut nec caput mundi esse caput. Hanc dicit Plato esse excogitatam ex diuidua et indiuidua substantia, ex eadem natura et diuersa: cuius expositionem si quis quærat, in *Glossulis* nostris *super Platonem* inueniet.

Tertium genus de eis quæ sunt, et non uidentur, diximus dæmones esse, de quibus tractare incipientes, dicamus quot illorum sint ordines, et quare uocati sint *dæmones*.

nada que viva, sienta y discierna, en lo que no esté ese vigor natural. Hay terceros que dicen que el alma del mundo es cierta sustancia incorpórea que está toda entera en los cuerpos individuales, aunque, por cierta lentitud, en algunos de ellos no se ejercita u opera igualmente en todos: queriendo significar esto, Virgilio dice:

"en tanto no retardan a las semillas
cuerpos dañosos".[7]

En el hombre, por lo tanto, está esa alma propia. Si alguien concluye: "Entonces en el hombre hay dos almas", respondemos que *no*, porque no decimos que el alma del mundo es un alma, como no decimos que la cabeza del mundo es una cabeza. Platón dice que esta fue concebida de una sustancia dividida e indivisa y de una naturaleza idéntica y diversa. Si alguien busca esta exposición la encontrará en nuestras glosas sobre Platón.

El tercer género de cosas que son y no se ven dijimos que son demonios; y al comenzar a tratar de ellos digamos cuántos son sus órdenes y por qué se los llama demonios.

---

[7] Virg., *En.*, VI, 731.

V. DE DÆMONIBUS

14.

Tres igitur dæmonum ordines uoluit Plato esse, a superiori usque ad imum, nihil sine rationali creatura esse affirmans. Dicit enim in firmamento esse quoddam rationale animal, quod ita diffinit: animal rationale, immortale, cœleste, impatibile. Stellas, uidelicet in firmamento, de quibus in loco suo dicemus; sunt enim de eis quæ sunt et uidentur. Deinde dixit esse in æthere quoddam genus inuisibilis animalis, idest a firmamento usque ad Lunam primum in ordine dæmonum, quod ita diffinitur: animal rationale, immortale, impatibile, aethereum, cuius dicit esse officium soli diuinæ contemplationi uacare, et de eius contemplatione delectari.

In inferiori uero loco (scilicet circa superiorem partem æris uicinam Lunæ) dicit aliud esse genus, cuius est hæc diffinitio: animal aereum, rationale, immortale, patibile, diligentiam hominibus impertiens, cuius est, secundum eundem officium, deferre preces hominum, Deo, et voluntatem Dei hominibus, uel per somnia, uel per signal, uel per intimam aspirationem, uel uocalem admonitionem. Quod dicitur patibile, quia cum diligat bonos, congaudet illorum prosperitati, compatitur aduersitati.

V. LOS DEMONIOS

14.

Quiso Platón que hubiera tres órdenes de demonios, afirmando que desde el superior al inferior no hay ninguno sin racionalidad. Dice que en el firmamento hay cierto animal racional que define así: animal racional, inmortal, celestial, impasible. Las estrellas en el firmamento, de las que hablaremos en su lugar, son de aquellas cosas que son y se ven. Luego se dijo que hay en el éter cierto género de animal, invisible, es decir, un firmamento hasta la Luna, primero en el orden de los demonios, que así se define como animal racional, inmortal, impasible, etéreo, cuyo oficio se dice que es estar libre solo para la divina contemplación y para vivir de ella.

Pero en el lugar inferior, a saber, en la parte superior del aire, cercano a la Luna, se dice que hay otro género, cuya definición es la de animal aéreo, racional, inmortal, pasible, que imparte atención a los hombres, cuyo oficio es transmitir las plegarias de los hombres a Dios, y la voluntad de Dios a los hombres, por medio de sueños o de signos o por una íntima aspiración o advertencia vocálica; y se dice que es pasible porque, amando a los buenos, se alegra con su prosperidad y se compadece con su adversidad.

15.

Tertius ordo est in hac humecta parte æris, quod ita diffinitur: animal humectum, rationale, immortale, patibile, cuius est officium humanitati inuidere, ex inuidia insidiari, quia unde descendit per superbiam, ascendit humanitas per humilitatem. Et est ita luxuriosum, quod aliquando commiscet se mulieribus et aliquos generat: unde *incubi* dicuntur dæmones qui sic concumbunt. Qui differunt ab aliis dæmonibus in hoc, quod duo primi ordines dicuntur *kalodaemones*, idest *bonum scientes: kalós* enim est *bonum, daemon sciens.* Isti uero dicuntur *kakodaemones*, idest *malum scientes: kakós* enim *malum* est. Ne abhorreas nomen, quod isti et illi dicuntur *dæmones*, quasi *scientes*, cum isti et illi *angeli* dicantur: unde dicitur *bonus angelus* et *malus.*

Inferiorem partem mundi, idest Terram, habitat animal rationale, mortale, idest homo, de quo in loco suo dicemus.

VI. UTRUM CORPORA SINT VEL SPIRITUS

16.

De prædictis dæmonibus quæritur utrum corpora habeant, cum animalia sint et omne animal dicatur corpus, an sint spiritus, ut ait Propheta: «Qui facit angelos suos spiritus». Inde dicunt quidam quod corpora sunt, sed ita subtilia,

15.

El tercer orden está en la parte húmeda del aire, que así se define: animal húmedo, racional, inmortal, pasible, cuyo oficio es envidiar a la humanidad y, por envidia, insidiarla, porque de donde la humanidad descendió por soberbia, ascendió luego por humildad. Y así es lujurioso cuando alguna vez se mezcla con mujeres y genera a otros. Por eso son llamados íncubos los demonios que así se unen a mujeres. Y difieren de los otros demonios, en que los primeros dos órdenes son llamados calodemonios, es decir, "conocedores del bien", (*kalós* = bien; demonio = conocedor). Y estos son llamados cacodemonios; (*kakós* = mal). No te disguste el nombre, o sea, que ambos se llamen demonios, es decir, conocedores, pues ambos se dice que son ángeles y hay un ángel bueno y un ángel malo.

En la parte interior del mundo, es decir, la Tierra, habita un animal racional y mortal, es decir, el hombre, del que hablaremos en su lugar.

VI. ¿SON CUERPOS O ESPÍRITUS?

16.

Se pregunta sobre los anteriores demonios si tienen cuerpos, siendo animales y dado que todo animal tiene un cuerpo, o si son espíritus, como dice el profeta: "Que hace a sus ángeles espíritus". Por eso dicen algunos que son cuerpos,

quod sensu percipi non possunt. Unde respectu nostrorum corporum, quæ spissa et grossa sunt, *spiritus* dicuntur, quemadmodum ær, quamuis corpus sit, propter subtilitatem uocatur *spiritus*. Et hoc confirmant auctoritate beati Gregorii, qui in *Moralibus*, de angelis loquens, ait: «Comparatione quidem nostrorum corporum spiritus sunt, sed comparatione illius summi et incircumscripti Spiritus, *corpora* sunt dicenda». Hoc iterum probant auctoritate beati Augustini, qui in *Enchiridion* quoddam tale ponit capitulum: *Qualia corpora angeli habeant.*

17.

Alii dicunt illos non esse corpora, sed spiritus. Sed – quia ubique non sunt et de loco ad locum mouentur – comparatione summi Spiritus, qui ubique totus et integer est, a beato Gregorio *corpora* dicti sunt, nec inde sequitur quod sint corpora, sicut est illud «Sapientia huius mundi stultitia est apud Deum». Non quia Deus sapientiam huius mundi stultitiam reputet, sed quia ad comparationem diuinæ Sapientiæ stultitia est: nec tamen ideo sequitur quod sit stultitia. De illo capitulo beati Augustini (*Qualia corpora habeant angeli*)

pero tan sutiles que no pueden percibirse por el sentido. Por eso, en comparación con nuestros cuerpos, que son espesos y gruesos, son llamados "espíritus", como el aire, que, aunque sea un cuerpo, por su sutileza es llamado "espíritu". Y esto lo confirman con la autoridad del bienaventurado Gregorio, que, en sus *Moralia*, hablando de los ángeles dice: "Por cierto en comparación con nuestros cuerpos, son espíritus, pero comparados con el espíritu incircunscripto, debe decirse que son cuerpos".[8] Esto también lo prueban con la autoridad del bienaventurado Agustín, que en el *Enquiridión* pone un cierto capítulo: "Qué cuerpos tienen los ángeles".[9]

17.

Otros dicen que ellos no son cuerpos, sino espíritus. No están en todas partes y se mueven de un lugar a otro y por comparación con el sumo espíritu, que está a la vez en todas partes íntegramente, el bienaventurado Gregorio los llamó "cuerpos". Y no se sigue de allí que sean cuerpos, según aquello: "La sabiduría de este mundo es necedad para Dios",[10] no porque Dios juzgue que es necedad la sabiduría de este mundo, sino porque en comparación con la sabiduría divina es necedad. Y, sin embargo, no por eso se sigue que sea necedad. Sobre ese capítulo del

---

[8]   Greg. M., *Moralia* 2, 3 (PL 75, 557A).

[9]   PL 40, 260.

[10]   1 Cor. 1, 20.

dicunt beatum Augustinum loqui ibi de corporibus quæ assumunt quando hominibus apparent, utrum uera sint corpora an non, nec tamen ideo dicit ea esse corpora.

bienaventurado Agustín ("¿Qué cuerpos tienen los ángeles?") dicen que el bienaventurado Agustín habla allí de cuerpos que asumen cuando se aparecen a los hombres, sean verdaderos o no, y, sin embargo, no por eso dice que sean cuerpos.

18.

Nos uero plus illorum sententiæ accedimus qui dicunt esse spiritus, nec uideatur alicui inconueniens, quod Plato dicit duo genera esse calodæmonum, cum diuina Scriptura dicat nouem esse Ordines angelorum. Plato enim diuisit ea secundum loca, sed diuina pagina iuxta officia. In duobus ergo illis generibus continentur nouem ordines, et e conuerso.

Post tractatum de Creatore et anima mundi et dæmonibus, restat tractare de anima hominis; sed quia de homine locuturi sumus usque ad illum locum, loqui de eius anima differamus, ut sit unus et continuus de homine tractatus.

18.

Por nuestra parte aceptamos mayormente las opiniones de los que dicen que son espíritus. A nadie debe parecerle inconveniente que Platón diga que hay dos géneros de calodemonios, cuando la Escritura dice que hay nueve órdenes de ángeles. Porque Platón los dividió según los lugares y la página divina según los oficios. Los dos géneros entonces incluyen los nueve órdenes y los nueves órdenes incluyen los dos géneros.

Después de tratar sobre el Creador, el alma del mundo y los demonios, nos resta hablar sobre el alma del hombre. Pero como sobre los hombres vamos a hablar posteriormente posterguemos hasta ese lugar hablar de su alma para que tengamos un único y continuo tratado sobre el hombre.

VII. DE ELEMENTIS

VII. LOS ELEMENTOS

19.

Hactenus de illis quæ sunt et non uidentur nostra disseruit oratio. Nunc ad ea quæ sunt et uidentur stilus conuertatur. Sed antequam initium dicendi faciamus, petimus ut – si loquentes de uisibilibus

19.

Hasta acá nuestro discurso se extendió a aquellas cosas que son y no se ven; ahora dirijamos la pluma a las cosas que son y se ven. Pero antes de comenzar, solicitamos que, si al hablar de las cosas visibles

aliquid probabile et non necessarium dicamus, uel necessarium et non probabile – non inde uituperemur. Ut philosophienim necessarium, etsi non probabile, ponimus; ut physici uero probabile, etsi non necessarium, adiungimus: sed illud uideatur, si aliqui probabilius inter modernos inde tractauerunt. Tractaturi igitur de eis quæ sunt et uidentur, quia illa corpora sunt, et omnia corpora ex elementis constant, ab elementis sumatur exordium, et ostendamus quid sit elementum, quare quatuor sunt elementa nec pauciora, quod fuit chaos elementorum et qualiter solutum.

20.

«Elementum ergo» – ut ait Constantinus in *Pantegni* – «est simpla et minima pars alicuius corporis <particula>: simpla ad qualitatem, minima ad quantitatem». Cuius expositiotalis est: elementum est pars simpla, idest cuius non sunt contrariæ qualitates. Sed quia hoc totum uidentur habere ossa et similia, ut remoueat illa, addit *minima*, idest quæ ita est pars alicuius, quod nihil est parseiusdem. Unde litteræ, per simile, dicuntur *elementa*, quia ita sunt partes syllabæ, quod nihil est pars illarum.

Voluit autem iste Constantinus ex quatuor elementis constare humores: ex humoribus partes tam omiomiras (idest *consimiles*, ut est caro et ossa) quam organicas (idest officiales, ut manus, pedes et similia). Ex utrisque uero

decimos algo probable y no necesario, o necesario y no probable, no se nos vitupere por eso: como filósofos ponemos lo necesario, aunque no sea probable y como físicos añadimos lo probable, aunque no sea necesario. Pero véase también si algunos entre los modernos trataron de algo más probable. Vamos a tratar, pues, de las cosas que son y se ven, porque son cuerpos y como todos los cuerpos constan de elementos, tomemos inicio por los elementos y mostremos qué es un elemento, y por qué los elementos son cuatro y no menos, y cómo se disolvió el caos de los elementos.

20.

"Un elemento", como dice Constantino en el *Pantegni*, "es una parte simple y mínima de algún cuerpo; simple en cuanto a la calidad y mínima en cuanto a la cantidad"; cuya exposición es así: un elemento es una parte simple, es decir, que no tiene cualidades contrarias. Pero como un todo puede tener huesos o cosas semejantes, añade "mínima", es decir, que es aquella parte de algo y nada es parte de ella. Así, por ejemplo, las letras son llamadas elementos porque ellas son partes de la sílaba y no hay partes en cada una de ellas.

Quiso también Constantino que los humores consten de cuatro elementos y que las partes de los humores sean tanto homeomerías, es decir, perfectamente similares, como son la carne o los huesos, las orgánicas, es decir, instrumentales,

partibus humanum corpus constare. Ergo secundum eum nullum ex his quatuor quæ uidentur, et a quibusdam elementa reputata sunt, elementum est, uidelicet neque terra, nec aqua, nec ær, nec ignis. Nullum quippe eorum est simplum qualitate, minimum quantitate. Etenim in Terra aliquid est calidi, aliquid frigidi, aliquid sicci, aliquid humidi: quod, quia patens est *lippis et tonsoribus*, probationem illius prætermittamus. Neque enim aperte uera, neque aperte falsa probanda sunt, sed de quibus aliqua dubitatio est. Non est ergo simpla qualitate, minima quantitate, cum ex tam magnis partibus constet: quantæ sunt quatuor illius partes uel quinque zonæ, nec ergo elementum est. Similiter de aqua et ære et igne probari potest.

21.

Elementa ergo sunt simplæ et minimæ particulæ, quibus hæc quatuor constant quæ uidemus. Quæ elementa numquam uidentur, sed ratione diuisionis intelliguntur. Diuiditur enim, ut figuraliter dicatur, humanum corpus in organica (scilicet in manus etc.); organica uero in omiomira, idest *consimilia* (uidelicet in particulas carnis et ossis etc.); omiomira autem in humores, melancoliam etc.; humores in elementa, idest in simplas et minimas particulas. Cuius diuisionis pars

como las manos, los pies y semejantes; y de ambas clases de partes consta el cuerpo humano. Por eso, según él, de estos cuatro que aparecen y son reputados como elementos por algunos, ninguno es un elemento. A saber, ni la tierra, ni el agua ni el aire, ni el fuego, porque ninguno de ellos es simple en calidad y mínimo en cantidad. Pues en la tierra hay algo de calor, algo de frío, algo de seco, algo de húmedo. Y dejemos de lado la prueba de lo que es evidente para los miopes y los barberos [para cualquiera], porque no hace falta probar lo que es abiertamente verdadero o falso, sino lo que es dudoso. No es, pues, algo simple en calidad y mínimo en cantidad, si consta de partes tan grandes: muy grandes son las partes o zonas de los cuatro elementos. Y no es por lo tanto un elemento. Lo mismo puede probarse del agua, del aire y del fuego.

21.

Los elementos son partículas simples y minúsculas, de las que constan estos cuatro que vemos. Esos elementos nunca se ven, sino que se entienden por razón de una división. Como se divide el cuerpo humano, hablando figuradamente, en órganos, a saber, manos, etc. Las orgánicas, en *homeomerías*, es decir, en partes homogéneas, partículas de carne, huesos, etc. Las *homeomerías*, a su vez, en humores de melancolía y los humores, en elementos, es decir, partículas simples y mínimas, cuya existencia en acto solo la

actu, pars sola ratione et cogitatione fieri potest. Corpus enim humanum in membra, membra in omiomira, actus diuidere potest, sed omiomira in humores, humores in elementa solus intellectus diuidit, quia – ut ait Bœthius in *Commentario super Porphyrium* – «uis est intellectus <animi> coniuncta disiungere, disiuncta coniungere».

22.

Sed quærat aliquis ubi sunt elementa. Nos uero dicimus in compositione humani corporis et aliorum, sicut littera est in compositione syllabæ, etsi non per se. Sed sunt quidam qui, ut rustici, nesciunt aliquid esse nisi sensu possint illud comprehendere, «quia animalis homo non percipit quæ spiritus sunt», cum sapienti plus sint inquirenda insensibilia quam sensibilia. Cum ergo illæ simplæ et minimæ particulæ elementa sunt: quæ est frigida et sicca, terra est; quæ frigida et humida, aqua est; quæ calida et humida, ær est; quæ calida et sicca, ignis est. Cum igitur hæc quatuor quæ uidentur ex illis composita sunt, illud in quo dominantur particulæ frigidæ et siccæ, nomine illius elementi dicitur *terra*; in quo frigidæ et humidæ, *aqua*; <in quo calidæ

puede concebir la razón. Parte de esta división puede hacerse en acto y parte solo por la razón y el pensamiento; el cuerpo humano puede dividirse en miembros, y los miembros en *homeomerías*; pero solo el intelecto divide a esas cosas semejantes en humores y a los humores en elementos; porque, como dice Boecio en el comentario sobre Porfirio, "la fuerza del intelecto consiste en dividir lo que está unido y unir lo que está dividido".[11]

22.

Pero alguien preguntará: ¿dónde están los elementos? Y nosotros decimos: en la composición del cuerpo humano y de los otros, así como la letra está en la composición de la sílaba, aunque no por sí misma. Pero hay algunos que, como los campesinos, no saben lo que es una cosa si no la pueden abarcar con los sentidos, porque "el hombre animal no percibe las cosas que son del espíritu",[12] pero el sabio más debe investigar las cosas insensibles que las sensibles. Siendo esos elementos partículas simples y mínimas, lo que es frío y seco, es la tierra; lo que es frío y húmedo, es el agua; lo que es caliente y húmedo es el aire; lo que es caliente y seco es el fuego. Estando estos cuatro que se ven compuestos de aquellos, en lo que dominan las partículas frías y secas, con el nombre de ese elemento se llama tierra; en lo que

---

[11] Boeth. *Comm. In Porphyrium* 1, 2 (PL 63, 282).

[12] 1 Cor. 2, 4.

et humidæ, *aer>*; in quo calidæ et siccæ, *ignis*. Si ergo illis digna uelimus imponere nomina particulas prædictas, dicamus *elementa* ista quatuor quæ uidentur.

las frías y húmedas, agua; en lo que las calientes y secas, fuego. Si, por lo tanto, queremos imponerles nombres dignos, llamemos a las partículas mencionadas "elementos" y a estas cuatro cosas que se ven "compuestas de elementos".

23.

Sunt quidam, qui neque Constantini scripta neque alterius physici umquam legerunt, ex superbia ab aliquo discere dedignantes, ex arrogantia quæ nesciunt contingentes. Ne nihil dicere uideantur, dicunt elementa esse proprietates istorum quæ uidentur, calorem scilicet, siccitatem, frigiditatem et humorem. Sed istis physicam uelut in partem prædæ detrahentibus, reclamat eadem ore Platonis, uocantis elementa *materias*, cum nullæ qualitates materia alicuius esse possint. Est etenim materia quod, accepta forma, transit in aliud. Reclamat item ore Ioannicii, qui in *Isagogis* suis ait aliud esse elementa, aliud commistiones eorum, quæ sunt calidæ et siccæ, et sic de aliis. Iterum reclamat ore Macrobii, qui dicit: «Cum in singulis elementis essent diuersæ qualitates, talem unicuique dedit ut in eo cui adhæreret et cognatam et similem reperiret, ut aqua cum terra frigiditatem, ær cum aqua humiditatem, ignis cum ære calorem». Vide ut dixit elementa non esse qualitates, sed qualitates esse in elementis. Si ergo quod

23.

Hay algunos que nunca leyeron los escritos de Constantino ni de otro físico, desdeñando en su soberbia aprender de otro y hablando con arrogancia de lo que no saben. Para que no parezca que no dicen nada, afirman que los elementos son propiedades de las cosas que se ven, a saber, el calor, la sequedad, el frío y la humedad. Pero sustrayéndoles a manera de presa su parte física, por la misma boca de Platón, llaman a los elementos materias, siendo que las cualidades no pueden ser de ninguna materia.[13] Porque la materia es lo que, recibida una forma, se convierte en otra cosa. Habla también por boca de Juanicio que en su *Isagoge* dice que una cosa son los elementos y otra sus mezclas, que son calientes y secas y así de otras cosas. También hablan por boca de Macrobio, que dice: "porque en cada elemento diversas cualidades, le dio una tal a cada uno, para que estuvieran inherentes allí encontrando una cualidad relacionada y semejante; como el agua con la tierra comparten el frío, el aire con el agua, la humedad; el fuego con el aire, el

---

13   *Tim.* 53 D; Calc. Comm., 351.

alicui inest diuersum est ab eo cui inest, non sunt qualitates elementa.

calor".[14] Mira que dijo que los elementos no son cualidades, sino que las cualidades están en los elementos. Lo que está inherente en algo es distinto de aquello en lo que está; por lo tanto, las cualidades no son elementos.

24.

Sunt alii qui dicunt ista quæ uidentur esse elementa, comprobantes hoc auctoritate Iuuenalis, qui de gulosis loquens ait:

gustus per omnia elementa quærunt.

In terra scilicet uenationes, in aqua pisces, in ære uolucres. Et quia ista sententia uera est, nec auctoritati Constantini contraria, qualiter cum illa stare possit exponamus. Constantinus igitur, ut physicus de naturis corporum tractans, simplices illorum et minimas particulas *elementa*, quasi *prima principia*, uocauit. Philosophi uero, de creatione mundi agentes, non de naturis singulorum corporum, ista quatuor quæ uidentur *elementa* mundi dixerunt, quia ex istis constat; et ista prima creata sunt, et deinde ex eis ut elementis cetera omnia uel creata sunt, uel creantur, uel creabuntur, ut in sequentibus ostendetur. Nulla ergo inter hos contrarietas.

24.

Hay otros que dicen que estas cosas que se ven son elementos, demostrando esto con la autoridad de Juvenal que, hablando de los golosos, dice:

"Buscan el gusto en todos los elementos".[15]

A saber, en las cacerías en la tierra, los peces en el agua, los pájaros en el aire. Esta sentencia es verdadera y no es contraria a la autoridad de Constantino, y expondremos cómo puede coexistir con ella. Constantino, como físico, tratando de la naturaleza de los cuerpos, llamó elementos, como si fueran los primeros principios, a las partículas simples y mínimas de ellos. Pero los filósofos, tratando sobre la creación del mundo y no de la naturaleza de cada uno de los cuerpos, a estos cuatro que se ven los llamaron elementos del mundo, porque consta de ellos y ellos fueron creados primeramente, y luego de ellos, como elementos, todas las demás cosas fueron,

---

[14] Macr. *Comm. in Somn. Scip.* I, 6 25-26.

[15] Iuv., *Sat.*, XI, 14.

25.

Sed dicunt contra: «Nullum istorum elementum est, quia nullum illorum est, quod ex quatuor elementis factum non sit». Quod probant sic: in terra aliquid de aqua est, quia humiditatis aliquid inde uidemus exire. In eadem aliquid est æris, quod probat fumus inde euaporans, et aliquid caloris, quod tactu percipimus. Similiter de aliis probant hoc idem. Probant auctoritate Platonis, qui ait: «Cum terra transeat in aquam, et aqua in terram, quare magis dicatur terra quam aqua?».

Nos uero dicimus contra in unoquoque illorum aliquid de aliis esse, nec tamen inde ea esse facta, quia non substantialiter, sed accidentaliter inest. Cum enim terra porosa sit et aquis circumdata, aliquid humoris aquæ subintrat eam et aliquid æris. Cum uero in medio mundi sit et ignis æqualiter ab ea ex omni parte distet, quid mirum si aliquid inde caloris recipiat? Insunt ergo ista terræ accidentaliter, non naturaliter, neque ex eis constat. Similiter de aliis licet probare.

son y serán creadas, como se demostrará a continuación. No hay, pues, ninguna contradicción entre ellos.

25.

Pero en contra dicen: "Ningún elemento es de estos, porque no hay ninguno de aquellos que no esté hecho de estos cuatro elementos". Y lo prueban así: en la tierra hay algo del agua, porque vemos que de ella sale algo de humedad. Y en la misma hay algo del aire, lo que se prueba por el vapor que se levanta. Y algo de calor, que percibimos por el tacto. Igualmente lo prueban de los demás. Esto también lo prueban por la autoridad de Platón, que dice: "Siendo que la tierra se cambia en agua y el agua en tierra, ¿por qué decimos más tierra que agua?".[16]

Pero nosotros decimos en contra que en cada uno de ellos hay algo de los otros, pero no que sean hechos de allí, porque esa presencia es accidental y no sustancial. Siendo la tierra porosa y estando rodeada por agua, algo de agua la penetra y también de aire. Porque está en medio del mundo y porque el fuego está distante de toda parte de ella, ¿qué sorprende si recibe algo de calor? Están, pues, en la tierra accidentalmente, no naturalmente y no consta de ellos. Igualmente se puede probar de los otros.

---

[16]   *Tim.* 49 B.

26.

Sed quia breuitatem in hoc opere sectamur, quid in aliis de aliis sit, et qualiter accidat eis, ingeniis aliorum inquirere dimittimus. Etenim principium a magistro, sed perfectio debet esse ab ingenio.

Quod iterum dicunt Platonem quæsisse quare magis dicatur terra quam aqua, cum sic dissoluatur: sic intelligimus illum non loqui de elemento ibi, sed de parte elementi quæ dissoluitur. Numquam enim totum elementum dissoluitur. Dicit ergo id quod dissoluitur non *terram*, sed *terreum*, idest partem terræ; sed quod remanet retinens proprietatem terræ, dicit *terram* et *elementum*. Sed de hoc, Deo annuente uitam, satis dicemus.

VIII. DE QUALITATIBUS ELEMENTORUM

27.

Sunt ergo elementa corporum prædictæ particulæ, ut ait Constantinus. Sed elementa mundi quæ uidentur – de quibus huiusmodi tractatus habendus – uidetur quare unumquodque factum sit, quare quatuor, <nec plura> nec pauciora. Sed quia firmior est sententia quæ auctoritate sapientis innititur, quid inde Plato senserit ostendamus: «Diuini» - inquit - «decoris

26.

Pero dado que en esta obra preferimos la brevedad, dejemos para el ingenio de otros el investigar qué hay de ellos en cada uno y cómo se comportan. Pues el comienzo se toma del maestro, pero la perfección debe lograrse a través del ingenio.

En cuanto a lo que afirman que Platón haya preguntado por qué se diga que la tierra es más que el agua, siendo que ella se disuelve, entendemos que él no habla allí sobre el elemento sino sobre aquella parte del elemento que se disuelve, ya que nunca se disuelve el elemento entero. Dice, por lo tanto, que lo que se disuelve no es la tierra sino algo terreno, es decir, parte de la tierra, pero lo que permanece reteniendo las propiedades de la tierra es llamado tierra y elemento. Pero sobre esto, si Dios nos da vida, hablaremos más adelante.

VIII. LAS CUALIDADES DE LOS ELEMENTOS

27.

Las mencionadas partículas son, por lo tanto, elementos de los cuerpos, como dice Constantino; son los elementos del mundo que se ven. Sobre ellos parece conveniente tratar aquí acerca de por qué fue hecho cada uno y por qué son cuatro y no menos. Pero como un parecer es más firme si se apoya en la autoridad de un sabio, expongamos lo que Platón pensó al respecto. "La razón del

ratio postulabat talem fieri mundum qui et uisum pateretur et tactum», ac si diceret: «Cum Deus sola bonitate, non indigentia, mundum creare disponeret, quippe qui perfectum bonum est, talem uoluit illum fieri, qui et uideretur et tangeretur, ut homo etiam oculis in rerum creatione et gubernatione diuinam Potentiam et Sapientiam et Bonitatem percipiens, Potentiam timeret, Sapientiam ueneraretur, Bonitatem imitaretur». Deinde subiungit: «Constabat autem nihil posse uideri sine ignis beneficio, neque tangi sine solido neque solidum esse sine terra».

Quomodo uisus sine igne esse non possit, nec tangibile sine terra, loquentes de sensibus corporeis ostendemus. Postea addit: «Idcirco iecit Deus quasi fundamenta ignem et terram. Sed quoniam in eis sunt contrarietates – quippe terra est corpulenta, obtusa, immobilis; ignis acutus, subtilis, mobilis – uidit Deus sine medio ea iungi non posse et ideo inter ea medium creauit».

decoro divino" –dice– "exigía que el mundo fuese hecho apto para ser percibido por la vista y por el tacto".[17] Como si dijera que, habiendo Dios dispuesto crear el mundo por su sola bondad y no por necesidad, quiso que fuese un bien perfecto que pudiese ser visto y creado, para que el hombre percibiera con sus propios ojos en la creación y gobierno del mundo la potencia, la sabiduría y la bondad divinas, y así temiera su poder, venerara su sabiduría e imitara su bondad. Luego añade: "Constaba que nada podía verse sin la ayuda del fuego, ni tocarse si no fuese sólido y no podía ser sólido sin la tierra".[18]

Como no podía ser visto sin el fuego o ser tocado sin la tierra, lo vamos a demostrar al hablar sobre los sentidos corporales. Luego añade: "Por eso puso Dios como fundamentos el fuego y la tierra. Pero como en ellos hay cosas contrarias, porque la tierra es corpulenta, espesa e inmóvil y el fuego agudo, sutil y móvil, vio Dios que sin algo intermedio no podían unirse y por eso creó algo intermedio entre ellos".

---

[17] *Cf.* Pl. *Tim.*, 28 B

[18] Pl. *Tim.*, 31 B.

IX. DE CONIUNCTIONE ELEMENTORUM

28.

Et quia de coniunctione illorum fecimus mentionem, dicamus quid sit commistio, quid coniunctio contrariorum. Commistio ergo contrariorum est quando ex duobus ita fit unum, ut neutrum remaneat id quod ante fuerat, ut si calidissimum frigidissimo misceatur, fit tepidum, neque calidissimo neque frigidissimo remanente. Coniunctio uero contrariorum est quando ex duobus ita fit unum, quod utrumque remanet quod ante fuerat. Sed hoc in contrariis habentibus agentes qualitates sine medio esse non potest. Sunt autem agentes qualitates calor, frigiditas, sed quare? Loquentes de homine dicemus.

29.

Si enim unum alteri apponatur, repugnant, dissoluitque unum aliud. Oportet ergo, ut subsistant, medium esse. Quod, si tale fuerit quod plus habeat se ad unum quam ad aliud, paulatim transibit in illud ad quod plus se habet, et ita dissoluitur illa coniunctio, ut si inter calidissimum et frigidissimum aliquid ponatur plus habens se ad calidum quam ad frigidum transeunte illo in naturam calidi peribit frigidum, et dissoluetur illa coniunctio. Sed si tale fuerit medium, quod æqualiter habeat

IX. LA CONJUNCIÓN DE LOS ELEMENTOS

28.

Y puesto que mencionamos su unión, digamos lo que es una mezcla y una unión de cosas contrarias. Hay una mezcla de contrarios cuando de dos cosas se hace una sola, de modo que ninguna de las dos permanece siendo lo que era: como si se mezcla algo muy caliente y algo muy frío, resulta algo tibio, ni muy caliente ni muy frío. Hay, en cambio, una unión de contrarios, cuando de los dos se hace uno, pero ambos siguen siendo lo que eran antes. Pero esto, en cosas contrarias que tienen cualidades operantes, no pude darse sin algo intermedio; son cualidades operantes el calor y el frío; la razón de esto la daremos al hablar del hombre.

29.

Si se colocan el uno junto al otro, sienten repugnancia y se disuelven mutuamente. Para que subsistan es menester que haya un intermedio. Y si este es tal que tiene más inclinación hacia uno que hacia el otro, paulatinamente pasará hacia aquel por el que tiene más atracción y así se disolverá esa unión; como si entre algo muy caliente y algo muy frío se coloca algo que está más inclinado a lo caliente que a lo frío, este pasará a la naturaleza de lo caliente y el frío se extinguirá y se terminará la unión. Pero si el intermedio es tal que

se ad duo extrema, non plus transiens in naturam unius quam alterius, coniunctionem illorum obseruabit.

posee igual inclinación a los dos extremos no transitando más a la naturaleza de uno que a la de otro, entonces se conservará la unión.

30.

Volens ergo prædicta duo elementa non commisceri, sed coniungere, ut utrumque id quod est remaneret, medium inter illa creauit, non unum tantum, sed duo, scilicet aquam et æra. Si enim solam aquam inter ea posuisset, cum plus ad terram quam ad ignem se haberet – habet enim commune cum terra corpulentiam, obtusitatem; cum igne mobilitatem – coniunctio illa non duraret. Similiter si solum æra: habet enim commune subtilitatem et mobilitatem cum igne, cum terra obtusitatem. Sed dicet aliquis: «Etsi unum istorum non sufficeret, potuit Deus facere aliud quod sufficeret». Sed dicimus nos non ponere terminum in diuina Potentia, sed dicimus de illis quæ sunt nullum potuisse sufficere, nec iuxta naturam rerum posse esse aliud quod sufficeret.

30.

Queriendo, pues, que los dos elementos mencionados no se mezclen, sino que se unan, para que cada uno permanezca como lo que es, Dios creó un intermedio entre ellas, y no solo uno, sino dos, a saber, el agua y el aire. Si hubiese puesto como intermedio solo el agua, dado que se inclina más a la tierra que al fuego, pues tiene en común con la tierra la corpulencia y el espesor y con el fuego la movilidad, esa unión no hubiese sido duradera. Igualmente, si hubiese puesto solo el aire, que tiene en común con el fuego la sutileza y la movilidad y con la tierra el espesor. Pero podrá decir alguno: "Si uno de estos no era suficiente, Dios pudo hacer otro que bastara". Nosotros decimos que no le ponemos medida en la potencia divina, pero afirmamos que, de los existentes, ninguno pudo ser suficiente y que en la naturaleza de las cosas no puede haber algo que bastase.

31.

Sed, quia iam ostendimus quare unum ex istis solum non sufficeret, quare aliquid aliud esse non potest, aperiamus. Cum igitur inter aliqua duo sunt duæ contrariæ qualitates, quia binarius in duo æqua potest diuidi, potest

31.

Puesto que ya hemos demostrado por qué uno solo de ellos no bastaba, expongamos por qué no puede haber otro. Como entre dos cosas hay dos cualidades contrarias y algo binario puede dividirse en dos iguales, puede haber algo que

esse aliquid quod unam proprietatem uniuscuiusque retinens in medio sufficiat, ut cum terra et ær duas contrarias habent qualitates. Est enim terra frigida et sicca, ær calidus et humidus. Aqua habens commune cum terra frigiditatem, cum ære humorem, inter illa sola sufficit. Similiter ignis et aqua contrarias habent qualitates, est quippe ignis calidus et siccus, aqua frigida et humida.Sed quia ær habet commune cum aqua humiditatem, cum igne calorem, inter utramque solus sufficit.

32.

Si uero inter aliqua sint tres contrariæ – sicut nec ternarius in duo æqua potest diuidi, sic nec medium quod æqualiter habeat se ad ea, potest inueniri (oportet enim quod de uno unam accipiat, de alio duas, sic enim nec aliter in integra potest diuidi ternarius), qualitas uero per media non diuiditur – non ergo potest esse medium, nisi participans una et duabus. Iterum dicet: «Etsi secundum hanc sinzugiam trium qualitatum unum medium esse non potuit, secundum illam quæ fit duabus qualitatibusillud habere potuerunt. Si enim inter ignem et aquam, quæ contrarias habent qualitates, est aer, qui participat una unius, una alterius, quare inter ignem et terram, quæ in sinzugia duarum qualitatum non habent omnino eas contrarias, unum medium, quod utriusque unam accipiat, esse non potuit (est

retenga la propiedad de cada uno y sea suficiente como intermedio; así como la tierra y el aire tienen dos cualidades contrarias (pues la tierra es fría y seca y el aire es caliente y húmedo), el agua tiene en común con la tierra la frialdad y con el aire la humedad, y entre ellos ella sola basta. Igualmente, el fuego y el agua tienen cualidades contrarias, pues el fuego es caliente y seco y el agua es fría y húmeda. Pero como el aire tiene en común con el agua la humedad y con el fuego el calor se basta solo como intermedio entre los dos.

32.

Si, empero, algunas cosas son las tres contrarias, como entre tres no se puede dividir en dos iguales, tampoco puede haber un intermedio que se comporte igualmente para ellas, por lo que es necesario que de una reciba una y de la otra, las otras dos. Por lo tanto, no puede ser íntegra una división ternaria. Una cualidad no puede subdividirse en partes medias. Por lo tanto, no puede haber un intermedio a menos que esté participando de una de las dos. Y dirá también: "Aunque según esta sizigia de tres cualidades no puede haber un medio, como pudieron tenerlo las que eran de dos cualidades. Si entre el fuego y el agua que tienen cualidades contrarias, está el aire, que participa de una y de otra, ¿Por qué entre el fuego y la tierra, que en una sizigia de dos cualidades no tienen absolutamente esas contrarias, no pudo haber un medio que

enim ignis calidus et siccus, terra frigida et sicca)?».

33.

Nos uero dicimus nec secundum hanc medium fuisse necessarium, cum in aliquo conueniant (scilicet in siccitate) nec esse potuit. Si enim aliquid tale medium esset, quod ab utroque aliquid acciperet, uel acciperet ab igne calorem, a terra siccitatem et idem esset in hoc quod ignis; uel a terra frigiditatem, ab igne siccitatem et sic idem esset quod terra; uel ab igne calorem, a terra frigiditatem (præter hæc, ut opinor, nihil potest confingi); sed impossibile est aliquid esse calidum et frigidum.

Cum enim sint quatuor elementa et quatuor illorum qualitates, inde fiunt sex complexiones, quarum quatuor quidem sunt possibiles, duæ impossibiles. Sunt autem quatuor possibiles: calidum et siccum, calidum et humidum, frigidum et humidum, frigidum et siccum. Duæ uero impossibiles sunt: calidum et frigidum, humidum et siccum. Duo ergo elementa Creator in medio posuit, quia unum – prædictis rationibus – in medio sufficere non potuit.

X. DE DISPOSITIONE ELEMENTORUM

34.

Elementorum uero talis est dispositio, quod inferiorem locum obtinet terra,

---

participe de ambas (pues el fuego es caliente y seco y el agua es fría y seca)?".

33.

Decimos que un medio no fue necesario ya que están de acuerdo en algo, a saber, en la sequedad, y así no pudo haberlo. Si hubiera un medio tal que reciba algo de ambas o recibiría el calor del fuego y la sequedad de la tierra, y en esto sería lo mismo que el fuego; o el frío de la tierra y la sequedad del fuego y así sería lo mismo que la tierra; o el calor del fuego y el frío de la tierra (opino que aparte de esto ninguna otra cosa puede darse), pero es imposible que algo sea caliente y frío.

Habiendo cuatro elementos y cuatro cualidades de ellos, surgen de allí seis composiciones, de las cuales hay cuatro posibles y dos imposibles. Hay cuatro posibles: caliente y seco, caliente y húmedo, frío y húmedo, frío y seco, pero hay dos imposibles: caliente y frío, húmedo y seco. El creador puso dos elementos en el medio, porque, por las razones antedichas, uno solo en el medio no podía bastar.

X. LA DISPOSICIÓN DE LOS ELEMENTOS

34.

La disposición de los elementos es tal que la tierra tiene el lugar inferior, luego

deinde aqua, postea aer, superiorem ignis. Si enim aliquid inferius terra esset, naturaliter grauis, ad illud tenderet (grauia enim naturaliter tendunt deorsum). Si uero aliquid supra ignem esset, ex leuitate ad illud tenderet et dissolui ab aliis quæreret. Iuxta terram posita est aqua, quia – cum naturaliter grauis sit, etsi non quantum terra – secundum locum obtinere debuit. Deinde est aer, qui – grauior igne et leuior aqua – merito inter utrumque ponitur.

el agua, después el aire y, en la parte superior, el fuego. Si hubiese algo más debajo de la tierra, naturalmente pesada, tendería hacia allí (pues las cosas pesadas tienden naturalmente hacia abajo). Si hubiese algo por encima del fuego, por su levedad tendería hacia allí y buscaría ser disuelto por otros. Junto a la tierra fue puesta el agua, que, siendo naturalmente pesada, aunque no tanto como la tierra, debió tener el segundo lugar. Luego está el aire, que siendo más pesado que el fuego y más liviano que el agua, lógicamente está colocado entre ambos.

XI. DE CHAO

Et quoniam quid sit elementum docuimus, et quot sint et quare plura non sint, et causam ordinationis signauimus, de chao – idest elementorum confusione – quæ fuit in principio dicamus, communem sententiam proponentes, deinde eam improbantes, ad ultimum nostram rationem confirmantes.

Dicunt omnes fere elementa in prima creatione certa loca non obtinuisse, <imo in unam massam mixta fuisse in qua erant gravia et levia> sed modo simul ascendere modo simul descendere. Subiungunt etiam rationem quare: ut Creator uidelicet ostenderet, nisi sua Potentia et Sapientia et Bonitas res ordinaret, quanta rerum

XI. EL CAOS

Y puesto que hemos enseñado lo que es un elemento, cuántos son y por qué no son más, y hemos señalado la causa de su orden, hablemos ahora del caos, es decir, la confusión de elementos que hubo en un principio, proponiendo la sentencia común, y luego rechazándola, y, por último, afirmando nuestra opinión.

Dicen que casi todos que los elementos en la primera creación no ocuparon lugares definidos, sino que a veces todos ascendían juntamente y otras veces juntamente descendían.[19] Añaden también la razón por la que sucedía esto: para que el Creador mostrara que a no ser que su bondad y sabiduría los reordenara, hubiera habido una gran

---

[19] Ovid. *Metam.* 1, 1.

confusio foret. Deinde hoc approbant auctoritate Platonis, qui in *Timæo* ait: «Deum ex inordinata iactatione elementa redegisse in ordinem». Nos uero dicimus falsam esse sententiam quam proponunt, non conuenientem esse rationem quam inducunt, nec bene esse intellectam auctoritatem quam prætendunt. Prius ergo probemus sententiam esse falsam, postea rationem non esse conuenientem, deinde auctoritatem non bene esse intellectam.

35.

Dic ergo, quisquis hoc affirmas: «<Massa illa quæ ex quatuor elementis constabat, maior erat uel minor, uel æqualis elementis quæ modo sunt?» Si maior erat, non ergo omne corporeum in quatuor elementis continetur et aliquid de ea deperiit. Si minor, tunc Creator postea aliquam nouam massam creauit ex qua elementa augmentantur. Si æqualis, omnem locum quem illa implet, modo implebat: non ergo quo ascenderet uel descenderet habebat. Falsa est ergo illorum sententia.

Item:> elementa tunc erant corpora uel non? Si corpora non erant, spiritus uel proprietates spiritus aut corporis erant. Sed neque spiritus neque aliqua proprietas materia esse potest, nec ergo elementa. Corpora igitur erant et loca obtinebant: omne enim corpus in aliquo loco est. Si in loco erant, uel ubi nunc sunt uel alibi.

confusión de las cosas. Luego aprueban ese ordenamiento por la autoridad de Platón, que dice en el *Timeo*: "Dios puso en orden los elementos desde una agitación desordenada". Pero nosotros decimos que es falsa la sentencia que proponen y no es conveniente la razón que aducen, y no está bien entendida la autoridad que presentan. Probemos primero que esa sentencia es falsa, luego que la razón no es conveniente y después que la autoridad no fue bien entendida.

35.

Responde, entonces, quienquiera que esto afirmes: "¿aquella masa que constaba de cuatro elementos era mayor o menor o igual a los elementos que ahora existen?". Si era mayor, no todo cuerpo estaba contenido en los cuatro elementos y algo de esta masa desaparece. Si es menor, entonces, el Creador ha creado otra masa nueva, por la cual los elementos aumentan. Si es igual, cada lugar que ocupa ahora, lo ocupaba también antes: no habría adónde subir o bajar. Entonces la idea de ellos es falsa.

Y luego: Los elementos ¿eran cuerpos o no? Si no eran cuerpos, entonces eran espíritus o propiedades del espíritu o del cuerpo. Pero la materia no puede ser espíritu ni alguna propiedad, ni tampoco elementos. Por tanto, eran cuerpos y ocupaban lugares (pues todo cuerpo está en algún lugar). Si estaban en un lugar es donde están ahora o en otro. Pero

Sed extra elementa nullus locus est. Erant ergo elementa ubi nunc sunt, etiamsi sic non essent disposita ut nunc sunt: in his quatuor locis erant. Aliquod ergo obtinebat inferiorem locum, aliquod superiorem, duo media loca. Si ergo, ut affirmas, simul descenderent inferius, cum aliis descenderent: sed non erat quo descenderent. Similiter, si ascenderent superius, cum aliis ascenderent: sed non erat quo ascenderent. Nec ergo simul ascendebant nec simul descendebant. Falsa est ergo illorum sententia.

36.

Inconueniens uero est ratio quam inducunt, scilicet Deum ad hoc fecisse ut ostenderet quanta rerum confusio foret, nisi Bonitas eam ordinaret. Cui ostenderet? Angelo? Sed angelus ex natura et gratia diuinam Voluntatem cognoscit. Homini? Sed nondum erat homo, et si ut homini eam ostenderet facta esset, usque ad hominem seruaretur. Sed ante creationem hominis ordinata est: inconueniens igitur hæc est ratio.

37.

Auctoritas uero Platonis non bene ab eis intellecta est. Cum enim dicit Plato Deum ex inordinata iactatione elementa reduxisse in ordinem, non ideo dicit quod umquam inordinate iactarentur

fuera de los elementos no hay ningún lugar. Estaban entonces los elementos; aunque no estuviesen dispuestos como están ahora, estaban en esos cuatro lugares. Algo, por lo tanto, ocupaba el lugar inferior, algo el superior, y dos los lugares intermedios. Si, como afirmas, descendieran, lo harían juntamente y no hay un lugar adonde podrían hacerlo. Igualmente, si ascendieran, lo harían todos juntos y no tendrían adónde ir. Entonces, ni ascendían ni descendían juntamente. Por lo tanto, su sentencia es falsa.

36.

Es inconveniente la razón que aducen, a saber, que Dios hizo esto para demostrar que la confusión hubiera sido muy grande si su bondad no hubiera puesto orden. ¿Demostrarlo a quién? ¿Al ángel? Pero el ángel por naturaleza y gracia conoce la voluntad de Dios. ¿Al hombre? Pero todavía no existía. Si se hubiera hecho eso para demostrárselo al hombre, se hubiera aguardado hasta que existiera. Pero el orden existió antes de la creación del hombre. Por lo tanto, esta razón es inconveniente.

37.

Pero la autoridad de Platón no fue bien comprendida por ellos. Cuando dice Platón que Dios, de una mezcla desordenada, puso en orden los elementos, no dice que alguna vez hubieran sido puestos

– quis enim locus ullus <reliquus> esset inordinationi, Deo cuncta disponente? – sed quia esset nisi sic, ut nunc sunt, a Deo ordinata essent. Cum enim terra naturaliter tendat deorsum, ignisque sursum, nisi inferiorem locum terra obtineret et ignis superiorem, hæc semper quæreret inferiorem, hic superiorem, et sic esset inordinata iactatio. Hanc redegit Creator in ordinem, conferendo terræ locum inferiorem, igni superiorem, ut hic non haberet quo descenderet, nec hæc quo ascenderet.

38.

Ex inordinata igitur iactatione, non quæ fuit, sed esse potuit, Deus elementa redegit in ordinem: ueluti si monitu alicuius nostri amici aliquid quod contingeret, nisi ipse moneret, fugiamus, dicimus «Iste liberauit nos ab hoc malo»: non quia hoc malum primum fuisset, et postea nos inde liberaret, sed quia, nisi iste esset, nobis accideret.

Fuerunt in prima creatione ubi nunc sunt, sed non qualia nunc sunt. Etenim terra omnino cooperta erat aquis (aqua uero spissior quam modo sit et ad magnam partem æris eleuata); ær autem spissior quam modo sit et obscurior, quippe cum neque Sol neque Luna, neque aliæ stellæ essent, quibus illuminaretur. Ignis similiter

en desorden. ¿Cómo puede haber lugar para el desorden, desde el momento que Dios dispone todo? Pero estarían las cosas ordenadas como están ahora (la tierra tendiendo naturalmente hacia abajo y el fuego hacia arriba, buscando la tierra el lugar inferior y el fuego el superior y esa sería la mezcla desordenada), y a esto el Creador le fijó el orden, dándole a la tierra el lugar inferior y al fuego el superior, para que esta ya no tuviera adónde descender y aquel adónde subir.

38.

En esa mezcla desordenada[20] (no que fue, sino que pudo ser), Dios puso en orden los elementos, así como si por aviso de algún amigo nuestro evitamos algo que pudo suceder si no nos avisara, y entonces decimos: "Este nos liberó de un mal", no porque primero haya existido ese mal y él nos liberó, sino porque nos hubiera ocurrido si no hubiese intervenido ese amigo.

Estuvieron en la primera creación donde están ahora, pero no como están ahora. Porque la tierra estaba completamente cubierta por las aguas, y el agua era más espesa que ahora y elevada hasta gran parte del aire; el aire era más espeso que ahora y más oscuro porque no estaba el Sol ni la Luna ni las estrellas, que lo iluminaran. Igualmente, el fuego

---

[20] Pl. *Tim.*, 30 a.

spissior erat quam modo sit. Id uero - quod terra erat aquis omnino cooperta, nec aliquo lumine illustrata, nec ædificiis distincta, nec suis animalibus repleta; <nec aliquo gramine ornata> quod aqua et ær spissi et obscuri erant; quod in superioribus stellæ non apparebant - uocauerunt *chaos*, idest confusionem elementorum. Unde Moyses: «Terra erat inanis et uacua, et tenebræ super faciem abyssi».

XII. DE CREATIONE STELLARUM

39.

Hoc chaos sic dissolutum est: cum aqua usque ad maximam partem æris esset eleuata, ær uero spissus et ignis similiter, in ea spissitudine aliquid terreæ substantiæ et aqueæ inerat, quæ ex calore ignis et siccitate coagulata et durata, corpora stellarum uisibilia et lucida creauit. Quod uero in compositione stellarum et de inferioribus et de superioribus elementis aliquid sit, dominante tamen superiori, ex hoc potest probari quod uisibilia sunt et splendida et mobilia. Quod enim uisibilia sunt ex uisibili uel inuisibili habent. At ex inuisibili nihil potest esse uisibile. Unde Lucretius:

era más espeso que ahora. Como la tierra estaba completamente cubierta por las aguas y no estaba iluminada por ninguna luminaria ni distinguida por edificaciones ni repleta de sus animales, y como el agua y el aire eran más espesos y oscuros y las estrellas no aparecían en las alturas, a eso lo llamaron caos, es decir, confusión de los elementos. Por eso dijo Moisés: "La tierra era vana y vacía y había tinieblas sobre la faz del abismo".[21]

XII. LA CREACIÓN DE LAS ESTRELLAS

39.

Este caos así fue disuelto: estando el agua elevada hasta la máxima parte del aire, y el aire y el fuego eran igualmente espesos, en esa espesura había algo de la sustancia de la tierra y del agua, que por el calor del fuego y la sequedad se consolidó y endureció y creó los cuerpos visibles y lúcidos de las estrellas. Como en la composición de las estrellas con elementos inferiores y superiores el superior es el dominante, puede así probarse que son visibles, espléndidas y móviles. Son visibles, pero tienen algo de invisible y algo de visible. Pero de lo invisible nada puede ser visible, por eso dice Lucrecio:

---

[21] Gen. 1,2.

Ex insensibili ne credas
sensile nasci.

"No creas que de lo insensible pueda
nacer lo sensible".[22]

Et Macrobius:

Y Macrobio:

Omnis qualitas geminata crescit;
numquam contrarium operatur.

"Toda cualidad crece doble, nunca
opera lo contrario".[23]

Non ergo ex igne uel ære habent quod uisibilia sunt (hæc quippe sunt inuisibilia): ex uisibili ergo, idest ex terra et aqua. Similiter quod splendida sunt et mobilia, ex obscuro et immobili non habent, ergo ex splendido et mobili, scilicet ex ære et igne. Facta sunt ergo ex quatuor elementis, sed de inferioribus dominatur in eis aqua, de superioribus ignis. Et hoc ex effectu probari potest quod calorem terris conferunt, et ad nutrimentum sui humorem attrahunt: similia namque congaudent similibus.

No tienen el fuego y el aire el ser visibles, porque estos son invisibles; por eso lo tienen de lo visible, es decir, de la tierra y el agua. Igualmente, el ser espléndidas y móviles no lo tienen de lo oscuro e inmóvil, sino de lo espléndido y móvil, a saber, del aire y el fuego. Fueron hechas, pues, con los cuatro elementos, pero entre los inferiores predomina el agua y entre los superiores, el fuego; y esto puede probarse por el efecto, porque les dan calor a las tierras y atraen para su nutrición lo húmedo. Por lo tanto, las cosas semejantes se unen con sus semejantes.[24]

40.

Hic subiciet aliquis: «Cum in ære sit humor spissior quam esset in igneet calor, etsi non tantus, quare in ære corpora stellarum facta non sunt?». Nos uero dicimus quod, quamuis ær sit calidus, est tamen et humidus: non ergo

40.

En este punto dirá alguien: "Siendo en el aire lo húmedo más espeso que en el fuego, y también el calor, aunque no tan grande, ¿por qué los cuerpos de las estrellas no se hicieron en el aire?". Pero nosotros decimos que, aunque el aire

---

[22] *De rer. nat*, II, 888.

[23] Macr. *Comm. Somn. Scip.* II, 15, 30.

[24] En el inicio del párrafo, el texto de Honorio contiene una cita de san Pablo, que no se encuentra en la edición de Marco Albertazzi que seguimos: *Beatus Paulus ad Hebraeos: 'Fides intelligimus aptata esse saecula verbo Dei ut ex invisibilibus visibilia fierent'* ("El bienaventurado Pablo a los hebreos: Por la fe sabemos que fueron adaptados los siglos al Verbo de Dios, para que de invisibles se hicieran visibles" [Hebr. 2, 3]).

potuit desiccando spissare et sic corpus lucidum et uisibile creare. Veluti si argilla superponatur igni, spissatur sæpe et uertitur in lapideam substantiam; sin autem superponatur alicui calido et humido, sicut aquæ bullienti, ita quod ab illo solo recipiat calorem, non spissabitur.

Vel, secundum Constantinum, cum sint ista quatuor et in unoquoque duæ qualitates, unam habent singularem ex se, aliam ab alio: ignis ex se calidus est, siccus a terra; aer humidus ex se, calidus ex igne; aqua humida est ex aere, sed frigida ex se; terra uero est ex se sicca, sed ex aqua est frigida. Quod uero in unoquoque est ex se, plus in eo præualet quam quod ex alio est. Cum ergo in aere humiditas sit ex se, calor ex alio quia ex igne, ergo præualuit in eo humiditas: nec potuit, desiccando, corpora stellarum creare. Iterum, quod maius est, non fuit uoluntas Creatoris stellas in aere esse: cum enim uicinus sit Terræ, si in eo stellæ essent, ex uicinitate terram incenderent, nec aliquid in ea uiuere posset.

sea caliente, sin embargo, es también húmedo, y no pudo espesarse secándose y crear así un cuerpo lúcido y visible. Si se acerca la arcilla al fuego a menudo se espesa y se convierte en una sustancia pétrea: si se acerca al agua hirviendo como para que solo reciba calor, no se espesará.

Y según Constantino: siendo estos cuatro y habiendo en cada uno dos cualidades, tienen una por sí mismos y otra desde otro. El fuego tiene de sí mismo el ser caliente y tiene el ser seco desde la tierra; el aire es húmedo por sí mismo, y es caliente por el fuego; el agua es húmeda por el aire y es fría por sí misma; la tierra es seca por sí misma y es fría por el agua. Lo que en cada uno es por sí mismo prevalece sobre lo que tiene de otro. Siendo la humedad en el aire lo que tiene de por sí, y el calor, desde otro, es decir, desde el fuego, prevaleció en él la humedad y no pudo por sequedad crear los cuerpos de las estrellas. Y lo que es más importante aún: no fue voluntad del Creador que las estrellas estuviesen en el aire; como el aire está vecino a la tierra, si las estrellas estuviesen en él, con su vecindad incendiarían la tierra y nada podría vivir en ella.

XIII. DE CREATIONE ANIMALIUM ET HOMINIS

XIII. LA CREACIÓN DE LOS ANIMALES Y DE LOS HOMBRES

41.

Corporibus stellarum sic creatis, quia igneæ sunt naturæ, cœperunt mouere

41.

Así creados los cuerpos de las estrellas, como son de naturaleza ígnea,

se et ex motu æra subditum caleface-re; sed, mediante ære, aqua calefacta est et ex aqua calefacta diuersa genera animalium creata sunt. Quorum quæ-dam, quæ plus habuerunt superiorum elementorum, aues sunt; unde aues modo sunt in ære ex leuitate supe-riorum, modo descendunt in terram ex grauedine inferiorum. Alia uero quæ plus aquæ habuerunt, pisces sunt; unde in hoc solo elemento, nec in alio, possunt uiuere.

Sic ergo pisces et aues ex aqua creati sunt. Unde scriptum est:

Magnæ Deus potentiæ,
Qui ex aquis ortum genus
Partim remittis gurgiti,
Partim leuas in æra.

Istis sic creatis ex aqua effec-tu superiorum, ubi tenuior fuit aqua, ex calore et creatione prædictorum desiccata, apparuerunt in terraqua-si quædam maculæ, in quibus habi-tant homines et alia quædam animalia. Sed cum terra ex superposita aqua es-set lutosa, ex calore bulliens, creauit ex se diuersa genera animalium. Et si in aliqua <parte Terræ> plus abundaue-rit ignis, colerica nata sunt <anima-lia>, ut leo; si terra, melancolica, ut

comenzaron a moverse y con su movi-miento calefaccionaban el aire inferior. Y mediante el aire se calentó el agua y desde el agua fueron creados diversos géneros de animales. Algunos de ellos, que reciben más cantidad de elementos superiores, son las aves; estas a veces están en el aire por la levedad de los ele-mentos superiores y a veces descienden a la tierra por el peso de los inferiores. Pero otros, que recibieron más agua, son los peces, y pueden vivir solo en ese ele-mento y no en otro.

Así los peces y las aves fueron hechos desde el agua, por lo que está escrito:

"Eres Dios de gran poder,
que al género nacido de las aguas,
en parte lo envías al mar
y en parte lo levantas en el aire".[25]

Así creados estos desde el agua, por efecto de los elementos superiores, donde el agua era más tenue por el calor y por la creación de los seres menciona-dos, secándose, aparecieron en la tierra como ciertas manchas, en las que habi-tan los hombres y otros ciertos anima-les. Pero como la tierra por el agua su-perpuesta era barrosa, hirviendo con el calor produjo de sí diversos géneros de animales, y si en alguna parte abunda-ba más el fuego nacieron los coléricos,

---

[25]   Ambr., *Hexaem.* V 14; *Ambrosiani Hymni* 34, 1-4 (PL 17, 1190 D- 1191 A).

bos et asinus; si uero aqua, flegmatici, ut porci.

como el león; si la tierra era más seca, los melancólicos, como el buey y el asno; y si con más agua, los flemáticos, como los cerdos.

42.

Ex quadam uero parte, in qua elementa æqualiter conuenerunt, humanum corpus factum est. Et hoc est quod diuina pagina dicit Deum fecisse hominem ex limo terræ. Non enim credendum est animam, quæ spiritus est et leuis et munda, ex luto factam esse, sed a Deo homini collatam. Unde ait Scriptura: «Formauit Deus hominem ex limo terræ et inspirauit in faciem eius spiraculum uitæ». Unde, cum diuersa melancolica creata sunt <animalia> et infinita flegmatica et colerica, unus solus homo creatus est; quia, ut ait Bœtius in *Aritmetica*, «Omnis æqualitas pauca est et finita, inæqualitas numerosa et multiplex».

Sed quoniam, quod est proximum æqualitati, etsi minus, tamen aliquanto temperatum, ex uicino limo terræ corpus mulieris esse creatum uerisimile est, et ideo nec penitus idem quod homo, nec penitus diuersa ab homine, nec ita temperata ut homo, quia calidissima frigidior est frigidissimo uiro. Et hoc est quod diuina pagina dicit Deum fecisse mulierem ex latere Adæ.

42.

En cierta parte, en la que se combinaron los elementos con cierta igualdad, fue hecho el cuerpo humano, del que dice la página divina: "Dios hizo al hombre del limo de la tierra". No debe creerse que el alma, que es espíritu, liviana y limpia, haya sido hecha del barro, sino que le fue dada por Dios al hombre, como dice la Escritura: "Formó Dios al hombre del limo de la tierra e inspiró en su rostro un hálito de vida". Por eso, habiendo sido creados diversos animales melancólicos e infinitos flemáticos y coléricos, solo el hombre fue creado único, porque, como dice Boecio en su *Aritmética*: "Toda igualdad es poca y finita y la desigualdad es numerosa y múltiple".

Pero como lo que es próximo a la calidad, aunque sea menor, es equilibrado, es verosímil que el cuerpo de la mujer haya sido creado del limo de la tierra vecino, y por lo tanto no es totalmente distinta del hombre ni tan equilibrada en sus elementos como el hombre, porque la mujer más caliente es más fría que el hombre más frío y esto es lo que dice la Página Divina: "Dios hizo a la mujer del

Non enim ad litteram credendum est Deum excostasse primum hominem.

43.

Sed dicet aliquis eadem ratione plures homines et feminas tunc posse creari, et adhuc posse. Nos dicimus uerum esse, si diuina Voluntas esset, quia, ut aliquid sit, natura operante, necesse est diuinam Voluntatem præcedere. Iterum dicet hoc esse diuinæ Potestati derogare, sic esse hominem factum dicere. Quibus respondemus e contrario: idest ei conferre, quia ei attribuimus, et talem rebus naturam dedisse, et sic per naturam operantem corpus humanum creasse: nam in quo diuinæ Scripturæ contrarii sumus, si quod in illa dictum est esse factum, qualiter factum sit, explicemus? Si enim modo unus sapiens dicat aliquid esse factum, et non explicet qualiter, alter uero dicat hoc idem et exponat, quæ in hoc contrarietas? Sed quoniam ipsi nesciunt uires naturæ, ut ignorantiæ suæ omnes socios habeant, nolunt aliquem eas inquirere, sed ut rusticos nos credere, nec rationem quærere, ut iam impleatur illud propheticum: «Erit sacerdos sicut populus».

costado de Adán".[26] Pues no debe entenderse a la letra que Dios la haya tomado de una costilla del primer hombre.

43.

Pero dirá alguno que por la misma razón pudieron ser creados entonces muchos hombres y mujeres y podrían serlo aún. Decimos que esto es cierto si así fuese la voluntad divina, porque para que algo suceda, obrando la naturaleza, es necesario que preceda la voluntad divina. Y también dirá que corresponde a la potestad divina derogar la afirmación de que el hombre haya sido hecho así. A ellos les respondemos que, por el contrario, esto le corresponde, porque a él le atribuimos que haya dado esa naturaleza a las cosas y así creó el cuerpo humano por obra de la naturaleza. Pues, ¿en qué somos contrarios a la Escritura divina si explicamos cómo fue hecho lo que ella dice que se hizo? ¿Qué contrariedad hay si algún sabio dice que algo fue hecho y no explique el modo y otro diga eso mismo y lo explique? Pero como no conocen las fuerzas de la naturaleza, para asociar a todos a su ignorancia, no quieren que alguien las investigue para que se cumpla aquello del profeta: "El sacerdote será igual que el pueblo".

---

[26] Gen. 2, 21.

44.

Nos autem dicimus in omnibus rationem esse quærendam, si potest inueniri. Sin autem alicui deficiat quod diuina pagina affirmat, Sancto Spiritui et fidei esse mandandum. Non enim ait Moyses: «Si agnus non potest comedi, statim igne comburatur», sed «prius conuocet uicinum qui coniunctus est domui suæ. Et si nec ita sufficiant ad esum agni, tunc demum «igne comburatur»: quia cum de Diuinitate aliquid quærimus, si ad illud comprehendendum non sufficimus, uicinum domui nostræ coniunctum conuocemus, idest manentem in eadem fide Catholica inquiramus. Sin autem neque nos neque ille ad id comprehendendum sufficiamus, tunc igne fidei comburamus. Sed isti multos habentes uicinos domui suæ coniunctos, ex superbia nolunt aliquem conuocare, maluntque nescire quam ab alio quærere; et si inquirentem aliquem sciant, illum esse hæreticum clamant, plus de suo capucio præsumentes quam sapientiæ suæ confidentes. Sed, quæso, ne habitui credas. Iam enim in eis impletum est quod ait Satiricus:

Fronti nulla fides; quis enim
non uicus abundat tristibus
obscænis?

44.

Pero nosotros decimos que en todo hay que buscar la razón si puede encontrarse. Pero si para alguien no es suficiente lo que afirma la Página Divina, debe acudir al Espíritu Santo y a la fe. Porque dice Moisés: "Si el cordero no puede comerse, no se consuma al instante por el fuego" pero "llame antes a su vecino, que vive junto a su casa; y si aun así no es suficiente para comer todo el cordero, entonces finalmente sea consumido por el fuego".[27] Porque cuando investigamos algo sobre la divinidad, si no alcanzamos a comprenderlo, llamemos al vecino que vive junto a nuestra casa, es decir, preguntemos a quien permanece en la misma fe católica. Pero si ni nosotros ni él nos bastamos para comprenderlo, entonces quemémoslo con el fuego de la fe. Pero algunos, que tienen a muchos vecinos de su casa por soberbia no quieren llamar a nadie y prefieren ignorar antes que preguntarle a otro, y si aprenden de otro dicen que es hereje, presumiendo más de su propia cabeza que teniendo confianza en su sabiduría. Pero te ruego que no creas a las apariencias, pues en eso se cumple lo que dice el Satírico:

"No se debe prestar fe a las apariencias, pues ¿qué pueblo no está lleno de tristes obscenidades?".[28]

---

[27] Ex. 12, 3-4.

[28] Iuv., *Sat.* I 2, 8-9.

Et iterum:

*Rarus sermo illis et magna libido
tacendi.*

XIV. QUO TEMPORE ANNI MUNDUS CREATUS

45.

Et quoniam de prima creatione rerum fecimus mentionem, quam diuersis temporibus diuersi, diuersis rationibus, dicunt esse factam, doceamus qui in quo tempore, et quibus rationibus, hoc dicant. Hebræi igitur et Latini dicunt in Vere principium mundi fuisse, unde Virgilius loquens de diebus Veris ait:

*Non alios crediderim prima
origine mundi illuxisse
dies aliumue habuisse tenorem.*

Deinde subiungit:

*Ver illud erat, Ver <tempus>
agebat.*

Horum ratio talis est: quidquid oritur, æqualitate proportionum creari, sed nullum tempus præter Ver

Y también:

"Es raro su lenguaje y es grande el placer de callar".[29]

XIV. ¿EN QUÉ TIEMPO FUE CREADO EL MUNDO?

45.

Y puesto que hemos mencionado la primera creación de las cosas, que diversos pueblos, con diversas razones, opinan que ocurrió en distintos tiempos, enseñemos quiénes y con qué razones digan en qué tiempo tuvo lugar. Por lo tanto, los hebreos y los latinos dicen que el principio del mundo ocurrió en primavera; por eso Virgilio, hablando de los días de la primavera dice:

"No creería que en el primer origen del mundo hayan brillado otros días ni haya habido otro ambiente".[30]

Y añade:

"Aquella era la primavera, la primavera estaba en acción".[31]

Su razón es esta: Todo lo que se origina es creado con igualdad de proporciones, pero ningún tiempo fuera de

---

[29] Iuv., *Sat.* I 2, 14

[30] Virg. *Georg.* II, 336.

[31] Virg. *Georg.* II, 338.

temperatum est. In Vere ergo, nec in alio tempore anni, creatio rerum facta est.

Ægyptii uero dicunt in Iulio factam esse mundi creationem: quos secutus, Macrobius dicit in natali die mundi Cancrum gestasse Lunam, Leonem Solem. Quorum hæc est ratio: in prima creatione tantum fuisse humorem, quod terra erat cooperta aquis, tantusque humor sine maximo calore non potuit temperari. Ergo in tempore anni in quo est maximus calor, idest in Æstate, facta est mundi creatio.

la primavera es tan templado; en la primavera, pues, y en ningún otro tiempo, ocurrió la creación de las cosas.

Los egipcios, en cambio, dicen que la creación del mundo tuvo lugar en julio, a los que siguió Macrobio quien dice que, en el día natalicio del mundo, Cáncer gestó la Luna y Leo al Sol. Su razón es la siguiente: en la primera creación solo había líquido y la tierra estaba cubierta por las aguas; tanta cantidad de líquido no hubiera podido aminorarse sin un calor muy intenso. Por lo tanto, la creación del mundo tuvo lugar en el tiempo en que el calor es máximo, es decir, en el verano.

LIBER SECUNDUS

1.

In superiori particula de eis quæ sunt et non uidentur, et de elementis, quæ quidam uisibilia, quidam inuisibilia docuerunt, pro paruitate nostri ingenii summatim perstrinximus. Nunc uero de unoquoque et ornatu eiusdem dicere satagamus. Sed quamuis multos ornatum uerborum quærere, paucos ueritatem scientiæ cognoscamus, nihil de multitudine, sed de paucorum probitate gloriantes, Soli ueritati insudamus. Maluimus enim prætendere nudam ueritatem quam palliatam falsitatem.

2.

Si quis tamen est cui ariditas nostri sermonis displiceat, si nostri animi occupationes cognouerit, non tantum ornatum sermonis non quæsierit, sed de illo quod agimus stupebit. Quis enim ullus reliquus locus potest esse ornatui, cum oporteat quid et qualiter legamus cogitare; deinde legendo exponere, in disputationibus contra

LIBRO SEGUNDO

1.

En la breve parte anterior hemos tratado sumariamente, y en la medida de nuestro escaso ingenio, sobre aquellas cosas que son y no se ven y de los elementos, que algunos consideraron visibles; ahora vamos a intentar exponer acerca de cada uno de ellos y de su ornamentación. Pero, aunque sabemos que muchos buscan el esplendor de las palabras y pocos conocen la verdad, no tomando nada de la multitud sino de la probidad de los menos, nos esforzaremos por seguir solo a la verdad; hemos preferidos prometer la verdad desnuda antes que la falsedad bien arropada.

2.

Sin embargo, si hay alguien a quien le desagrade la aridez de nuestra exposición, si advierte la dedicación de nuestro ánimo y no busca solo el ornamento de las palabras, se asombrará de lo que hemos realizado. No puede sino quedar el último lugar para el decorado, cuando es menester determinar qué cosas vamos a elegir para exponerlas luego al lector,

falsa declamare, de aliorum inuentis iudicare, contra inuidorum detractiones linguam acuere, ut iam in nobis impletum sit illud de filiis Israelis, qui reædificantes templum, «in una manu gladium, in alia lapidem habebant»? Sed hæc hactenus. Nunc de singulis elementorum et ornatu uniuscuiusque dicere incipiamus, a superiori, idest ab igne, incipiendo.

sosteniéndolas después en discusiones contra las falsedades, para juzgar los hallazgos de otros, afilar nuestra lengua contra las calumnias de los envidiosos, y para que se cumpla en nosotros aquello de los hijos de Israel, quienes, al reedificar el templo, tenían una espada en una mano y una piedra en la otra.[1] Pero sobre esto es suficiente lo que dijimos hasta aquí. Comencemos ahora a hablar de cada uno de los elementos y de su ornamentación, empezando por el superior, es decir, el fuego.

I. QUID SIT ÆTHER

I. EL ÉTER

3.

Ignis igitur est spatium a Luna sursum, quod idem æther dicitur. Ornatus uero illius est quidquid super Lunam uidetur, scilicet stellæ tam infixæ quam erraticæ. Sed quæret aliquis: «Estne super Lunam nisi æther et stellæ et prætaxati spiritus, an ibi sunt aquæ congelatæ, super quas sunt aliæ aquæ?». Dicunt inde quidam super æthera esse aquas congelatas, quæ in modum pellis extensæ oculis nostris occurrunt, super quas sunt aliæ aquæ; confirmantes hoc diuinæ auctoritate paginæ, quæ ait: «Posuit firmamentum in medio aquarum»; et iterum: «Diuisit aquas quæ sub firmamento sunt, ab

3.

El fuego es el espacio más allá de la Luna, que también se llama éter. Su aspecto es lo que se ve por sobre la Luna, a saber, las estrellas tanto fijas como errantes. Tal vez preguntará alguno si sobre la Luna hay únicamente éter, las estrellas y los mencionados espíritus, o si hay allí aguas congeladas y otras aguas sobre ellas. Pues dicen algunos que sobre el éter hay aguas congeladas, que como una extensa piel se presentan a nuestros ojos y sobre las cuales hay aguas endurecidas, según la autoridad de la página divina, que dice: "Puso el firmamento en medio de las aguas" y, además: "Dividió las aguas que están bajo el firmamento

---

[1]   *II Esdras*, 4, 17.

his quæ erant super firmamentum». Sed quoniam illud contra rationem est, quare sic esse non possit ostendamus, et qualiter diuina pagina in prædictis intelligenda sit.

II. UTRUM AQUÆ CONGELATÆ SINT SUPER ÆTHERA

4.

Si ibi sunt aquæ congelatæ, ergo aliquid ponderosum et graue. Sed proprius locus ponderosorum et grauium terra est.

Si iterum ibi sunt aquæ congelatæ, uel coniunctæ sunt igni, uel non. Si igni coniunctæ sunt, cum ignis calidus sit et siccus, aqua congelata, frigida et humida, contrarium sine medio suo contrario coniunctum est; numquam ergo ibi concordia, sed contrariorum repugnantia amplius. Si aqua congelata coniuncta est igni, uel dissoluetur ab igne, uel extinguet ignem. Cum ergo ignis et firmamentum remaneant, non sunt aquæ congelatæ coniunctæ igni. Si coniunctæ non sunt, aliquid inter eas et ignem est. Sed quid erit? Elementum. Sed nullum <est> superius igne, factum ex elementis. Uisibile ergo. Unde ergo non uidetur? Restat igitur ibi non esse aquas congelatas.

de las que están sobre el firmamento".[2] Pero, como esto es contra la razón, demostremos por qué no puede ser así, y cómo deba interpretarse la escritura divina respecto de eso.

II. ¿HAY AGUAS CONGELADAS SOBRE EL ÉTER?

4.

Si allí hay aguas congeladas, entonces, hay algo ponderoso y pesado. Pero el lugar primero de las cosas ponderosas y pesadas es la tierra.

Además, si están allí esas aguas congeladas, ¿están unidas al fuego o no? Si están unidas al fuego, siendo este caliente y seco y el agua, congelada, fría y húmeda, estaría unido un contrario con otro contrario sin un medio; nunca habría allí concordia, sino una repugnancia de contrarios. Si el agua congelada estuviera unida con el fuego, o se disolvería el agua o se extinguiría el fuego. Pero el fuego y el firmamento permanecen; ¿dónde están entonces las aguas congeladas unidas con el fuego? Y si están unidos, ¿hay algo entre ellas y el fuego? ¿Qué? Un elemento. Pero de los elementos no hay ninguno por encima del fuego. Entonces, algo visible. ¿Pero por qué no se ve? Solo queda entonces que allí no hay aguas congeladas.

---

[2]   Gn. 1, 6-7.

5.

Sed scio quid dicent: «Nos nescimus qualiter hoc sit, sed scimus Dominum posse facere». Miseri, quid miserius quam dicere istud est – «Quia Deus illud facere potest» – nec uidere sic esse nec rationem habere quare sic sit, nec utilitatem ostendere ad quam hoc sit. Non enim quidquid Deus potest facere facit. Ut autem uerbis rustici utar: «Potens est Deus de trunco facere uitulum»: fecitne umquam? Vel igitur ostendant rationem quare, uel utilitatem ad quam hoc sit, uel sic esse iudicare desinant. Sic ergo nec aquæ congelatæ ibi sunt, nec super eas aliæ sunt.

6.

Cum autem diuina pagina dicat: «Diuisit aquas quæ sunt sub firmamento ab his quæ erant super firmamentum: æra *firmamentum* uocauit», quia firmat et temperat terrena. Super hunc aquæ sunt uapor, aliter suspensæ in nubibus, ut in sequentibus ostendetur, quæ diuisæ sunt ab his quæ sunt sub aere. Similiter exponatur «Posuit firmamentum in medio aquarum». Quamuis hoc plus allegorice quam ad litteram dictum credamus.

5.

Pero sé lo que ellos dirán: "No sabemos cómo es esto, pero sabemos que Dios lo puede hacer". ¡Miserables! ¿Qué hay más miserable que decir que Dios puede hacer esto y no ver que esto sea así, ni que haya una razón para que sea así, ni que puedan mostrar su utilidad? Pues Dios no hace todo lo que puede hacer. Y para usar palabras de un campesino: "Dios puede convertir un tronco en un ternero", pero ¿lo hizo alguna vez? O muestren la razón o la utilidad para que esto sea así, o dejen de decirlo. Y si no hay allí aguas congeladas, tampoco hay otras sobre ellas.

6.

Cuando la divina Página dice: "Dividió las aguas que están bajo el firmamento de las que están sobre el firmamento"[3] llamó "firmamento" al aire, porque afirma y templa las cosas terrenas. Sobre esta agua están, suspendidas en forma de vapor en las nubes, como veremos más adelante, estando divididas de las que están bajo el aire. Igualmente se comentará sobre: "Puso un firmamento en medio de las aguas",[4] aunque creemos que esto fue dicho más bien en forma alegórica que literal.

---

[3] Gen.1,7

[4] Gen. 1, 6.

7.

Iterum dicent: «Quid est ergo quod ibi uidemus spissum et aquei coloris? Ignis enim non est: si enim aer ex nimia sui subtilitate uideri non potest, multo minus ignis, qui subtilior est, deinde talis color igneorum non est». Ad quod dicimus nihil ibi uideri, sed uisum ibi deficere, et ex defectu uisus, quoddam spissum ibi contingere. Cum enim radius ille interior qui operatur uisum ad superiora dirigitur, nec est ibi obstaculum quo repercutiatur, deficit, et deficiendo spissatur. Sed quia transit per oculum, in quo est aqueus humor, et crystalleidos, ut de compositione oculi loquentes ostendemus, cum deficit, nec alius color illi occurrit, talem, idest aqueum sibi confingit.

8.

Hic subicient: «Si nihil ibi uidetur, immo ibi uisus deficit1, quomodo dictum est *Cælum tegit omnia*, stellas esse infixas in firmamento, in eodem undecim esse circulos (in uno quorum sunt duodecim signa)? Dicemusne ea esse in defectu nostri uisus?». Huic quæstioni, quia auctoritas ex parte illius uidetur stare, respondeamus.

7.

Dirán también: ¿Qué es eso que vemos espeso y de color acuoso? No es fuego. Si el aire, por su gran sutileza no puede verse, mucho menos el fuego, que es más sutil. Esa cosa, ¿no es de color ígneo? A lo que decimos: Nada se ve allí; la visión desfallece allí y por su defecto aparece algo como espeso. Cuando ese rayo interior que opera la visión se dirige hacia las cosas más altas, al no encontrar un obstáculo, desfallece, y al desfallecer, se espesa. Como atraviesa el ojo, en el cual hay un humor acuoso y cristalino, como demostraremos al hablar de la composición del ojo, cuando desfallece, no parece allí otro color, sino que configura un color acuoso.

8.

Y añadirán: "si allí nada se ve, entonces falta la vista, pues ¿en qué sentido se dijo 'El cielo todo lo cubre'? ¿Decimos que es un defecto de nuestra vista, si vemos que hay estrellas fijas en el firmamento, que en este hay doce círculos y que en uno hay doce signos?". A este, pues, que parece hablar con autoridad, le respondemos lo siguiente.

III. QUOT MODIS FIAT SERMO DE SUPERIORIBUS

9.

Tribus igitur modis auctoritas loquitur de superioribus: fabulose, astrologice, astronomice.

Fabulose loquitur inde Nemrod, Hyginus, Aratus. Taurum illum esse translatum et in signum mutatum dicentes, et sic de aliis. Quod genus tractandi maxime est necessarium: eo enim scimus de unoquoque signo, in qua parte cœli situm sit et quot stellæ sint in eo et qualiter dispositæ. *Astrologice* uero tractare est dicere ea quæ uidentur in superioribus, siue ita sint, siue non: multa nempe ibi uidentur esse, quæ ibi non sunt, quia fallitur uisus: sic tractat inde Martianus, Hipparchus. *Astronomice* uero tractare est ea quæ sunt, de illis dicere, siue ita uidea[n]tur siue non: qualiter inde tractant Iulius Firmicus, Ptolomeus.

10.

Cum ergo dictum est *Cœlum tegit omnia*, astrologicum est, quia sic uidetur: uel æther dicitur *cœlum*, quia diuersis stellis cælatum est; dicitur *firmamentum*, quia suo calore et effectu stellarum, quæ in eo sunt, firmat et temperat subdita. *Cœlum* igitur *tegit omnia*, quia sub æthere uel in æthere omnia continentur.

III. ¿DE CUÁNTAS MANERAS SE EXPRESA LA AUTORIDAD SOBRE LAS COSAS SUPERIORES?

9.

De tres modos habla la autoridad acerca de las cosas superiores: fabulosa, astrológica y astronómicamente.

Fabulosamente hablan Nemrod, Higinio, Arato, connotando sobre aquel toro que fue trasladado y convertido en signo, y así de los demás. Este género de tratamiento es muy necesario. Por medio de eso sabemos en qué parte del cielo está cada signo y de qué modo. Tratar las cosas astrológicamente es decir si aquellas cosas que se ven en las partes superiores son tales o no. Pues muchas cosas parecen estar allí y no están, como explican Marciano Capella e Hiparco. Y tratar astronómicamente es hacerlo sobre aquellas cosas que son, sea que se vean o no; como así lo hacen Julio Fírmico y Ptolomeo.

10.

La expresión "el cielo lo cubre todo", es algo astrológico porque así se ve, o bien el éter se dice *cielo* porque está oculto por las estrellas. Se llama firmamento porque con su calor y por efecto de las estrellas afirma y tempera las cosas que están debajo. "Porque el cielo lo cubre todo", pues bajo el éter o en el éter todas las cosas están contenidas.

IV. DE STELLIS INFIXIS UTRUM MOVEANTUR VEL NON

11.

In hoc æthere dicuntur stellæ *infixæ*, non ut gemma in auro, sed quia in eodem existentes, semper in eadem parte eiusdem uidentur. Aliæ dicuntur *erraticæ*, quia modo in hac modo in illa cœli parte uidentur. Et quoniam de infixis fecimus mentionem, quæramus utrum moueantur, an omnino careant motu, et – si mouentur – qualiter moueantur.

Sunt qui eas non moueri asserant, sed a firmamento, ut in eo infixas, ad ortum et occasum referri. Alii dicunt eas proprio motu moueri, quia igneæ sunt naturæ, neque aliquid in æthere uel in aere sine motu posse sustineri; sed semper in eodem loco et circum se moueri. Tertii dicunt eas etiam de loco ad locum moueri, nullum tamen earum motum ab oculis nostris sentiri, quia tantum spatii in peragratione suorum circulorum consumunt, quod uita humana – quæ brevi est – etiam ad breue punctum tam tardæ accessionis comprehendendum non sufficit.

12.

Quamuis uero huic sententiæ – quod de loco ad locum moueantur – consentimus, aliam tamen rationem quare motus earum non sentiatur

IV. SOBRE EL FIRMAMENTO Y LAS ESTRELLAS

11.

Se dice que las estrellas fijas son como perlas en el oro y como permanecen en el mismo lugar están siempre en la misma parte del cielo. Otras son llamadas errantes porque se ven ya en una ya en otra parte del cielo. Y ya que hemos mencionado las estrellas fijas, investiguemos si se mueven o carecen totalmente de movimiento y si se mueven, cómo lo hacen.

Hay quienes afirman que no se mueven, sino que se trasladan con el firmamento, fijas en él, desde el nacimiento al ocaso. Otros dicen que también tienen movimiento propio, porque son de naturaleza ígnea, y nada podría sostenerse en el éter o en el aire sin movimiento, pero siempre se mueven en el mismo lugar y alrededor de sí mismas. Otros tercian diciendo que se mueven de un lugar a otro pero que ninguno de sus movimientos es percibido por nuestros ojos, porque en la marcha de sus círculos recorren un espacio tan grande, que no basta para abarcarlos la vida humana, que es breve y no llega a percibir con su acceso lento un instante de tiempo tan reducido.

12.

Aunque estamos de acuerdo con esta opinión de que se mueven de un lugar a otro, sin embargo, tenemos una razón distinta de por qué sus movimientos no

praetendimus, quæ talis est: omnis motus discernitur uel per immobile, uel per minus mobile. Cum enim aliquid mouetur, si aliquid immobile uel minus mobile uideamus, cum illud præteriri uel appropinquari uidemus, motum sentimus. Sin autem aliquid moueatur, neque aliquid extra ipsum, uel immobile uel minus mobile uideamus, motus non sentitur: quod potest probari per nauem in mari currentem. Motus ergo stellarum per immobile uel minus mobile superpositum sentitur, numquam uero per suppositum, ut per signa motum planetarum discernimus, quia modo sub hoc signo, modo sub alio uidentur. Super prædictas uero stellas nihil est uisibile, nec est ideo quo motus earum possit discerni. Mouentur ergo, sed *infixæ* dicuntur, quia motus earum prædicta ratione non sentitur.

se perciben, y es la siguiente: todo movimiento se discierne comparado con algo inmóvil o menos móvil. Cuando algo se mueve, si vemos algo inmóvil o menos móvil, percibimos el movimiento de si pasa o se acerca. Pero si algo se mueve, pero no vemos otra cosa inmóvil o menos móvil, el movimiento no se advierte; lo que puede probarse por el movimiento de una nave en el mar. El movimiento, entonces, de las estrellas se advierte por algo superpuesto inmóvil o menos móvil; pero nunca por eso mismo superpuesto. Así discernimos el movimiento de los planetas por medio de los signos, porque se los ve ya debajo de un signo ya debajo de otro. Pero encima de esas estrellas no hay nada visible y por eso no hay cómo discriminar su movimiento. Se mueven, por lo tanto, pero se dice que son fijas, porque sus movimientos, por la antedicha razón, no se advierten.

V. QUOT CIRCULI DICANTUR IN FIRMAMENTO

V. ¿CUÁNTOS CÍRCULOS SE DICE QUE HAY EN EL FIRMAMENTO?

13.

In eodem firmamento dixerunt philosophi undecim circulos esse, quorum duo sunt uisibiles, alii inuisibiles. De uisibilibus ergo prius, deinde de inuisibilibus disseramus.

Duo igitur uisibiles sunt: *Galaxias* – idest *lacteus circulus*: *galac* enim est *lac*, *xios circulus* – et *Zodiacus*. Et incipit Galaxias iuxta Septemtrionem ex parte

13.

Los filósofos dijeron que en ese mismo firmamento hay once círculos, dos de los cuales son visibles y los otros, invisibles. Hablaremos primero de los visibles, luego de los invisibles.

Dos, por lo tanto, son visibles, las *galaxias*, es decir, círculo lácteo, pues *gálax*, significa "leche" y *xios* "círculo"; y el círculo del zodíaco. La galaxia

Orientis, et aliquando per Cancrum et Capricornum reuertitur ad idem principium. Dicitur autem sic propter notabilem sui claritatem. Si quis uero unde sit ille in illa parte cœli notabilis splendor scire desiderat, Macrobium legat.

comienza en septentrión, en la parte de Oriente, y, a veces por Cáncer y Capricornio, regresa al principio. Se llama así por su notable claridad. Si alguien desea saber de dónde procede ese notable esplendor en esa parte, lea a Macrobio.[5]

VI. DE SIGNIS

14.

Zodiacus uero'a Capricorno1 per Arietem ad Cancrum ascendit, de Cancro uero per Libram ad Capricornum descendit. Descendere uero et ascendere, iuxta situm nostrum, intellige hic: in duodecim æquales partes per fluxum aquæ, ut refert Macrobius, diuisus est, quarum unaquæque dicitur *signum*, quia eis signamus in qua parte cœli Sol sit et alii planetæ, et quam exierint, et ad quam peruenire debeant. Sed, quoniam illa signa nominibus animalium titulata sunt – ut Aries, Taurus, et cetera – circulus qui ea continet *Zodiacus* dicitur: zoon enim est *animal*. Si quis autem causas nominum quærat, Helpericum legat.

VI. LOS SIGNOS

14.

El zodíaco asciende desde Capricornio, por el carnero, hasta Cáncer y de Cáncer desciende por Libra hasta Capricornio. Ascender y descender debe entenderse como visto desde nuestro sitio. Está dividido en doce partes iguales, por el flujo del agua, como refiere Macrobio, cada una de las cuales se llama un signo, porque con ellas designamos en qué parte están el Sol y los planetas, de dónde salen y adónde deben ir. Como son denominados con nombres de animales, como "carnero", "toro", etc., el círculo donde están contenidos se llama zodíaco, pues *zoon* significa "animal". Si alguien busca las razones de los nombres, consulte a Helpérico.

15.

Signorum uero talis est dispositio, quod propinquus est nobis Cancer, scilicet in confinio nostræ habitabilis et torridæ; deinde Leo obliquando descendit <uersus Orientem>, post Virgo; deinde

15.

La disposición de los signos es la siguiente: el más cercano a nosotros es Cáncer, en el límite de nuestra zona habitable y la tórrida; luego Leo desciende oblicuamente; después, Virgo; después

---

5   *Comm. in Somn. Scip.* I. 15, 1-7.

Libra, existens in medio torridæ zonæ; ultra quam est Scorpius, deinde Sagittarius; post quem est Capricornus, a nobis remotissimus; deinde oblique ascendendo est Aquarius, post<ea> Pisces; deinde Aries, in medio torridæ zonæ Libræ oppositus, supra est Taurus, postea Gemini, deinde Cancer. Quod signum cuius mensis sit et quare, loquendo de Sole docebimus.

VII. DE QUINQUE PARALLELIS

16.

Nouem alii circuli inuisibiles sunt, quorum sunt quinque paralleli: unus quorum æquinoctialis dicitur, hic est qui per medium torridæ zonæ uadens per Arietem et Libram, diuidit cœlum in duo hemisphæria; qui dicitur æquinoctialis, quia quando Sol ad ipsum peruenit, æquat dies noctibus, de quo in sequentibus docebimus. Alter de parallelis dicitur coniunctio nostræ habitabilis et torridæ. Tertius coniunctio eiusdem et frigidæ. Quartus ex altera parte, torridæ coniunctio et alterius habitabilis. Quintus coniunctio alterius habitabilis et frigidæ. Sed quia auctoritas clamat in cœlo esse quinque zonas, utrum in æthere uel in ære sint, tractantes de ære dicemus.

17.

Isti quinque circuli dicuntur *paralleli*, idest æquidistantes, quia a medio, idest

Libra, en medio de la zona tórrida; más allá está Escorpio; después, Sagitario; más allá está Capricornio, el más alejado de nosotros; luego, ascendiendo oblicuamente está Acuario: luego, Piscis y luego Aries, en medio de la zona tórrida de Libra; opuestos y por encima están Tauro y Géminis y, después, Cáncer. Qué mes corresponde a cada signo y por qué lo enseñaremos al hablar del Sol.

VII. LOS CINCO PARALELOS

16.

Los otros nueve círculos son invisibles, cinco de los cuales son paralelos, y uno de ellos se llama equinoccial, es decir, que yendo por medio de la zona tórrida, por Aries y Libra, divide el cielo en dos hemisferios. Se llama *equinoccial* porque, cuando el Sol llega a él, los días igualan a las noches, de lo cual vamos a hablar en lo que sigue. Otro es llamado de los paralelos y es la unión entre nuestra zona habitable y la tórrida. El tercero es la unión de esta con la fría. El cuarto es la unión de la otra parte tórrida con la otra parte habitable. El quinto es la unión de esta y de la otra parte fría. Pero como la autoridad afirma que hay cinco zonas en el cielo, si están en el éter o en el aire, lo diremos al tratar sobre el aire.

17.

Esos cinco círculos se llaman "paralelos", es decir, equidistantes, porque

æquinoctiali æqualiter distant. Tantum enim distat coniunctio nostræ habitabilis et torridæ quantum et alterius; similiter coniunctio nostræ habitabilis et frigidæ quantum coniunctio alterius.

Præter hos sunt duo *coluri*, quorum principium in medio Septemtrionis est, sed alter inde ascendit per Cancrum, et descendit per Capricornum, rediens ad idem principium. Alter inde uadit per Orientem et Arietem et reuertitur, per Occidentem et Libram, ad suum principium. Et ita in summo Septemtrionis se intersecant, et cœlum in quattuor quadrantes diuidunt.

18.

Dicuntur autem *coluri*, quasi *colon uri*, idest membrum bouis siluestris. Colon enim <est> *membrum, urus bos siluestris*: dicti sic propter imperfectionem. Non quia imperfecti sint, sed quia illa pars alterius poli quam intersecant numquam a nobis uidetur.

19.

Duo qui ad prædictum numerum supersunt, sunt meridianus et horizon. Et est horizon ubi cœlum uidetur cum terra iungi: dictus *horizon*, quasi *limitans*. Meridianus circulus dicitur linea designans illam partem cœli in qua Sol existens æqualiter distat ab ortu et occasu. Isti duo ultimi non scribuntur in sphæra, quia pro diuersitate

están a igual distancia de aquel del medio, es decir, del equinoccial. Tanto dista esta unión de nuestra zona habitable y la tórrida, cuanto de la otra. Igualmente sucede con la unión de nuestra zona habitable y la fría de la otra.

Después de estos hay dos coluros, cuyo principio está en medio del septentrión, y uno de ellos asciende por Cáncer y desciende por Capricornio regresando al mismo principio. El otro va por oriente y Aries y regresa por occidente y Libra a su principio. Y se cortan en lo más alto del septentrión, y dividen el cielo en cuatro cuadrantes.

18.

Se llaman "coluros", como si fuera del color del uro, es decir, un miembro del buey silvestre, llamados así por su imperfección, no porque sean imperfectos, sino porque la parte del otro polo, intersecado por ellos, no se ve.

19.

Hay dos círculos que restan del número anterior, el meridiano y el horizonte. El horizonte es aquella línea en la que se ven unirse el cielo con la tierra, y se llama horizonte como si fuera lo que termina. Se llama círculo meridiano a aquella línea que designa la parte del cielo en la que, estando el Sol, dista igualmente del nacimiento y del ocaso. Se los inscribe como lo último en la esfera, porque varían

circumspicientium uel habitantium uariantur.

según la diversidad de los observadores o habitantes.

VIII. DE MOTU FIRMAMENTI

VIII. SOBRE EL MOVIMIENTO DEL FIRMAMENTO

20.

Motus uero ætheris uel ignis, qui prædictis rationibus *cœlum* et *firmamentum* dicitur, talis est: cum ignis naturaliter semper sit in motu, nec supra ipsum sit quo ascendat – ut ostendimus –, nec descendere potuit, quia hoc contra naturam eius est, et omnia inferiora loca ab inferioribus elementis occupata erant. Iterum quod inutile fuit illum descendere: descendendo nempe Terram incendere<n>t, nec aliquid in ea uiuere posset. In quo ergo potest et habet mouetur, idest in circuitu: est in circuitu, non occupando diuersa loca se mouere <est>, partes aliter et aliter sitas in eodem loco habere. Sic uero in circuitu se uertendo, ab ortu per occasum, ad ortum refert secum stellas tam erraticas quam infixas, quamuis tamen sic circa Terram uoluatur, non recto modo: sed oblique circa nostram habitabilem uoluitur, quod per polos uideri potest.

20.

El movimiento del éter, o del fuego, que según las anteriores razones es llamado cielo y firmamento, es el siguiente: como el fuego naturalmente siempre está en movimiento, y no hay por encima de él algo que suba adonde hemos mostrado, ni puede descender, porque esto es contra su naturaleza, y todos los lugares inferiores estaban ocupados por elementos inferiores. Además, fue inútil que descendiera; descendiendo, incendiaría la tierra y nada podría vivir en ella; el movimiento que puede tener lo hace en un círculo, y allí se mueve, no ocupando diversos lugares, sino que tiene sus partes, ubicadas de una u otra manera, en el mismo lugar; moviéndose así en círculo, desde el nacimiento por el ocaso, lleva consigo a las estrellas, tanto errantes como fijas. Sin embargo, aunque circule alrededor de la tierra, no lo hace en forma recta, sino que rodea oblicuamente nuestra zona habitable, lo que puede verse solamente por los polos.

21.

Est autem polus stella immobilis, una in hoc capite, alia in alio. Axis uero est linea intelligibilis, de polo ad polum per medium Terræ directa, circa quam

21.

Y el polo es una estrella inmóvil, una en esta cabeza y otra en la otra. El eje es una línea inteligible de polo a polo, que atraviesa la Tierra por el medio y alrededor de

uoluitur firmamentum. Si ergo recto modo uolueretur firmamentum, recto modo unus super Terram, alius sub Terra essent poli, uel in lateribus Terræ. Cum uero unus modo sit inter medium cœli, et latus ex nostra parte, et similiter ex alia linea, quæ dicitur axis obliqua est, et circa ipsam oblique uoluitur firmamentum.

Et quoniam falsam sententiam quorundam de firmamento satis improbauimus, nostram uero ponentes probauimus et de stellis infixis in eo et de circulis et motu eiusdem non tacuimus, de planetis dicere incipiamus. Et quia a summo elementorum incepimus, a summo planetarum incipiamus.

la cual gira el firmamento. Si el firmamento girara en forma recta, uno de los polos estaría en forma recta sobre la Tierra, y el otro debajo de la Tierra o a sus costados. Uno está elevado en medio del cielo desde nuestra parte, y el otro lo está del mismo modo desde la otra parte. La línea que es llamada eje es oblicua, y alrededor de ella gira oblicuamente el firmamento.

Y como hemos refutado suficientemente la falsa opinión de algunos sobre el firmamento, y hemos propuesto y aprobado la nuestra, no hemos dejado tampoco de hablar de las estrellas fijas en él, de los círculos y de su movimiento. Comencemos a hablar de los planetas. Y porque partimos del mayor elemento, tomemos en primer lugar al mayor de los planetas.

IX. DE SATURNO

22.

Summus itaque planetarum Saturnus dicitur in peragratione Zodiaci, <fere> triginta annos consumens, unde in fabulis senex fingitur. Hæc stella frigida et nociua dicitur esse: de frigiditate ergo primum, deinde de nociuitate disseramus. Stellam istam esse frigidam sic antiqui astrologi probauerunt: cum scirent Solem existentem in Cancro terras adurere, uidebant in aliquo anno minus solito hoc contingere; scientes autem ex natura Solis hoc non contingere, quæsierunt quis planeta esset in eodem signo cum Sole,

IX. SATURNO

22.

Se dice que Saturno, el mayor de los planetas, emplea treinta años en su recorrido del zodíaco. Por eso en las fábulas se dice que es anciano. Es una estrella fría y nociva. Hablemos primero del frío y después de su carácter nocivo. Que fuese frío, los astrólogos lo probaban así: cuando el Sol estaba en Cáncer, sabían que ardía la Tierra en un año insólito; sabiendo que esto no sucedía debido a la naturaleza del Sol, investigaron qué planeta estaba en el mismo signo con el Sol, y dijeron haber

reperientesque Saturnum, dixerunt ex eo causam frigiditatis esse.

23.

Sed dicet aliquis: «Cum omne corpus stellarum igneæ sit naturæ, quod probat motus et splendor, unde una stella dicitur frigida, alia calida?». Neque enim illam probamus rationem, qua dicunt quidam ex uicinitate aquarum congelatarum Saturnum esse frigidum sicut et Luna est ex uicinitate aquæ et terræ. Probauimus enim aquas congelatas in superioribus esse non posse. Sunt qui inde dicunt plures esse qualitates ignis, quæ in quibusdam corporibus sunt coniunctæ, in quibusdam diuisæ. Quemadmodum ergo est quoddam calidum, et non splendidum, ita est quoddam splendidum, nec calidum. Dicunt enim quod ignea non sunt calida, nisi quæ uicina sunt alicui spissæ et humidæ materiæ, quam in sui substantiam transmutent. Unde si alicui igneo desit uicinitas spissi humoris, deficit in eo calor.

24.

Hoc autem probant per Solem, qui in conuallibus montium, ubi ær spissior est, magnum exercet calorem; in superioribus uero, propter æris subtilitatem, non exercet. Huius rei sunt indicium niues perpetuæ ibi existentes: sed de hoc, loquentes de situ Terræ, satis dicemus. Volunt etiam isti super

---

encontrado que Saturno era la causa de la frialdad.

23.

Pero dirá alguno: "si el cuerpo de todas las estrellas es de naturaleza ígnea, como lo prueba su movimiento y su esplendor, ¿por qué se dice que una estrella sea fría y otra calurosa?". Y esto no lo probamos por la razón que aducen algunos de que Saturno es frío por la vecindad de las aguas congeladas, así como la Luna lo es por la vecindad de la Tierra y el agua. Ya hemos probado que no puede haber aguas congeladas en las partes superiores. Pero algunos dicen que son diversas las cualidades del fuego, que en algunos cuerpos están unidas y en otros separadas. Por eso hay algo que es ígneo, cálido y sin brillo y algo que es brillante pero no cálido. Dicen que los cuerpos ígneos no son cálidos, a no ser que estén unidos con alguna naturaleza espesa y húmeda, que la transforman en su sustancia. Por lo cual, si a algo ígneo le falta la vecindad de un humor espeso, le falta calor.

24.

Esto lo prueban por el Sol, que, en los valles de las montañas, donde el aire es más espeso, produce gran calor, y en las partes altas, por la sutileza del aire, no lo produce. De esto son indicio las nieves perpetuas que hay allí. De esto hablaremos abundantemente al tratar del sitio de la tierra. También afirman estos que

Lunam nullum sensum caloris esse, præ nimia ætheris subtilitate.

sobre la Luna no se siente calor, debido a la gran sutileza del éter.

25.

Nos uero dicimus nomina qualitatum tribus modis rebus attribui: uel propter effectum (ut uinum dicitur *calidum*, quia efficit calorem, etsi frigidum sentiatur), uel propter sensum (ut cum dicimus aquam bullientem *calidam*, etsi naturaliter sit frigida), uel propter signum (ut cum dicimus: «Sanum est bene dormire, sine difficultate spirare»). Cum igitur aliqua stella dicitur *frigida*, effectui deputetur. Quamuis ergo in se sit calida, si efficiat frigus, dicitur *frigida*. Inde quia Saturnus iunctus Soli minuit calorem, propter effectum dicitur *frigidus*, etsi in se sit calidus.

25.

Pero nosotros decimos que los nombres de las cualidades se atribuyen de tres modos a las cosas. O bien por el efecto, y por eso el vino se dice cálido, porque produce calor, aunque se lo sienta frío. O por la sensación, como cuando decimos que el agua hirviendo está caliente, aunque por naturaleza sea fría. O por una señal, como cuando decimos que un hombre sano duerme bien y respira sin dificultad. Cuando se dice que una estrella es fría, se está juzgando el efecto. Aunque en sí misma sea caliente, si produce frío, se dice que es fría. Como Saturno, cuando está unido al Sol, disminuye el calor, por el efecto, se dice que es frío, aunque en sí mismo sea caliente.

26.

Sed quæret forsitan aliquis: «Si corpora stellarum ignea sunt, unde contingit quod quædam efficiunt frigus?». Dicimus non in omnibus posse inueniri rationem, sed in quibusdam recurrendum esse ad Creatorem, quamuis possimus inde hanc reddere rationem, quod diuersa ignea ex propinquitate et remotione magis et minus calefaciunt. Unde Saturnus, quia est remotior a nobis, non calefacit Terram. Sol uero, quia propinquus est Terræ, magis incendit Terram. Vel dicamus, quod

26.

Pero tal vez pregunte alguien: "Si los cuerpos de las estrellas son ígneos, ¿por qué sucede que algunas produzcan frío?". En todas las cosas puede encontrarse una razón, pero en algunas es menester recurrir al Creador. Aunque podemos encontrar esta razón a saber, que cosas ígneas diversas, por vecindad o lejanía, calientan más o menos. Por eso Saturno, como es el más alejado de nosotros, no calienta la Tierra, pero el Sol, que está más cerca de la Tierra, es el que más la calienta. Pero digamos que, aunque alguna estrella sea

quamuis aliqua stella calida sit, sunt in ea aliæ qualitates nobis ignotæ, quibus calor non potest descendere; sed quia in medio proposuimus quæstionem, nec omnia possumus omnes, sit ingenii uniuscuiusque inquirere quid pro soluenda hac quæstione possit inuenire. Hæc eadem stella ex frigiditate dicitur *nociua*, et maxime quando est retrograda. Unde in fabulis falcem dicitur deferre. Deferens enim falcem, plus nocet recedendo quam accedendo.

caliente, hay en ella otras cualidades que no conocemos y por causa de ellas el calor no puede descender. Pero como ya hemos dicho que *no todos lo podemos todo*, que el ingenio de cada uno investigue lo que pueda encontrar para resolver esta cuestión. Esta misma estrella, por su frialdad, se dice que es nociva, principalmente cuando es retrógrada; por eso se dice en las fábulas que lleva una guadaña. Con su guadaña, produce más daño al retirarse que al acercarse.

X. DE IOVE

X. JÚPITER

27.

Post Saturnum est Iuppiter in peragratione Zodiaci duodecim annos consumens. Hæc stella beneuola est, quippe ut temperata in suis qualitatibus, quod per coniunctionem eius cum Sole probatum est. Sed quoniam est media inter Saturnum et Martem, si existat in superiori abside sui circuli uel in inferiori, temperatur eorum nociuitas, minoratur eius beneuolentia. Inde est quod in fabulis dicitur Iuppiter Saturnum patrem regnoexpulisse, quia Saturno uicinior factus, naturalem nociuitatem ei aufert. Dicitur etiam adulterando diuersos genuisse, quia coniungendo se prædictis, diuersa in terris efficit.

27.

Después de Saturno está Júpiter, que tarda doce años en el recorrido del zodíaco. Esta estrella es benévola, pues es moderada en sus cualidades, lo que se prueba en su conjunción con el Sol. Cuando está en medio de Saturno y Marte, en el ábside superior de su círculo, su benevolencia templa la nocividad de ellos. Por eso se dice en las fábulas: Júpiter expulsó al padre Saturno del reino, porque estando más vecino Saturno, le quita su natural nocividad. Se dice también que con adulterio engendró cosas diversas, porque uniéndose a ellas produce cosas diversas en los terrenales.

XI. DE MARTE

28.

Tertius est Mars, stella scilicet calida et sicca, et inde nociua, in biennio Zodiacum peragrans. Sed positus inter Iouem et Venerem, quæ sunt stellæ beneuolæ, ex uicinitate minuit suam nociuitatem et illorum beneuolentiam. In proeliis dicitur dominari, quia calorem confert et siccitatem, ex quibus est animositas: calidi enim et sicci animosi sunt.

XII. DE VENERE

29.

Quartus autem, secundum Platonicos, Venus est: calida et humida stella, inde est beneuola, in anno fere Zodiacum circuiens. Dicitur adulterata cum Marte, quia existens in superiori abside sui circuli, facta uicina Marti, est minus beneuola. Dea luxuriæ dicitur esse, quia confert calorem et humorem, <ex quibus est luxuria>: in calidis et humidis uiget luxuria. Ut enim propter Venerem breuiter dicamus, quod prolixius loquentes de homine exponemus, calidi et sicci multum appetunt ex calore luxuriam, sed ex siccitate non sustinent effectum. <Frigidi uero et sicci nec appetunt, nec effectum habent, nisi raro>, et si faciunt, maxime eis nocet. Frigidi uero et humidi e contrario male appetunt, sed sustinent effectum; sed frigidi et sicci nec appetunt, nec

XI. MARTE

28.

La tercera estrella es Marte, cálida y seca y, por eso, nociva; recorre el zodíaco en un bienio. Ubicado entre Júpiter y Venus, que son estrellas benévolas; por esta vecindad se disminuye su nocividad y la benevolencia de ellas. Se dice que es dominante en los combates, porque irradia calor y sequedad, de los que surge coraje. Pues los que son calientes y secos son animosos.

XII. VENUS

29.

La cuarta, según los platónicos, es Venus, una estrella cálida y húmeda y por lo tanto benévola; recorre el zodíaco en alrededor de un año. Se dice que se une con Marte porque, estando vecina a él en el ábside superior de su círculo, cuando es vecina de Marte se torna menos benévola. Se dice que es diosa de la lujuria, porque da calor y humedad y en lo cálido y húmedo está vigente la lujuria. Hablemos, pues, brevemente de Venus, porque esto, hablando del hombre, lo expondremos con más detalle. Los calurosos y secos mucho apetecen la lujuria, pero, debido a la sequedad, no soportan mucho su efecto; y si lo hacen, sufren mucho daño. Los fríos y secos ni lo apetecen ni sufren el efecto; y su efecto les es muy favorable para el cuerpo.

sustinent effectum, nisi raro; calidi uero et humidi [et] appetunt et habent effectum, maximeque illorum corpori prodest effectus habere. Hæc eadem stella Lucifer et Hesperus dicitur; sed Lucifer quando ante Solem uidetur in mane, Hesperus quando post eundem uidetur in uespere.

30.

Unde est quæstio an in eodem tempore anni possit esse Lucifer et Hesperus. Dicunt quidam hoc esse non posse. Cum enim sit paris uelocitatis cum Sole, et fere in eodem spatiocursum suum perficiens, quomodo in una eademque nocte, in uespere sequatur Solem, in mane præcedet? In uno ergo tempore anni præcedit Solem, et tunc Lucifer est; in alio subsequitur, et tunc est Hesperus.

Alii dicunt uno et eodem tempore anni illam ante ortum Solis uideri, et post occasum eiusdem, non tamen præcedere eum et subsequi, hoc namque impossibile est. Dicunt enim stellam illam altiorem esse Sole, unde diutius uidetur in uespere, etiam si non sequatur Solem, citius in mane, etiam si illum non antecedat. Dicitur ergo Lucifer et Hesperus in eodem tempore anni, non quia præcedat et subsequatur <Solem>, sed quia ante et post ex sui altitudine uidetur.

31.

Tertii dicunt Venerem et Mercurium esse fere eiusdem coloris et quantitatis, semperque Solem comitari. Cum ergo sic

Los cálidos y húmedos apetecen y tienen el efecto y sus cuerpos aprovechan el efecto máximamente. Esta estrella es llamada Lucero y Héspero: Lucero por la mañana, cuando se muestra antes que el Sol; Héspero, cuando se lo ve por la tarde después de él.

30.

De aquí surge la pregunta: ¿en la misma época del año puede ser Lucero y Héspero? Algunos dicen que esto no puede ser. Siendo de una velocidad igual a la del Sol y cumpliendo su curso casi en el mismo espacio, ¿cómo en una sola y misma noche, por la tarde sigue al Sol y por la mañana lo precede? En una época del año precede al Sol y entonces es Lucero en otra lo sigue y entonces es Héspero.

Otros dicen que, en el mismo tiempo del año, se la ve antes de la salida del Sol y después del ocaso, pero que no precede ni sigue, porque eso es imposible. Dicen que esa estrella está más alta que el Sol, y por eso se la ve por más tiempo a la tarde, aunque no siga al Sol y por más breve tiempo a la mañana, aunque no lo preceda. Se llama Lucero y Héspero en el mismo tiempo del año, no porque preceda o siga, sino porque, debido a su altura, se lo ve antes y después.

31.

Hay otros terceros que dicen que Venus y Mercurio son casi del mismo color y tamaño, y que siempre acompañan al Sol;

comitantur illum, quod una præcedit, alia subsequitur, præcedens in uespere propter splendorem Solis non uidetur, sed subsequens post occasum eius apparet. Contra autem est in mane, præcedens nempe uidetur, sequens splendore diei occulitur; sed quia sunt unius coloris et quantitatis, una et eadem stella reputatæ sunt.

y acompañándolo así una lo precede y otra lo sigue: precediéndolo por la tarde no se lo ve por el resplandor del Sol: y siguiéndolo, aparece después de su ocaso. Lo contrario sucede por la mañana, pues se lo ve cuando precede, y cuando lo sigue es ocultado por el resplandor del Sol. Pero como son del mismo color y tamaño se los consideró una sola y misma estrella.

XIII. DE MERCURIO

XIII. MERCURIO

32.

Quintus est Mercurius, fere in anno similiter cursum suum perficiens, cum quo Venus legitur adulterata esse, quia quando est in inferiori sui circuli abside, qualitatibus illius se miscet.

32.

El quinto es Mercurio, que cumple su curso igualmente casi en un año: leemos que Venus está unida con él; porque cuando está en el ábside inferior de su círculo, sus cualidades se mezclan.

XIV. DE SOLE ET DE VARIETATIBUS TEMPORUM

XIV. EL SOL Y LA VARIEDAD DE LOS TIEMPOS

33.

Sextus est Sol; sed antequam de eo dicamus, de statu et retrogradatione prædictarum doceamus: deinde cur Chaldei et eorum sequaces dixerint Solem esse in medio planetarum, super Venerem et Mercurium, Egyptii uero, quos secutus est Plato, eundem sextum dixerunt et suppositum Mercurio et Veneri. <Dicunt igitur quidam Solem esse attractiuæ naturæ. Si ergo illæ stellæ præcedant Solem, si propinque sunt, attrahit eas ad se. Si autem remotæ, saltem cogit eas stare donec eas transierit quod ostendunt per

33.

El sexto es el Sol. Pero antes expongamos sobre el estado y la retrogradación de las mencionadas estrellas, y luego por qué los caldeos y sus seguidores han dicho que el Sol está en medio de los planetas, por encima de Venus y Mercurio. Los egipcios, a los que siguió Platón, a este lo llamaron el sexto, y superpuesto a Mercurio y Venus. Dicen algunos que hay una parte en el círculo de cada uno a la cual cada uno llega. Si están alejados, los obliga a detenerse hasta que no los haya superado, lo que se demuestra

similitudine adamantis et ferri>. Dicunt <alii> quidam quod est quædam pars in circulo uniuscuiusque, ad quam cum unaquæque peruenerit, Sol facit eam stare uel retroire; sed non dicunt quare.

34.

Nos uero dicimus eas numquam stare, sed tamen uideri quod stent, quia cum sint igneæ naturæ, necesse est quod semper sint in motu. Videntur tamen aliquando stare ex arsei et thesei, idest eleuatione et depressione. Constat enim inter omnes astrologos unumquemque de planetis aliquando plus solito remoueri a Terra, et tunc eleuatur. Aliquando plus solito descendere uersus terras, quod *deprimi* dicimus. Cum ergo eleuantur uel deprimuntur, si recto modo hoc fiat, quia dum eleuantur, sub eadem parte signi uidentur stare creduntur; sin autem retro aliquando, retro ire uidentur. Huius eleuationis uel depressionis causa est Sol.

35.

Cum enim sit fons totius caloris, aliquando plus solito desiccat superiora et inferiora. Unde desiccata corpora stellarum, plus solito leuia ascendunt. Si iterum ad nutrimentum sui plus solito attrahant humorem, plus solito humida et grauida reddit ea, unde plus solito descendunt. Quod ergo dicuntur stare, astrologicum est, quia sic uidetur.

con el ejemplo del diamante y del hierro. De hecho, otros afirman que el Sol tiene una naturaleza atractiva. El Sol hace que permanezca o retroceda, pero no dice por qué.

34.

Nosotros decimos que nunca se los ve fijos porque, siendo de naturaleza ígnea, siempre tienen que estar en movimiento; sin embargo, alguna vez parecen estar detenidos por *ársei* y *thései* es decir, elevación y depresión. Consta entre todos los astrólogos que alguna vez cada uno de los planetas está alejado de la Tierra más de lo acostumbrado, y entonces se dice que está elevado y otras veces desciende más hacia la Tierra, y decimos que está deprimido. Cuando se elevan o deprimen, si se hace de manera recta, caen bajo la misma parte del signo y aparentan estar fijos. Pero si se presentan oblicuamente, parecen retroceder. La causa de esta elevación y depresión es el Sol.

35.

Como este es la fuente de todo calor, a veces seca más a los superiores y los inferiores. Los cuerpos secados de las estrellas se ponen más livianos y se elevan. Pero si atraen para su nutrición más humores de lo habitual, pesan más y descienden. El que se diga que están detenidos es cosa de los astrólogos, porque así parece.

36.

Deinde dicendum est cur Chaldei dicant Solem quartum, et Plato et Egyptii sextum. Uerum est Solem esse sub Mercurio et Venere iuxta Lunam. Cum enim Luna frigida sit et humida, necesse fuit ut ei Sol, qui est calidus et siccus, uicinus esset, quatenus ex calore Solis frigiditas Lunæ, ex siccitate humiditas temperaretur, ne cum sit uicina Terræ, et inde illi magis dominans, si distemperata ueniret, distemperatam eam redderet.

37.

Iterum cum Luna proprio lumine careat – ut ostendemus – et a Sole accipiat, ratio est, ut fonti sui luminis sit subiecta sine medio. Sed quamuis hoc ita esse uerum sit, Chaldeis tamen aliter uisum est, ex hoc quod dicemus. Sol et Mercurius et Venus ita coniuncti sunt, quod fere in eodem spatio temporis, scilicet in anno, plus minusue cursus suos perficiunt. Fere ergo æquales sunt eorum circuli, si iuxta quantitatem circulorum planetæ breuius uel prolixius tempus in peragratione Zodiaci consumunt. Cum ergo fere æquales sint, unus ab alio totus non potest contineri. Intersecant ergo sese ita, quod circulus Veneris inferiori sui parte intersecat superiores partes circulorum Mercurii et Solis, plus comprehendens de Mercuriali quam de solari.

36.

Hay que explicar a continuación por qué los caldeos dicen que es el cuarto y los egipcios y Platón que es el sexto. Es cierto que el Sol está bajo Mercurio y Venus, cerca de la Luna. Siendo la Luna fría y húmeda, fue necesario que el Sol, que es cálido y seco, estuviese cerca de la Luna, para que, por el calor del Sol y el frío de la Luna, se templase la humedad con la sequedad, para que, estando vecina a la Tierra no la volviese destemplada.

37.

Además, careciendo la Luna de luz propia, como ya hemos demostrado, la recibe del Sol; y es razonable que, siendo la fuente de su luz, estuviese cercana, sin un intermedio. Pero, aunque esto sea cierto, a los caldeos les pareció distinto, según lo que diremos: el Sol, Mercurio y Venus están unidos de tal manera, que casi en el mismo espacio de tiempo, a saber, en un año, más o menos, cumplan sus recorridos. Por lo tanto, sus círculos son casi iguales, y, según el tamaño de sus círculos, los planetas cumplen sus marchas por el zodíaco en un tiempo más breve o más largo. Por lo tanto, siendo casi iguales no puede uno ser contenido enteramente por el otro. Se cortan entre sí, de modo que el círculo de Venus corta con la parte inferior de su círculo las partes superiores de los círculos de Mercurio y el Sol, abarcando más del de Mercurio que del Sol.

38.

Circulus uero Mercurii superiori parte sui intersecat Venerium, sed inferiori solarem. Circulus autem Solis superiori sui parte <intersecat inferiores partes circulorum> Mercurialem et Venerium, plus Mercurialem, minus Venerium. Sed quia facilius illabitur animo oculis subiecta descriptio, intersecationem illam oculis ostendamus.

38.

Y el círculo de Mercurio, con su parte superior, corta el de Venus, a saber, el de la parte inferior del Sol. El círculo del Sol en su parte superior corta las partes inferiores de los círculos de Mercurio y Venus, más el de Mercurio y menos el de Venus. Para que esto se capte mejor, pongamos ante los ojos la descripción de estos cortes.

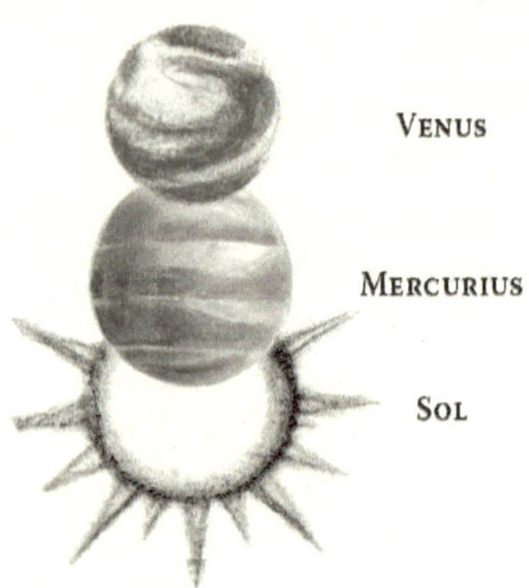

39.

Cum ergo circulus Solis ab inferioribus partibus illorum ambiatur, iuste inferior illis dicitur. Sed quia contingit aliquando quod Sol currit per superiorem partem sui circuli et illæ inferiores suorum, et tunc liberius apparent. Sol enim non tantum obscurat subiecta, quantum superposita reputatus est Sol illis superior. Sed iam tractatum ad Solem transferamus. Sed quoniam ceteri planetæ, quemadmodum et Sol

39.

Cuando el círculo del Sol es abarcado en su parte inferior, justamente se dice que está más bajo que ellos. Pero, porque sucede, a veces, que el Sol se mueve a través de la parte superior de su círculo, los otros planetas se mueven a través de sus partes inferiores y entonces aparecen más libres. La parte de abajo no oscurece tanto al Sol como la de arriba. Por lo tanto, el Sol es juzgado superior a ellos. Pero llevemos ya nuestro tratamiento al Sol y a los

mouentur, de motu Solis loquamur, ut similia de aliis intelligantur.

otros planetas. Y como los demás planetas se mueven como el Sol, hablemos del movimiento del Sol, para que se entienda lo mismo de los demás.

40.

Generalis ergo sententia philosophorum fere omnium fuit firmamentum ab ortu ad occasum uolui, Solem uero et alios planetas contrario motu ab occasu ad ortum moueri, quod ostendunt oculis per signorum dispositionem. Cum enim sic sit Aries dispositus, quod quando in medio cœli est, inter illum et Orientem est Taurus, deinde Gemini, post Cancer; inter eundem et Occidentem sunt Pisces, post Aquarius, deinde Capricornus, ut in hac figura apparet:

40.

La opinión general de todos los filósofos es que el firmamento gira desde el nacimiento hasta el ocaso, y el Sol, en forma contraria a los otros planetas, se mueve del ocaso al nacimiento, lo que se muestra a los ojos por la disposición de los signos. Estando Aries colocado de tal manera, que cuando está en medio del cielo, entre él y el Oriente está Tauro, luego Géminis y después Cáncer; entre este y occidente está Piscis, después Acuario, luego Capricornio, como aparece en esta figura.

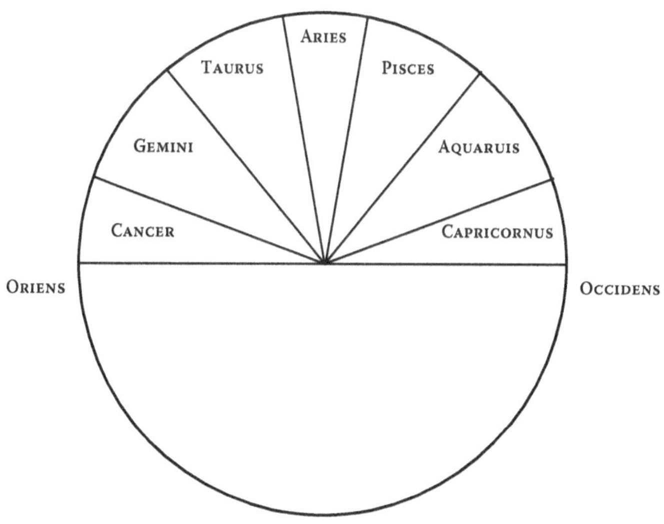

Si ergo Sol uersus Occidentem tenderet de Ariete in signum uersus Occidentem positum, transiret scilicet in Pisces, deinde in ceteros. Cum ergo <Sol> in signa uersus Orientem posita de Ariete transeat, scilicet in Taurum, et deinde in Geminos, sine dubio mouetur ab Occidente in Orientem.

Si, por lo tanto, el Sol tendiera hacia occidente, pasaría desde Aries hacia el signo colocado al occidente, a saber, hacia Piscis y luego hacia los demás. Como los signos puestos hacia oriente pasan desde Aries a Tauro y hacia los demás, sin duda se moverían contra el firmamento.

41.

Subnectunt etiam rationem quare necesse fuit sic esse. Cum firmamentum ab ortu in occasum uoluitur, si planetæ similiter mouerentur, tantus esset impetus, quod in Terra nihil stare uel uiuere posset. Ut ergo rapido motu1 obuiarent et ut impetum illius temperarent, in contrarietatem motus retorti sunt.

41.

Ignoran la razón por la que debiera ser así. Moviéndose el firmamento del Oriente hacia el ocaso, si los planetas se movieran de esa misma manera, habría tanto ímpetu que en la Tierra nada podría permanecer y vivir. Por lo tanto, para oponerse al movimiento rápido y moderar ese impulso, los movimientos están colocados en contra.

42.

Sed quamuis contra firmamentum deferantur, firmamentum tamen referteos secum ad occasum et inde ad ortum, ut si aliquis existens in naui, contra quam nauis currat, se moueat, tamen a naui quocumque uadit refertur, non ideo a contrario motu quiescens. Ergo quod paulatim uadunt ad Orientem, naturalis cursus est; quod ad occasum et ortum, ex alterius impetu.

42.

Pero, aunque se trasladen contra el firmamento, este los traslada consigo hacia el ocaso y de allí hacia el nacimiento. Como si alguien en una nave corriera en sentido contrario al que se desplaza la nave, sin embargo, la nave lo llevaría hacia donde ella va, no deteniéndose por ese movimiento contrario. Por lo tanto, el ir paulatinamente hacia Oriente es el curso natural, y hacia el occidente y el nacimiento es por un ímpetu ajeno.

43.

Helpericus uero dicit hoc esse non posse. Cum enim Sol non sit de stellis

43.

Helpérico dice que esto no puede ser; pues no es el Sol una de las estrellas fijas

infixis in firmamento, qualiter ab ipso refertur? Si enim aliquis extra nauem est, quomodo a naui deferetur? De eo uero quod Sol uadit ad signa uersus Orientem posita dicit sic uideri, non uero sic esse. Cum enim – ait – firmamentum et Sol naturali motu ab ortu ad occasum tendant, ita quod Sol est sub prima parte Arietis, quia firmamentum aliquanto uelocius Sole est, transit eum in tricesima parte unius signi. Cum uero Sol uenit ad ortum, non illa pars signi, quæ ante uidebatur, super Solem uidetur, sed posterior, et ita per singulos dies transeundo uidetur, quod eat ad signa posteriora, cum tamen non uadat. Quod potest quibuslibet probare per Lunam. Cum enim certum sit Lunam ad Septemtrionem non currere, si nubes super ipsam currant, quando transeunt Lunam, uidetur quod ad posteriora currat. Sed quia priori sententiæ doctissimus philosophorum consentit, et uera est, illi concordamus.

44.

Contraque hoc quod ille dicit Solem a firmamento non posse referri, cum in eo non sit. Et si possumus dicere quod est in firmamento iuxta nostram sententiam, qua dicimus firmamentum uocari æthera, tamen dicimus, etsi non sit in firmamento tamen posse referri ab eo. Ut enim in eodem exemplo de naui persistamus, si aliquid leue iuxta

en el firmamento, según él dice. Si alguien está fuera de la nave ¿cómo es llevado por ella? Y que el Sol marcha hacia los signos ubicados al Oriente, dice que eso parece que fuera así, pero no lo es en realidad. Dice él que el firmamento y el Sol, por movimiento natural tienden del nacimiento al ocaso, así es cuando está bajo la primera parte de Aries; y que alguna vez el firmamento marcha a más velocidad que el Sol, cuando está en la trigésima parte de un solo signo; por lo tanto en primavera el Sol viene hacia el nacimiento y aquella parte del signo que se veía antes, no se ve sobre el Sol, sino detrás de él; y así todos los días parece que fuera hacia los signos posteriores, aunque sin embargo, no va, como cualquiera puede comprobarlo con la Luna. Es cosa cierta que la Luna no corre hacia el septentrión, si las nubes pasan corriendo cuando se adelantan a la Luna, y parece que las sigue desde atrás. Pero cuando el mayor de todos los filósofos asiente a la opinión anterior, y eso es verdadero, asentimos.

44.

Y contra esto él dijo que el Sol no puede retirarse del firmamento, ya que no está en él, aunque pueden decir que no es firme según nuestra opinión, que decimos que el firmamento pude llamarse el éter, y sin embargo decimos que aunque no esté en el firmamento, sin embargo puede alejarse de él. Pero para persistir en el mismo ejemplo de la nave, si algo

nauem sit, impetu illius refertur, etsi in ea non sit. Ergo Sol cum leuis et igneæ sit naturæ, a firmamento, etsi in eo non sit, potest referri. Mouetur ergo Sol et alii planetæ ab Occidente ad Orientem non recto modo, sed obliquando, modo scilicet descendendo ad Australia, modo ascendendo ad Borealia secundum prædictam signorum dispositionem.

45.

Sed dicet aliquis: «Quæ necessitas fuit quod Sol obliquando, non recto modo, moueretur?». Respondemus: magna quam ut ostendamus, perdoceamus quas diuersitates oblique meando operatur, a remotiori (idest a Capricorno) incipientes.

Cum ergo Sol intrat Capricornum, quod contingit in medio Decembris – semper enim Sol in medio uniusmensis intrat signum et in medio sequentis mensis exit, eique mensi attribuitur in quo Sol illud intrat –, quia tunc remotissimus est a nostra habitabili, illa frigore constringitur. Terra enim et aqua naturaliter sunt frigidæ, nisi a Sole calefiant. Iterum cum non sit quo rarescat ær, spissatur in nubes, quæ dissoluuntur in pluuias; inde fit quædam uarietas anni, quæ uocatur *Hiems*.

liviano junto a la nave es arrastrado por su ímpetu, aun no estando en ella. Por lo tanto, siendo el Sol liviano y de naturaleza ígnea, puede ser arrastrado por el firmamento, aunque no esté en él. El Sol y los otros planetas, por lo tanto, se mueven de occidente a oriente, no de modo recto, sino oblicuo, descendiendo y ascendiendo hacia los orientales, según la mencionada disposición de los signos.

45.

Pero dirá alguno: "¿Qué necesidad hubo de que el Sol se moviera en forma oblicua y no recta?". Respondemos: hubo una gran necesidad, como vamos a demostrar. Pero comencemos explicando qué diversidades se originan por una marcha oblicua, comenzando desde lo más remoto, es decir, Capricornio.

Cuando el Sol entra en Capricornio, lo que sucede a mediados de diciembre, entra en un signo de un mes, y sale a mediados de enero; a él se le atribuye, ya que está muy alejado de nuestra zona habitable, que esta sea sometida al frío. Pues la tierra y el agua son naturalmente frías, si no son calentadas por el Sol. Además, no teniendo cómo secarse, el aire se espesa en nubes, que se disuelven en lluvias. Por eso existe cierta variedad del año que se llama invierno.

46.

Est enim Hiems frigida et humida, extenditurque donec Sol transeat Aquarium et Pisces, quorum primum intrat in medio Ianuarii, secundum in medio Februarii; constat ergo Hiemsin tribus mensibus, et hoc est unum de quattuor anni temporibus. In hoc ex frigore constringuntur pori superficiei terræ, nec potest calor euaporare, qui remanens intus nutrit radices herbarum et arborum, uicemque matris prægnantis obtinet, crementum autem non confert, quia nec calor nec humor, ex quibus omne est crementum, propter constrictionem frigoris potest ascendere. Sed unde gelu, unde niues, unde grandines, unde pluuiæ, unde tonitrua et fulmina contingant, in tractatu de ære dicemus.

47.

Huic tempori assimilantur aqua, flegma, ætas decrepita: hæc etenim frigida et humida sunt. In eodem melius se habent colerici, peius flegmatici, melius iuuenes, peius decrepiti. Pessima est infirmitas quæ est ex flegmate, ut cottidiana febris minus mala quæ est ex colera, ut tertiana. Utile est in eodem augmentare cibum. Pori enim humani corporis ex frigiditate constringuntur, unde calor intus remanens plus consumit. Contra igitur interiorem defectionem opportunum est infundere refectionem exteriorem. Inde est quod

46.

El invierno es húmedo y frío y se extiende hasta que el Sol pase por Acuario y Piscis, en el primero de los cuales entra a mediados de enero y en el segundo a mediados de febrero. Consta por lo tanto el invierno de tres meses y es una de las cuatro estaciones del año. En él por el frío se estrechan los poros de la superficie de la tierra, y no puede evaporarse el calor y este, permaneciendo dentro, nutre las raíces de las hierbas y los árboles, y hace las veces de una madre preñada, pero no se produce crecimiento, porque ni el calor ni el humor, con los cuales se produce el crecimiento, pueden ascender debido a la constricción del frío. Pero de dónde provengan el hielo, las nieves, los granizos, las lluvias, los truenos y los rayos, lo explicaremos al tratar sobre el aire.

47.

A esta estación se le asemejan el agua, la flema y la edad decrépita, pues estas cosas son frías y húmedas. En ella se sienten mejor los coléricos y peor los flemáticos; mejor los jóvenes y peor los ancianos. Es pésima la enfermedad que surge de la flema, con fiebre cotidiana; menos mala es la de la cólera, como terciana; es conveniente en esta estación aumentar la comida. Los poros del cuerpo humano se estrechan por el frío y el calor, permaneciendo adentro, consume más. Contra esa falta interior, entonces, es oportuno infundir una refección exterior. Por eso entre los antiguos el dios

apud antiquos deus Hiemis cum pingui uentre pingebatur, et ab inmunditia paludis *Spurius* uocabatur. In eodem bonum est uti calidis et siccis.

del invierno era pintado con un vientre hinchado y por la suciedad del pantano era llamado *Spurius*. En ese tiempo es bueno utilizar cosas cálidas y secas.

48.

Cum uero ascendendo Sol usque ad Arietem peruenit, quem medio Martii intrat, nec nimis remotus, nec nimis propinquus est, utpote in medio torridæ zonæ positus. Unde aer nostræ habitabilis nec nimis calidus, nec nimis frigidus est, nec nimis siccus, nec nimis humidus, sed inter quattuor qualitates temperatus. Ex hac temperie pori terræ aperiuntur euaporatque fumus humidus, qui per radices herbarum et arborum ascendens, confert eis augmentum et uegetationem.

48.

Cuando el Sol en su ascenso llega hasta Aries, donde entra a mediados de marzo, no está ni muy lejos ni muy cerca, ubicado en medio de la zona tórrida. Por eso el aire de nuestra zona habitable no es ni muy caliente ni muy frío, ni muy seco ni muy húmedo, templado entre esas cuatro cualidades. Con esta temperatura los poros de la tierra se abren y el vapor húmedo se evapora y, ascendiendo por las raíces de los árboles y las hierbas, les da crecimiento y vegetación.

49.

Unde quidam mensis huius temporis dicitur *Aprilis*, quasi *aperilis*, quia tunc aperitur terra in flores. Estque proprium huius temporis quod inconstans sit: scilicet modo pluuiosum ex uicinitate Hiemis, modo siccum ex uicinitate Æstatis, modo eadem ratione calidum, modo frigidum. Inde est quod in Martio sæpe infirmantur homines, quia cum corpora humana aperta sunt ex calore, statim corrumpuntur ex subito frigore. Sed si aliquis in hoc tempore se conseruarit tardius, in eo quam in alio infirmitatem incurret.

49.

Por eso uno de los meses de este tiempo se llama abril, porque la tierra se abre en flores. Es propio de esta estación ser inconstante, siendo a veces lluviosa por la vecindad del invierno y a veces seca por la vecindad del verano; y, por la misma razón, a veces es cálida y a veces es fría. Por eso sucede que en marzo a veces se enferman las personas, porque los cuerpos humanos están expuestos al calor y sufren por un frío súbito. Pero si alguien en esta estación se conserva en salud, más raramente incurrirá en una enfermedad que en otra época del año.

50.

Hic subiciet aliquis: «Unde ergo est quod si aliquis intret Hiemem cum aliqua infirmitate, non tam sæpe moritur in Hieme quam in Vere?». <Respondimus>: cum infirmitates oriantur ex malo humore per membra se diffundente, ex frigiditate Hiemis constringuntur humores, nec possunt diffluere; ex calore autem ueris idem dissoluuntur, quibus discurrentibus per membra succumbit homo et moritur.

Hæc temperies ab Ariete incipiens, extenditur dum Sol est in Tauro, et in Geminis primum, quorum medio Aprilis, secundum medio Maii intrat.

51.

Huic tempori consimiles sunt ær, sanguis, pueritia, quia calidi et humidi sunt. In eo melius se habent melancolici, peius sanguinei; melius senes, peius pueri. Pessima est infirmitas quæ uenit ex sanguine, ut sinocha; minus mala quæ uenit ex melancolia, ut quartana. In eodem est conueniens uti frigidis et siccis.

52.

Cum autem Sol usque ad Cancrum ascendit, ex propinquitate sua Terram incendit et desiccat. Unde est Æstas calida et sicca, quæ incipiens in medio Iunii, quando Sol intrat Cancrum, extenditur donec Sol est in Leone, quem intrat in medio Iulii; et donec est in

50.

Alguien comenta: "¿Por qué si alguno contrae una enfermedad, no muere tan a menudo en invierno como en primavera?". Originándose las enfermedades por un humor malo que se difunde por los miembros, con el frío del invierno se comprimen los humores y no pueden correr. Con el calor de la primavera, los humores se disuelven, corren por los miembros y el hombre cae enfermo y muere.

Este clima que comienza en Aries se extiende hasta que el sol está en Tauro y Géminis; en el primero entra a mediados de abril y en el segundo, a mediados de mayo.

51.

A esta estación se le asemejan el aire, la sangre y la puericia, porque son cálidos y húmedos. En ella se sienten mejor los melancólicos y peor los sanguíneos; mejor los ancianos y peor los niños. La peor enfermedad es la que proviene de la sangre, y es menos mala la que proviene de la melancolía, como cuartana. En esta estación conviene usar cosas frías y secas.

52.

Cuando asciende hasta Cáncer, por su vecindad, la tierra se enciende y se seca, porque el verano es cálido y seco, que empieza a mediados de junio, cuando el Sol entra en Cáncer, y se extiende por Leo, donde entra a mediados de julio, hasta que está en Virgo donde entra a

Virgine, quam intrat medio Augusti. Huius temporis est herbarum et arborum radices desiccare. Consimile est igni, coleræ, iuuentuti, hæc etenim calida et sicca sunt.

53.

In eo melius se habent flegmatici, peius colerici; melius decrepiti, peius iuuenes. Pessima est infirmitas quæ uenit ex colera; minus mala, quæ uenit ex flegmate. In eodem utile est uti frigidis et humidis. Augmentandus est potus et minuendus cibus. Cum enim ex calore aperti sunt pori corporis, euaporat calor naturalis; ex quo non ita bene digeritur cibus. Sed quia potus cito transit in sanguinem, augmentandus est.

54.

Hic oritur quæstio: «Cum istæ diuersitates in prædictis temporibus ex propinquitate et remotione Solis habeant contingere – Sol uero existens in Leone tantum distat a nostra habitabili, quantum existens in Geminis, in Virgine quantum in Tauro, in Libra quantum in Ariete – quare in illis tribus operetur calorem et humorem, in duobus istorum calorem et siccitatem, in tertio frigiditatem et siccitatem?».

55.

Cui respondendum est quod existens in tribus uernalibus, ex hoc quod

mediados de agosto; es propio de esta estación que se sequen las raíces de los árboles y las hierbas. Se asemeja al fuego, a la cólera y a la juventud; pues estos son calurosos y secos.

53.

En esta época se sienten mejor los flemáticos y peor los coléricos, mejor los ancianos y peor los jóvenes. La peor es la enfermedad que proviene de la cólera y es menos mala la que proviene de la flema. Es útil usar cosas frías y húmedas. Debe aumentarse la bebida y disminuirse la comida. Como por el calor se abren los poros del cuerpo, del cual se evapora el calor natural y por eso no se digiere bien el alimento, y como la bebida pasa en seguida a la sangre, por eso debe aumentarse.

54.

Aquí surge una pregunta. Estas diversidades en las mencionadas estaciones se producen por la vecindad o la lejanía del Sol, pero cuando el Sol está en Leo está a la misma distancia de nuestra zona habitable que cuando está en Géminis, y en Virgo lo mismo que en Tauro, y en Libra lo mismo que en Aries, ¿por qué en aquellas tres predominan el calor y el humor y en estas dos, el calor y la sequedad, en el tercero, el frío y la sequedad?

55.

A esto debe responderse: cuando está en las tres primeras, porque está cercano

propinquus est Æstati operatur calorem, ex uicinitate Hiemis præcedentis operatur humorem. Cum uero est in Leone et Virgine, ex propinquitate Æstatis operatur calorem; sed quoniam ex calore Æstatis et Veris iam humor desiccatus est, non est quo temperetur calor, nec unde sit humiditas; unde est autem tempus calidum. Cum uero in Libra est, quia iam omnino desiccatus est humor, et extinctus est calor, oritur Autumnus frigidus et siccus, in quo fructus habentes intus humorem, ut racemi, ex gemina colliguntur siccitate Æstatis et Autumni maturi.

al verano, produce el calor y, por la vecindad del invierno precedente, produce el humor; cuando está en Leo y Virgo, por su cercanía produce calor, pero como por el calor de la primavera y el verano el humor ya se secó, no se puede templar el calor ni puede haber humedad, y por eso el tiempo es caluroso. Cuando está en Libra, como ya está seco el humor y se extinguió el calor, surge el otoño, frío y seco, en el cual lo frutos que tienen dentro el humor, se recogen como racimos y de otras formas, maduros por la sequedad del verano y del otoño.

56.

Incipit autem Autumnus medio Septembris, Sole intrante Libram, durans dum Sol est in Scorpione et Sagittario, primum quorum intrat medio Octobris, secundum medio Nouembris. Assimilantur huic tempori terra, melancolia, senectus, quia frigidæ et siccæ sunt. In eo melius se habent sanguinei, peius melancolici; melius pueri, peius senes. Pessima est infirmitas quæ nascitur ex melancolia; minus mala, quæ ex sanguine.

56.

Comienza el otoño a mediados de septiembre, cuando el Sol entra en Libra, y dura mientras el Sol está en Escorpio y Sagitario, en el primero de los cuales entra a mediados de octubre y en el segundo, a mediados de noviembre. Se asemejan a esta estación la tierra, la melancolía y la vejez, porque son frías y secas. En esta estación, se sienten mejor los sanguíneos y peor los melancólicos; mejor los niños, y peor los ancianos. La peor enfermedad es la que nace de la melancolía y la menos mala la que se origina en la sangre.

57.

Ut enim generaliter dicamus, in omni tempore anni pessima est infirmitas, quæ fit ex humore simili tempori. Qualitatibus enim temporis augmentatur materia morbi. Minus mala quæ fit ex

57.

Para hablar en general de todas las estaciones del año, la enfermedad peor es la que se origina por el humor semejante al de la estación, porque la materia de la enfermedad aumenta por las cualidades de

humore tempori contrario, minuitur namque qualitate temporis materia morbi.

In eodem utile est uti calidis et humidis. Inæquale est hoc tempus ex uicinitate præcedentis Æstatis et subsequentis Hiemis. Ex quo succis et fructuum tunc abundantium, indiscreti homines periclitantur.

la estación y es menos mala la que procede de un humor contrario al de la estación. Pues disminuye la materia de la enfermedad por la cualidad de la estación.

En la misma es útil emplear cosas cálidas y húmedas. Este tiempo es desigual por la vecindad del verano precedente y del invierno subsiguiente, por lo cual las personas inexpertas se ven afectadas por distintas alternativas, según los jugos de lo frutos.

58.

Hic oritur quæstio similis præcedenti: cum Sol existens in Scorpione tantum distat a nobis quantum in Piscibus, in Sagittario quantum in Aquario, quare alias operetur in illis qualitates, alias in istis? Huius solutio facilis est. In præcedentibus nempe, idest Scorpione et Sagittario, quia ex Æstate desiccatus est humor, iamque Sol medium torridæ zonæ transiuit, est frigus et siccitas. In istis aliis, quia similiter est Sol remotus, frigiditas est, sed quia iamdudum defecit calor, qui æra desiccat, paulisper spissatur ær in nubes, et fit tempus humidum.

58.

Aquí surge una pregunta similar a la precedente. "El Sol en Escorpio dista de nosotros tanto como cuando está en Piscis, y en Sagitario tanto como en Acuario, ¿por qué produce distintas cualidades en unos y otros?". La solución de esto es fácil: en el primer caso, es decir, en Escorpio y Sagitario, como el humor se secó por el verano, y ya el Sol pasó por el medio de la zona tórrida, hay frío y sequedad. Y en el otro caso, como igualmente el Sol está lejos, hace frío; y como ya disminuyó el calor, que seca el aire, este se espesa paulatinamente en forma de nubes y hay un tiempo húmedo.

59.

Quamuis ergo, ut prædiximus, Hiems sit frigida et humida, in principio tamen est magis frigida, minus humida; in fine magis humida, minus frigida; in medio æqualiter. Ver autem in principio magis humidum, minus calidum, in fine

59.

Aunque, según hemos dicho, el invierno es frío y húmedo, al principio, sin embargo, es más frío y menos húmedo, y en el medio es equilibrado. La primavera es más húmeda al principio, y menos cálida, y al fin, es más cálida y menos

magis calidum, minus humidum; in medio æqualiter. Æstas uero in principio magis calida, minus sicca, in fine uero magis sicca minus calida, sed in medio æqualiter. Autumnus in principio magis siccus, minus frigidus; in fine uero magis frigidus, minus siccus; in medio æqualiter.

húmeda y en el medio es equilibrada. El verano al principio es más cálido y menos seco, y al final es más seco y menos cálido, y en el medio es equilibrado. El otoño al principio es más seco y menos frío, y al fin es más frío y menos seco, y es equilibrado en el medio.

60.

Notandum uero est quod – quamuis istæ sint quattuor temporum proprietates ex accidente – tamen uariantur, ut si cum Sole in hiemalibus signis sit aliquis calidus et siccus planeta, ut Mars, est præter naturam calida et sicca. Similiter, si in Æstate – cum Sole sit aliquis frigidus et humidus – plus est solito frigida et humida. Ideo prudenti physico semper prouidendum est quæ signa obtineat Sol, et quis planeta cum eo sit in eodem signo, ut sciat qualis futura est Æstas et alia tempora, ut contra futuram qualitatem præsto sit medicamen.

60.

Se debe notar que, aunque estas son las propiedades de las cuatro estaciones, sin embargo, varían accidentalmente, como cuando con signos invernales, hay algún planeta cálido, como Marte, por su naturaleza cálida y seca. Igualmente, si en el verano hay alguno frío y húmedo, es húmedo y seco más de lo habitual. Por eso el físico prudente siempre debe prestar atención a en qué signo está el Sol y qué planeta está con él en ese signo, para saber cómo será el verano y las otras estaciones, para que esté presta la medicina contra la futura cualidad.

61.

Cum igitur has diuersitates operatur Sol oblique ascendendo et descendendo, uideamus quid mali sequeretur, si semper recto modo uolueretur. Et de hoc nullus dubitat, quod si semper ita propinquus nobis moueretururt est in Æstate, semper æstum haberemus, neque aliquid crescere posset.Similiter, si semper remotus – ut est in Hieme rigor frigoris semper esset, nec ex terra fructus et herbæ nascerentur.

61.

El Sol produce estas diversidades, ascendiendo oblicuamente y descendiendo; veamos entonces, qué mal pudiera ocurrir si girara siempre de modo recto; nadie duda que, si siempre se moviera cercano a nosotros como en el verano, siempre tendríamos calor estival. Y nada podría crecer. Igualmente, si siempre estuviese lejos, como en el invierno, siempre se sentiría el rigor del frío y no nacerían las hierbas y los frutos.

62.

Sed dicet aliquis: «Si ita se moueret ut est in Ariete, quod æqualiter distaret a nobis, semper temperiem ueris faceret, nec aliquid mali inde proueniret». Nos uero contra dicemus pessimum malum inde prouenire: numquam enim terra intus conciperet, quod agit in Hieme; neque fructus, si aliqui nascerentur, ad maturitatem tenderent, sine quibus numerus animantium uiuere non potest.

63.

Et quoniam de naturali motu Solis et de eis quæ agit oblique ascendendo et descendendo satis docuimus, consequens est quatenus de his quæ agit a firmamento relatus dicamus. Cum igitur Sol naturali motu ab Occidente ad Orientem contra firmamentum nitatur, cotidie tamen a firmamento ad occasum refertur, existensque super Terram, agit splendorem, qui dicitur *dies*. Sub Terra uero existente eodem, in superiori parte est obscuritas, quæ *nox* uocatur. Attendendumque est quod dies alius naturalis, alius usualis: de naturali ergo prius, deinde de usuali disseramus.

64.

Naturalis uero dies est spatium quattuor et uiginti horarum, continens usualem diem et noctem. Unde dicimus triginta dies esse in mense, cum in eo sint dies et noctes.

62.

Pero dirá alguno: "si se moviese así, la primavera estaría en Aries, y estaría siempre a la misma distancia brindándonos la temperatura de primavera, y eso no produciría ningún mal". Nosotros, por el contrario, decimos que de ahí provendría un gran mal. Nunca la tierra concebiría dentro de sí, como lo hace en invierno, ni nacería algún fruto, ni tenderían a la madurez, sin los cuales numerosos animales no podrían vivir.

63.

Y puesto que ya hemos hablado del movimiento natural del Sol, digamos ahora algo sobre lo que obra con relación al firmamento. El Sol, con su movimiento natural, de occidente a oriente, marcha en contra del firmamento, diariamente, desde el firmamento, dirigiéndose al ocaso y produce sobre la Tierra el resplandor que llamamos día. Cuando está debajo de la Tierra, en la parte superior hay oscuridad y se llama noche. Hay que prestar atención a que hay un día natural y un día usual. Hablemos primero del natural y después del usual.

64.

El día natural comprende un espacio de veinticuatro horas, a saber, el día usual y la noche. Por eso decimos que hay treinta días en el mes, contando días

Hunc in quattuor physici diuiserunt: a nona parte noctis usque ad tertiam diei usualis, calidum et humidum essedicentes; a tertia diei usualis usque ad nonam, calidum et siccum; a nona eiusdem usque ad tertiam noctis, frigidum et siccum; a tertia noctis usque ad nonam, frigidum et humidum. Inde contingit quod quædam infirmitates in diuersis partibus eiusdem peius et melius, secundum prædictam rationem de temporibus, se habent.

65.

Usualis uero dies est spatium quo Sol ab ortu ad occasum refertur, hunc ut naturalem <in> quattuor modis diuiserunt. Prima enim parte illius Sol rubet, deinde splendet, postea calet, ad ultimum descendit et tepet. Inde est quod in fabulis quattuor equi Phœbo attribuuntur, nomina prædictis proprietatibus conuenientia obtinentes. Primus nempe dicitur *Erythreus* (idest *rubens*), secundus *Acteus* (idest *splendens*), tertius *Lampus* (idest *ardens*), quartus *Philogeus* (idest *amans terram*). In istis usualibus diebus tres in anno contingunt diuersitates: aliquando namque sunt æquales noctibus, aliquando prolixiores, aliquando breuiores.

66.

Harum diuersitatum hæc causa est. Cum Sol in hiemalibus signis est,

y noches. Los físicos lo dividieron en cuatro partes, desde la nona parte de la noche hasta la tercia del día usual, diciendo que es cálido y húmedo; desde la tercia del día usual hasta la nona es cálido y seco; desde la nona hasta la tercia de la noche es frío y húmedo. Por eso ocurre que hay ciertas enfermedades en algunas partes del día, que son mejores y peores, según la ya mencionada razón de las estaciones.

65.

El día usual es el espacio en que el Sol se traslada desde el nacimiento hasta el ocaso; a este, como al natural, lo dividieron en cuatro partes. En la primera parte el Sol está rojo, luego resplandece, después calienta y por último desciende y se entibia. Por ello en las fábulas se le atribuyen cuatro caballos a Febo, que reciben nombres apropiados según las razones antedichas. El primero es llamado Exacto, es decir, rojizo; el segundo, Lácteo, es decir, esplendoroso; el tercero, Lámpara, es decir, ardiente; el cuarto, Filogeo, es decir, amante de la tierra. En los días usuales, tres veces al año ocurren diversidades, pues a veces son iguales a las noches, a veces más largos, y a veces más breves.

66.

Esta es la causa de esas diversidades. Cuando el Sol está en los signos

tumor Terræ, qui est in medio torridæ zonæ inter nos et ipsum positus, aufert nobis, ne illum cito uideamus, et causa est quare cito ab oculis nostris auferatur; inde breuis est splendor apud nos super Terram, et sic dies, prolixa umbra, et ideo nox. Sed quando est in Cancro et in aliis æstiualibus signis, quia citra tumorem Terræ nascitur, cito in mane uidetur, et tarde ab oculis aufertur. Inde prolixus est splendor super Terram, et breuis umbra. Eodem uero in Ariete uel in Libra existente, quia æqualiter distat a nobis, æqualiter super Terram et sub Terra est. Inde est æqualis splendor et æqualis obscuritas.

Enumeratis effectibus Solis tam ex naturali motu quam ex accidentali, de eclipsi eiusdem dicamus, unde et quo tempore contingat: <ad cuius evidentiam prædicamus quod quemadmodum longitudo Zodiaci in duodecim partes, quæ signa dicuntur, divisa est, ita et latitudo in duodecim, quæ dicuntur evaginationes. Has duodecim partes latitudinis tangit Luna, Sol vero per medio transit, ut monstrat subiecto descriptio>.

67.

Cum in aliquo tempore contingit Solem esse in medio Zodiaco, qui locus eclipticus dicitur, Luna uero sub eodem sic est

invernales, el espesor de la tierra, que está en medio de la zona tórrida, ubicado entre nosotros y él, nos impide verlo inmediatamente, y es la causa de que esté fuera de nuestra vista. Por eso su resplandor es más breve para nosotros sobre la tierra. Y así el día es una sombra prolongada y, por lo tanto, noche. Pero cuando está en Cáncer y en otros signos estivales, como nace del lado de acá del espesor de la tierra, se lo ve pronto a la mañana y se retira por la tarde, y por eso su resplandor es más prolongado sobre la tierra, y la sombra es más breve. Lo mismo es cuando está en Aries o en Libra, porque dista igualmente de nosotros, y lo mismo sobre la tierra, y está por debajo de la tierra y, entonces, el resplandor y la oscuridad son iguales.

Enumerados los efectos del Sol, tanto por su movimiento natural como accidental, hablemos de su eclipse, por qué y en qué tiempo suceda: como evidencia consideramos que, como la extensión del zodíaco está dividida en doce partes, los signos y la extensión, también están divididas en doce partes, que se llama extensiones. La Luna alcanza estas doce partes de la latitud y el Sol pasa por el medio.

67.

Como cuando, en algún momento, sucede que el Sol esté en el medio del zodíaco, se dice que es la eclíptica. La Luna

posita, quod si linea dirigeretur iret per medium Solaris et Lunaris terrenique corporis sic:

está colocada allí debajo, de tal modo que si se traza una línea pasa por el medio de los cuerpos del Sol, la Luna y la Tierra. Entonces la Luna impide que los rayos del Sol lleguen a la Tierra, como muestra el esquema:

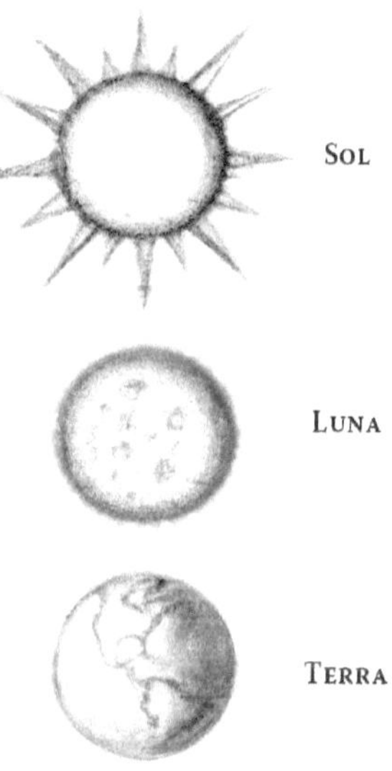

Tunc Luna facit radios Solis elidi, nec ad Terram obiectu Lunaris corporis possunt descendere. <Item Sol patitur eclipsin non quod unquam deficiat in se, sed quia tunc non uidetur>. Inde est quod numquam nisi in tricesima, <uel uigesima nona> Luna hoc contingit, quia alia die non est recto modo supposita Soli. Non tamen omni tricesima <Luna hoc contingit>, sed quotienscumque hoc

Entonces la Luna hace que sus rayos no pasen, y no puedan descender a la Tierra por causa del cuerpo de la Luna. Del mismo modo, el Sol padece un eclipse, no porque le falte algo en sí, sino porque entonces no es visible. Esto no puede suceder sino en la trigésima Luna, porque en otros días no está bajo el Sol en forma recta. Pero esto no sucede en cada trigésima Luna. Pero cada vez que

contingit, in ea contingit. Si enim in tricesima die Luna sit ita opposita soli, quod alterum sit aliquantulum uersus Cancrum, alterum uersus Capricornum, non potest Luna Solis uisum et descensum radiorum nobis auferre hoc modo: Sed quia de Sole pro posse nostro disseruimus, de Luna deinde disseramus.

sucede, sucede en esta. Porque si en un día trigésimo la Luna está opuesta al Sol, pero algo hacia Cáncer o algo hacia Capricornio, no puede quitarnos la vista del Sol ni impedir el paso de sus rayos hacia nosotros. Pero como, en la medida de nuestras posibilidades, hemos hablado del Sol, hablemos ahora de la Luna.

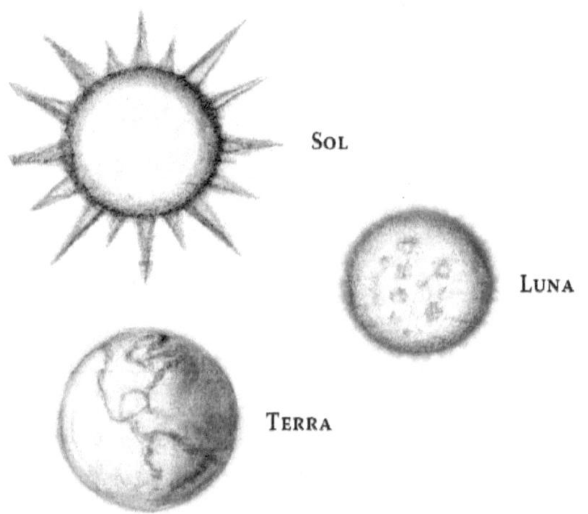

XV. DE LUNA

XV. LA LUNA

68.

Luna igitur ex propinquitate aquæ et terræ spissius habet corpus quam ceteræ stellæ, unde non habet proprium splendorem et calorem, sed a Sole accenditur. Si enim proprium haberet calorem, cum uicina sit Terræ, et per singulos menses ascendat ad Cancrum, et descendat ad Capricornum, per singulos menses Æstum caloris et frigus Hiemis in Terram

68.

La Luna, por la vecindad del agua y de la Tierra tiene un cuerpo más espeso que las demás estrellas y por eso no tiene ni resplandor ni calor propios, sino que los recibe del Sol. Si tuviera calor propio, estando vecina a la Tierra, produciría todos los meses sobre la Tierra, saliendo de Cáncer y descendiendo por Capricornio, calor veraniego y frío

ageret, tamque in continuis inæqualitatibus nihil uiuere posset. Caruit ergo splendore et calore: a Sole tantum superposito illustratur, non tamen semper æqualiter. Sed modo est nouilunium, modo plenilunium, modo interlunium. Unde ergo hoc contingat uideamus.

69.

Dicunt quidam quod quando est supposita Soli in eodem signo, præ nimio splendore Solis eam obscurari, nec posse apparere; sed quando elongatur a Sole, in parte opposita incipit splendor apparere. Unde cum plus remouetur a Sole, maior in ea splendor apparet; quando illi propinquior, est minor. Sed si inde, quia propinquior est <Soli>, minor in ea splendor apparet; quia remota, maior apparet in parte opposita Soli prius appareret splendor. Cum ergo primum appareat ex parte Solis, falsa uidetur illorum sententia.

70.

Nobis uero uidetur quod omne luminosum corpus supposito aliquo obscuro, in opposita parte sui iacit umbram, in parte sui splendorem. Cum ergo Luna, quæ (ut prædiximus) naturaliter est obscura, Soli est supposita in parte sui, idest supra Solem ponit splendorem in opposita parte, <sui, idest supra Sol ponit splendorem in opposita parte>, idest uersus Terram iacit umbram, unde a nobis Luna non uidetur.

invernal y con esas continuas desigualdades nada podría vivir. Carece, por lo tanto, de luz y calor propios y es iluminada desde arriba por el Sol, pero no siempre de la misma manera, sino que a veces hay novilunio, a veces plenilunio y a veces interlunio.

69.

Dicen algunos que no está bajo el Sol en el mismo signo y por un excesivo resplandor no puede verse, pero cuando se aleja del Sol, el resplandor comienza parcialmente a aparecer. Y por eso, cuanto más se aleja del Sol, en la parte opuesta, más resplandor aparece. Puesto que primero aparece de la parte del Sol, esta opinión parece falsa.

70.

A nosotros nos parece que todo lo que es luminoso y tiene debajo de sí algo oscuro, en la parte que le es opuesta produce sombra y en la que está de su lado, luz. Como la Luna, según ya hemos dicho, es naturalmente oscura, en la parte que está hacia el Sol recibe resplandor y en la parte que está hacia la Tierra hay sombra y por eso no podemos verla.

71.

Sed quando elongatur a Sole, incipit paruum splendoris ad modum gracilis cornu apparere, dicitur *monoeides*; quantoque plus elongatur a Sole, plus splendoris descendit, ita quod in septima die *dichotmos*, idest *diuisa per medium* uidetur. Et est notandum quod quanto splendor descendit, tanto umbra ascendit, et e conuerso. Post septimam uero diem usque ad quartam decimam est *amphicirtos*, idest *minus plena* et maior dimidia.

Quartadecima uero die, quia per diametrum remota est a Sole, quod potest probari ex hoc, quod Sole occidente, ipsa oritur, iam tota umbra ascendit, et totus splendor descendit, estque *panseletos*, id est *plenilunium*. Postea uero incipit propinquare Soli, et umbra descendere, splendorque ascendere. Unde deficit ex nostra parte splendor et fit primum descendendo *amphicurtos*, deinde *dichotomos*, deinde *monoeides*. Hæc omnia erunt apertiora tali figura ante oculos posita:

71.

Pero a medida que se aleja del Sol el resplandor comienza a aparecer al modo de un grácil cuerno, llamado *monoeidés*. Cuanto más se aleja más se extiende el resplandor de modo que en el séptimo día se dice que es *dicotomos*, es decir, "dividida por el medio". Debe notarse que cuando el resplandor aumenta, la sombra disminuye, y viceversa; después del séptimo día hasta el decimocuarto está *anficurtos* es decir, "menos llena", y mayor que la mitad.

En el día decimocuarto está llena, porque está alejada del Sol por su diámetro. Lo que puede probarse porque cuando el Sol nace y ella se oculta aumenta toda la sombra y disminuye todo el esplendor, y se produce el *pansiletos*, es decir, el "plenilunio". Luego comienza a acercarse al Sol y la sombra a disminuir y a aumentar el resplandor. Por eso fija desde nuestra parte el resplandor, y al disminuir primero se hace *anficurtos* luego *dijotomos* y luego *monoeidés*. Todo esto resulta más claro para los ojos con esta figura.

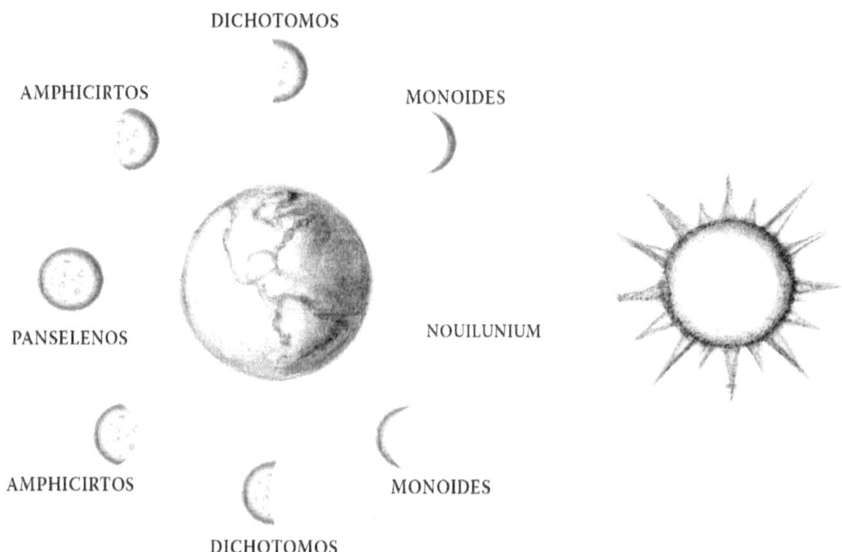

72.

Eclipsis uero Lunæ talis est ratio. Sole et Luna in prædicta ecliptica linea sic dispositis, quod Sol est in inferiori hemisphærio, Luna in superiori, Terra uero in medio sic, quod si linea descenderet a medio Lunaris corporis, transiret per medium Terreni et Solaris ad hunc modum.

72.

La razón del eclipse de Luna es porque estando el Sol y la Luna colocados en la misma línea eclíptica, el Sol está en el hemisferio inferior y la Luna en el superior, mientras la Tierra está en el medio. Si una línea descendiera del cuerpo de la Luna pasaría por medio de la Tierra y el Sol.

Tunc tumor Terræ interpositus altius dirigit umbram, scilicet usque ad ipsam Lunam. Unde radii Solis eam non possunt accendere, patiturque eclipsim donec, mouendo se, tumorem transierit et splendor in ea incipiat apparere.

Inde est quod non deficit, nisi in quintadecima, Luna, quia tunc est Soli opposita, non tamen in omni quintadecima hoc contingit, sed quando contingit, in ea contingit. Unde ergo in omni non contingat doceamus. Sed – quia hoc contingit ex figura umbræ Terræ – de figuris umbrarum, quæ ex aliquo rotundo corpore, opposito splendido eiusdem, figuræ sunt, prædoceamus.

Entonces el cuerpo de la Tierra que está interpuesto proyecta su sombra más alto, a saber, a lo largo de esa Luna; así los rayos del Sol no pueden iluminarla y se produce un eclipse hasta que se mueve el cuerpo de la Tierra y el resplandor comienza a aparecer.

Nunca falta sino en la decimoquinta Luna, porque entonces está opuesta al Sol, pero, sin embargo, no sucede en toda decimoquinta Luna, pero cuando sucede, sucede en esta. Expliquemos por qué, entonces, no sucede en todas, sino por qué sucede por la figura de la sombra de la Tierra. Hablemos de las figuras de las sombras que se producen por algún cuerpo redondo opuesto a la luz.

Viso unde eclipsis Lunæ contingat, et quare non in singulis mensibus de umbra, quæ semper in medio eius uidetur, quid nobis inde uideatur dicamus. Cum Luna frigida et humida sit, quamuis a Sole illuminetur, aliquid naturalis obscuritatis in aliqua parte retinet, quæ ibi semper apparet.

<Aliter: Quamvis corpus Lunæ naturaliter sit obscurum, tamen in quibusdam partibus suis est tunsum et politum ad modum speculi, in quibusdam scabrosum et rubiginosum. Ubi igitur politum est, ex radiis Solis splendet; sed ubi scabrosum, naturalem obscuritatem retinet>.

Habiendo visto cómo se produce el eclipse de Luna, y por qué no todos los meses, hablemos de la sombra que siempre se ve en medio de ella. Siendo la Luna fría y húmeda, aunque esté iluminada por el Sol, siempre mantiene alguna parte en la que naturalmente aparece algo de oscuridad.

De otro modo: así como el cuerpo de la Luna es naturalmente oscuro, sin embargo, en algunas partes es límpido y suave como un espejo; en otras, rugoso y oscuro. Donde es suave, brilla por los rayos del Sol, pero donde es rugoso, mantiene su oscuridad natural.

Omnis ergo talis corporis umbra, uel est cylindroides, uel calathoides, uel conoides. Et est cylindrus figura longa et rotunda, aequaliter crescens, neque lineas in summum coniunges. Inde dicitur cylindroides umbra, quae talis est figurae, quae fit quotiens luminosum corpus et obscurum eiusdem sunt quantitatis ad hunc modum.

Toda sombra de un cuerpo tal tiene forma de cilindro o de cono. El cilindro es una figura larga y redonda, ascendente en forma equilibrada, alcanzando el tope con líneas iguales. Por eso se dice que es cilíndrica la sombra de una figura tal. Esto se produce cada vez que un cuerpo luminoso y uno oscuro están de este modo:

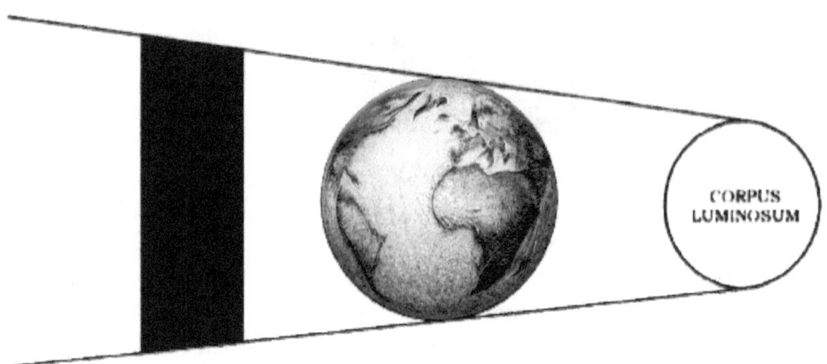

Cum ergo corpus Solis et Terrae aequalia non sunt, quippe cum Sol octies maior Terra sit, umbrae Terrae *kylindros* esse non potest. Calathus uero est figura ab acuto in latum tendens; unde *kalathoides* dicitur huius figurae umbra. Hoc fit, cuando luminosum corpus minus obscuro <est>, ad hunc modum.

Como los cuerpos del Sol y de la Tierra no son iguales, siendo el Sol ocho veces mayor que la Tierra, la sombra de la Tierra no puede ser un *kylindros*. *Kalathus* es una figura que se vuelve aguda en el tope. Por eso la sombra de esta figura se dice que es *kalathoside* y esto sucede cuando el cuerpo luminoso es menor que el oscuro, de este modo:

Figura umbrae Terrae calathoides esse non potest, quia Sol maior –ut probat Macrobius– est Terra.

Conus uero figura est, a lato in acutum tendens, contrario <in> calatho. Conoides uero umbra dicitur, quae ex lato in acutu tendit; quae fit sit luminosum corpus maius sit obscuro, ut monstrat subiecta descriptio.

La figura de la sombra de la Tierra no puede ser *kalatoide*, porque el Sol es mayor que la Tierra, como demuestra Macrobio.[6]

El cono es una figura que tiene un ángulo agudo en el vértice y un *kalathus* de la parte opuesta. Esta forma se dice que es a manera de cono, porque tiende hacia una punta; esto sucede cuando el cuerpo luminoso es mayor que el oscuro, como se muestra en la figura siguiente:

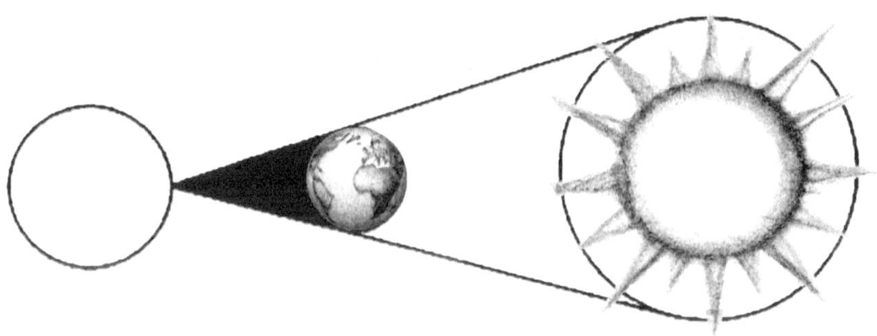

Ergo quia Solare corpus maius est Terrae, umbra illius est conoides. Cum ergo Sol et Luna, ut paediximus, sunt disposita, conus umbrae terrae recto modo ad Lunam tendit, eamque inficit, nec radios a Sole accipit, donec conum umbrae <Terrae> transierit. Sin autem quintadecima Luna non sint sic disposita, sed alterum sit aliquantulum

Por lo tanto, como el cuerpo del Sol es mayor que la Tierra, su sombra es cónica. Cuando el Sol y la Luna están dispuestos como hemos dicho, el cono de la sombra de la Tierra tiende a la Luna en forma recta, y la afecta de modo que no recibe los rayos del Sol hasta que la Tierra se mueva. Pero si en la decimoquinta Luna no es esta la disposición, sino que

---

[6] *Comm. in Somn. Scip.* I 16. 10; I 10. 32.

uersus septemtrionem, alterum uersus austrum, conus umbrae non recto modo ad Luna dirigitur, nec aem inficit, sed iuxta illam est ad hunc modum.

uno está algo hacia el septentrión y el otro un poco hacia el austro, el cono de la sombra no se dirige en forma recta hacia la Luna, y no la afecta, sino que pasa junto a ella, de este modo:

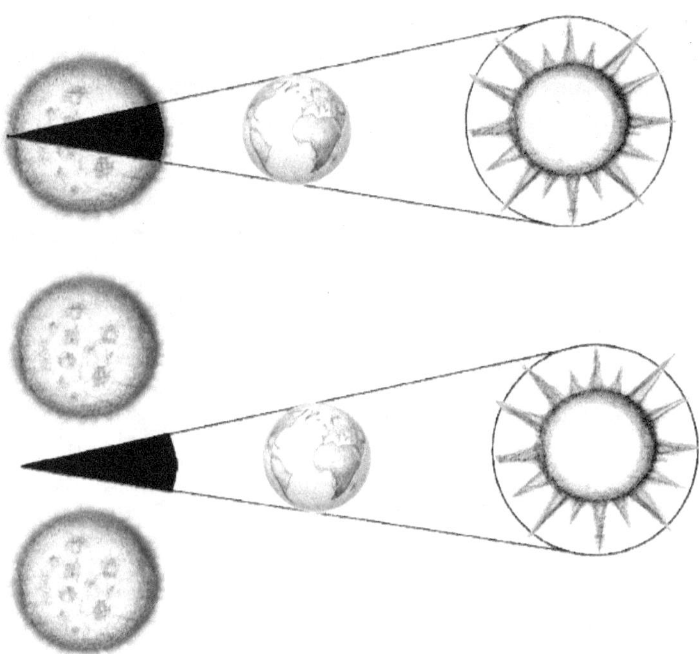

Viso unde eclipsis Lunæ contingat, et quare non in singulis mensibus de umbra, quæ semper in medio eius uidetur, quid nobis inde uideatur dicamus. Cum Luna frigida et humida sit, quamuis a Sole illuminetur, aliquid naturalis obscuritatis in aliqua parte retinet, quæ ibi semper apparet.

Habiendo visto cómo se produce el eclipse de Luna, y por qué no todos los meses, hablemos de la sombra que siempre se ve en medio de ella. Siendo la Luna fría y húmeda, aunque esté iluminada por el Sol, siempre mantiene alguna parte en la que naturalmente aparece algo de oscuridad.

<Aliter: Quamvis corpus Lunæ naturaliter sit obscurum, tamen in quibusdam partibus suis est tunsum et politum ad modum speculi, in quibusdam scabrosum et rubiginosum. Ubi igitur politum est, ex radiis Solis splendet; sed ubi scabrosum, naturalem obscuritatem retinet>.

De otro modo: así como el cuerpo de la Luna es naturalmente oscuro, sin embargo, en algunas partes es límpido y suave como un espejo; en otras, rugoso y oscuro. Donde es suave, brilla por los rayos del Sol, pero donde es rugoso, mantiene su oscuridad natural.

LIBER TERTIUS

PROLOGUS

1.

Etsi studiis docendi occupati, parum spatii ad scribendum habeamus, quoniam – tamen multos uestes Philosophiæ abscindentes et, cum panniculis arreptis, totam sibi eam cessisse credentes, abisse cognoscimus – uoce ipsius reclamantis excitati ne nuda remaneat, particulas abscisas stilo nostræ paruitatis consuimus: non ignari morsibus inuidiæ nos subiacere, quia hodie est periculum et nosse et habere.

Sed quoniam, ut ait quidam,

Iustius inuidia nihil est,
quæ protinus ipsum auctorem
rodit excrucians animum.

Et Horatius:

inuidia Siculi
non inuenere tyranni maius
tormentum.

LIBRO TERCERO

PREFACIO

1.

Si bien, ocupados por tareas docentes, nos queda poco tiempo para escribir, puesto que hemos sabido que muchos, rasgando la vestidura de la filosofía, y habiendo tomado la pluma creyeron tomarla en propiedad para sí, movidos por su mismo clamor, para que no permanezca desnuda, hemos reparado las partes descosidas con la pluma de nuestra pequeñez, no ignorando que nos sometemos a los mordiscos de la envidia y conociendo el peligro que esto es para nosotros.

Pero, como alguien dijo:

"Nada más justo que la envidia,
que rectamente corroe al mismo
autor, mortificando su ánimo".[1]

Y Horacio:

"Los tiranos de Sicilia
no encontraron mayor tormento
que la envidia".[2]

---

[1] *Anth. Lat.*, 485.

[2] Hor. *Ep.* I 2, 58-59.

De tormento illorum certi (etsi de multis morsibus uenenatorum non dubitantes), quasi Catonem per æstum Libiæ, ueritatem sectantes, rationibus diuersis – ut linguis philosophorum – muniti, ad sequentia transeamus. Et – quoniam de æthere et ornatu eiusdem quæ nobis uisa sunt nostro proposito congrua docuimus – de ære illi coniuncto et subdito doceamus, quæ et unde in illo contingant ostendentes.

Estando seguros del tormento de ellos y no dudando recibir muchos mordiscos venenosos, como si fuéramos seguidores de los Catones en la calurosa soledad de Libia, buscamos la verdad, armados con diversos argumentos –las doctrinas de los filósofos–, pasemos a lo siguiente. Y como ya hemos enseñado apropiadamente lo que nos propusimos y nos pareció bien acerca del éter y su ornamentación, pasemos ahora a exponer acerca del aire que le está unido y sujeto.

I. DE ÆRE

I. EL AIRE

2.

Aer igitur est a Luna usque ad Terram, qui quanto est Terræ propinquior, tanto humidior et spissior, quanto remotior, siccior et splendidior. Hic cum sit suppositus Soli, ex eo calorem et lucem accipit. Sed quoniam Sol terminos torridæ zonæ numquam excedit – illam partem aeris ex uicinitate accendit; remotas uero, expertes sui caloris, relinquit fiuntque ex uicinitate terræ et aquæ frigidæ. Positæ uero in medio, ex utraque intemperie hinc et illinc temperantur.

2.

El aire se encuentra desde la Luna hasta la Tierra, y cuanto más cerca de la tierra es más húmedo y espeso y cuanto más remoto, es más seco y resplandeciente. Estando bajo el Sol recibe su calor y su luz. Pero como el Sol nunca sobrepasa los límites de la zona tórrida, con su vecindad enciende más esa parte del aire y a la parte más alejada la deja sin que experimente su calor y es fría por la proximidad de la tierra y del agua congelada. Las partes que están en el medio se equilibran por un lado y por el otro.

3.

Sunt ergo in aere quinque diuersitates, quæ ab antiquis quinque *zonæ* dictæ sunt. Non, ut quidam æstimant, super Lunam: ibi nempe omnia sunt immutabilia, quia illic nulla est contrarietas.

3.

Hay en el aire cinco diversidades, llamadas "zonas" por los antiguos; no están, como estiman algunos, sobre la Luna. Pues allí todas las cosas son inmutables, dado que no hay allí ninguna

Cum enim ibi sit æther, qui ignis dicitur corporaque stellarum ignea, unde in aliqua parte erit frigus? Sed scio istos ex uerbis philosophorum errasse, qui quinque zonas in cœlo esse pronuntiant, ut Virgilius: «quinque tenent cœlum zonæ».

Contra hoc geminam habemus defensionem. Prima est quod aer sæpe uocatur *cœlum*, unde dicitur *aues cœli*. Secunda est quod quinque partibus aeris quinque partes ætheris superpositæ sunt, uocaturque pars ætheris nomine partis aeris sibi suppositæ. Diciturque pars superposita frigidæ *frigida*, quamuis in ea nullum sit frigus; pars superposita torridæ *torrida*, non quia in æthere aliquis sit feruor caloris. Est enim ignis superior ita subtilis, quod accendere aliquid non potest, donec humido se misceat et spisso. Istæ eadem diuersitates ex aere superposito in Terra sunt: qualitas quippe aeris Terram subiectam inficit. Sunt ergo quinque zonæ in aere, quinque in Terra. De aere ergo nostræ habitabili superposito disseramus, ostendentes quæ in eo et unde sint diuersitates, a pluuia – quæ est omni tempori communis – incipiamus.

contrariedad. Estando allí el éter, que es llamado fuego, y siendo ígneos los cuerpos de las estrellas, ¿dónde podría haber frío en alguna parte? Pero sé que estos han errado por las palabras de los filósofos, que enseñan que en el cielo hay cinco zonas, como dice Virgilio: "Las cinco zonas ocupan el cielo".[3]

Contra esto tenemos doble defensa. La primera es que el aire a menudo es llamado "cielo", y así se habla de las aves del cielo. La segunda es que las cinco partes del aire tienen superpuestas cinco partes del éter, y cada parte del éter recibe el nombre de la parte del aire que le está sujeta; la parte superpuesta a la fría se llama "fría", aunque en ella no haga frío. Y la parte superpuesta a la tórrida, se llama "tórrida", no porque en el éter se sienta calor. El fuego superior es tan sutil, que nada puede ascender hasta mezclare con algo húmedo y espeso. Estas mismas diversidades del aire superpuesto están en la tierra. La cualidad del aire afecta a la tierra que le está sujeta. Hay, por lo tanto, cinco zonas en el aire y cinco en la tierra. Hablemos del aire superpuesto a nuestra zona habitable, mostrando qué hay en él y de dónde proceda, y comencemos por la diversidad de la lluvia que es común a toda nuestra zona templada.

---

[3]   *Georg.* I, 233.

II. DE PLUVIIS

4.

Pluuiarum ergo diuersæ sunt causæ. Aliquando namque spissus fumus euaporat et humidus, qui dum ascendit minutissimæ guttæ se inuoluunt, quæ grossiores et graues factæ cadunt, fitque pluuia. Aliquando uero aer ex frigiditate terræ et aquæ spissatur, transitque in aqueam substantiam, quæ calore Solis (ut glacies ab igne) dissoluta1 cadit per minutas particulas. Aliquando uero ad nutrimentum sui caloris Solem attrahere humorem contingit, et quod in illo liquidius est in igneam transit substantiam, quod uero grauius deorsum cadit. Unde post acutissimum calorem uidemus contingere pluuiæ inundationem.

5.

Habet autem quæstionem: cum proprium sit ignis tendere sursum, unde est quod radii Solis et calor ad Terram tendunt? Ad quod dicimus quod Sol est igneæ naturæ, non quia ex solo igne constet, sed quia in eo dominatur.

Prædocuimus enim corpora stellarum ex quattuor elementis esse facta, dominante tamen igne. Cum ergo Sol ex quattuor constet elementis, quamuis igne dominante, quod in eo ex aqua et terra est ad simile (idest ad aquam et terram) tendit. Sed quia

II. LAS LLUVIAS

4.

Son diversas las causas de las lluvias. A veces se evapora un humo espeso y húmedo; cuando asciende se convierte en gotas pequeñísimas, que luego se hacen más gruesa y pesadas y caen, produciéndose la lluvia. Otras veces el aire se espesa por la frigidez de la tierra y el agua y se transforma en una sustancia acuosa que es secada por el calor del Sol, como lo es el hielo por el fuego, y cae en forma de partículas muy menudas. Y sucede otras veces que para nutrir su color ese humor, atrae al Sol, y lo que es líquido en él se transforma en una sustancia ígnea, y lo que es más pesado se precipita hacia abajo y cuando el calor es muy intenso vemos que ocurre una inundación por la lluvia.

5.

Pero queda una pregunta. Siendo propio del fuego tender hacia arriba, ¿por qué los rayos del Sol y el calor tienden hacia la tierra? A lo que decimos que el Sol es de naturaleza ígnea, no porque conste solo de fuego, sino porque en él predomina.

Ya expusimos que los cuerpos de las estrellas están hechos de cuatro elementos, con predominio del fuego; como el Sol está hecho de los cuatro elementos, aunque el fuego sea el dominante, lo que hay en él de tierra y de agua, tiende a sus semejantes, es decir a la tierra y el agua.

a caloris fonte procedit, secum defert aliquid caloris, quo terra et aqua calefiunt.

6.

Et quoniam est natura caloris ascendere, calor, qui prædicto modo descenderat, reuertendo secum aliquid humoris eleuat, quod ebulliendo in sui substantiam transmutat. Si ergo proprie uolumus loqui, dicamus quod Sol sursum humorem eleuat, non attrahit. Ideoque *fons* dicitur *caloris*, quia sic subdita calefacit, <ignis vero superior non>. Cum enim sit elementum non ex elementis factum, nihil est in eo quod ad inferiora descendat. Inde uero est quod pars aeris et terræ Soli subdita est feruida, remotæ autem frigidæ, etsi sint ætheri subiectæ.

7.

Sed dicet aliquis: «Nonne ignis, ubicumque est, calidus est?». Cui dicimus: non nisi humido et spisso mixtus. Quamuis ergo super Lunam sit ignis, non est ibi feruor; deficit enim humida et spissa materia qua accendatur ignis, neque frigus neque obscuritas, sed unus et continuus splendor, neque aliqua mutabilitas. Sed dicent quod Aristoteles ait: «Impossibile est ignem non calere». Dicimus Aristotelem ibi locutum esse de hoc inferiori igne, qui

Pero como procede de una fuente de calor lleva consigo algo de calor, con el cual se calientan la tierra y el agua.

6.

Pero como procede de una fuente de calor lleva consigo algo de calor, con el cual se calientan la tierra y el agua y como la naturaleza del Sol es ascender, el calor que descendió de ese modo, al regresar lleva consigo algo de humor, que, al bullir, lo transmite en sustancia de sí mismo. Si podemos hablar con propiedad digamos que el Sol hace subir al humor y no que lo atrae. Por eso se dice que es "fuente de calor" y calienta lo que le está sujeto, pero no el fuego superior. No estando compuesto con elementos, no hay nada en él que descienda a los lugares inferiores. Por eso toda parte del aire y la tierra sujeta al Sol es calurosa. La alejada es fría, aunque esté sujeta al éter.

7.

Pero dirá alguno: "¿Acaso el fuego, dondequiera que esté, no es caliente?". A este le respondemos: No, si no está unido con algo húmedo y espeso. Aunque por encima de la Luna haya fuego, no hay allí calor, porque falta una materia húmeda y espesa con la que se encienda el fuego. Y no hay frío ni oscuridad sino solamente un único resplandor continuo sin mutación alguna. Pero alguien citará lo que dice Aristóteles: "Es imposible que el fuego no caliente". A este le respondemos

semper alicui spissæ materiæ mixtus, numquam calere desinit; uel dicamus quod dicit ignem semper calere non actualiter, sed naturaliter.

que Aristóteles allí hablaba del fuego inferior, que siempre está unido con una materia espesa y nunca deja de calentar. Decimos que el fuego no calienta actualmente sino de manera natural.

8.

Quarta causa pluuiarum est uentus eleuans humorem de stagnis, fluuiis et lacubus. Inde est quod ranunculi et pisces a multis uisi sunt de aere cadere. Cum enim, ut prædiximus, aqua a uento subtollatur, contingit quod ranunculos et pisces secum eleuat, quibus ex naturali grauedine descendentibus, stupent ignorantes. Nullum ergo tempus anni immune est a pluuia. In omni namque uel fumus humidus euaporat, uel aer ex frigiditate spissatur, uel humor calore uel uento eleuatur.

La cuarta causa de las lluvias es porque el viento eleva la humedad de las lagunas, ríos y lagos. Es por eso por lo que muchos han visto caer desde el aire a pequeñas ranas y peces. Pues, como dijimos, que el agua es levantada por el viento, ocurre que eleva consigo las ranitas y los peces, y estos, descendiendo por su peso natural asombran a los ignorantes. No hay ninguna estación del año inmune a la lluvia. Pues en todas se evapora un humo húmedo y se espesa el aire con el frío, o bien se eleva la humedad con el calor o el viento.

9.

Hæc pluuia quandoque plus solito spissata, ex nimio calore incensa, fit ad modum sanguinis rubea et spissa: quod uidentes physicam ignorantes1 dicunt sanguinem pluere. Inde uerisimile est dictum esse quod ante finem huius sæculi guttæ sanguinis cadent, quia – cum debeat ex ustione finiri, ut testatur Scriptura, quæ dicit «Ignis in conspectu eius exardescet»; et alia: «Qui uenturus est iudicare uiuos et mortuos et sæculum per ignem» – aquæ ex calore

Esta lluvia es a veces más espesa de lo normal, y, encendida por un calor extraordinario se vuelve, como si fuera sangre, roja y gruesa. Viendo esto, e ignorando la causa que puedan conocer los filósofos, dicen que llueve sangre. Por eso es verosímil lo que se dijo, que, para el fin de este mundo, van a caer gotas de sangre, ya que debe terminar por combustión, como atestigua la Escritura, que dice: "Y el fuego arderá en su presencia".[4] Y en otra parte: "Quien vendrá a juzgar a los vivos y a

---

[4]   Ps. 49, 3.

in nubibus suspensæ ex feruore spissabuntur et incensæ rubeæque factæ ad similitudinem sanguinis cadent.

los muertos y al siglo por el fuego".[5] Las aguas, expandidas en forma de nubes por el calor, espesadas por la intensidad del ardor y encendidas y puestas de color rojo, caerán como si fueran de sangre.

III. DE ARCU CÆLI

III. EL ARCOÍRIS

10.

Et quoniam in pluuioso tempore arcus discolor in nubibus apparet, unde existat et unde tot in eo appareant colores doceamus. Cum, ut prædiximus, calor Solis humorem eleuet, uel fumus humidus euaporat, aqua in nube ut in uitreo uase ex splendore Solis relucet, et ubi est tenuior et calidior, rubeum ostendit colorem; ubi spissior, purpureum uel nigrum. Inde est quod arcus ille numquam nisi in opposita parte Soli relucet. Aer enim uicinus Soliex eius splendore ita irradiatur, quod diuersi in eo colores apparent. Visis ergo causis pluuiarum et arcus cælestis, de grandinibus disseramus.

10.

Y cuando en tiempo lluvioso aparece un arco de colores en las nubes, expliquemos por qué existe y por qué aparecen tantos colores. Dado que, como dijimos anteriormente, el calor del Sol hace subir la humedad, o el vapor húmedo se evapora, las aguas en la nube relucen el esplendor del sol, como en un vaso de vidrio, y donde es más tenue y caliente, muestra el color rojo, y donde es más espeso, un color purpúreo o negro. Por lo cual ese arco nunca reluce como en la parte opuesta del Sol. Así el aire es irradiado por el esplendor del Sol, y aparecen en él colores diversos. Examinadas las causas de las lluvias y del arco del cielo, expongamos acerca del granizo.

IV. UNDE GRANDO

IV. LA CAUSA DEL GRANIZO

11.

Cum igitur prædicto modo humor eleuetur, contingit sæpe esse in superioribus uentum frigidum et siccum, qui, guttas aquæ ex frigiditate congelans, transmutat

11.

Cuando la humedad se eleva en el modo antedicho, ocurre a menudo que se produce en la parte superior un viento frío y seco, que con el frío congela las gotas de

---

[5] Act. 10, 42; II *Tim.*, 4, 1; *cf.* Infra III, 14.

eas in lapideam substantiam; et quia guttæ aquæ rotundæ sunt (quod potest probari per rotunda foramina, quæ agunt in lapide assiduitate cadendi), grando rotunda descendit. Niues uero fiunt si prædictæ guttæ, antequam grossæ sint spissatæque, congelantur.

agua y las convierte en una sustancia pétrea; y como las gotas son redondas, lo que puede probarse por los agujeros redondeados que produce en el suelo pétreo, por la continuidad de la caída de ese granizo redondo.[6] Las nieves son las gotas mencionadas, que se congelan en forma espesa, antes de convertirse en pétreas.

V. UNDE NIX

V. LA CAUSA DE LA NIEVE

12.

Hic subicient: «Cum in Æstate sæpe grando contingat, quare in eadem circa inferiora montium numquam niues contingunt?». Contra hoc dicimus in Æstate humorem ex calore altius eleuari, eleuandoque guttas inuolui, quæ grossiores factæ, frigoreque congelatæ, grandinem gignunt. In Hieme uero, quia frigus circa terram est, guttas aquæ antequam grossæ factæ sint, ex frigiditate temporis constringi, et in niuem transmutari1. In Æstate uero, quia frigus circa terram non est, donec in altum eleuatæ grossæ et spissæ fiant, non congelantur. Numquam ergo nix est in Æstate, etsi in ea sæpe sint grandines.

12.

Esto insinuarán: "Habiendo granizo a menudo en verano, ¿por qué nunca hay nieve en la parte inferior de las montañas?". Contra esto decimos: en el verano el humor se eleva por el calor, y al elevarse se convierte en gotas, que se hacen gruesas, se congelan por el frío y originan el granizo. Pero en el invierno, como el frío está cerca de la tierra, las gotas de agua, antes de ponerse gruesas, por el frío se encogen y se transforman en nieve. En el verano, como el frío no está cerca de la tierra, hasta que suben a lo alto, se ponen gruesas y espesas, sin congelarse. Por lo tanto, nunca en el verano hay nieves, aunque haya granizos.

---

[6]   De allí el verso: *La gota horada la piedra no por su fuerza sino por caer a menudo.*

VI. DE TONITRUIS ET FULMINIBUS

13.

De tonitruis uero et fulminibus unde et qualiter contingant, disseramus. Fumo igitur humido, ut prædiximus, ad superiora ascendente, cum ad summum aeris peruenerit, ex præponderatione humoris mouetur summitas aeris, cuius particulæ ad modum undarum aquæ sibi occurentes fragorem tonitrui faciunt. Ex motu uero aer calefactus, transit in igneam substantiam, fitque coruscatio: quæ quamuis cum fragore fit, citius tamen ad nos peruenit, quia uisus uelocior est auditu.

Cum ergo fit prædictus partium ex fumo humido spissato occursus, generatur impetus, qui si ascendit sursum, est fragor sine fulmine. Sin autem impetus ille deorsum tendat, tamen tantus non fit, quod usque ad obstaculum peruenerit, nondum est fulmen. Cum uero ad obstaculum peruenit, obstantia findit.

Sed – quia proprius est motus aeris tendere sursum, nulla materia exire uetante – reuertitur sparsosque recolligit ignes. Si uero in hac inferiori parte aeris multus sit humor, aer existens in illo impetu igniri non potest, fitque fulmen findens, non urens. Sin autem ibi non sit humor, ex motu et siccitate ignescit fitque fulmen urens.

VI. LOS TRUENOS Y LOS RAYOS

13.

Hablemos de por qué y cómo ocurren los truenos y los rayos. El vapor, como hemos dicho, tendiendo hacia las alturas, cuando llega a la parte superior del aire, por el peso del humor, mueve al aire. Y sus partículas, al modo de olas que chocan, producen ruido. Con el movimiento del aire caliente resulta una sustancia ígnea, y se produce un relámpago; este se produce con ruido, pero llega antes a nosotros porque la vista es más rápida que el oído.

Como hemos dicho, en diversas partes se producen espesamientos del vapor húmedo que asciende, y con su ímpetu produce un fragor sin que haya relámpago. Pero si ese ímpetu tiende hacia abajo, sin ser, sin embargo, tan grande como para llegar hasta un obstáculo, no se produce el relámpago, Pero si encuentra un obstáculo, escinde lo que se le opone.

Pero como es propio del movimiento del aire tender hacia arriba, sin que ninguna materia le impida pasar, *recoge los fuegos dispersos*. Pero si en esta parte inferior del aire hay mucha humedad, el aire en ese ímpetu no puede encenderse, y se forma el rayo que corta y no resplandece. Pero si no encuentra humedad, por el movimiento y la sequedad se enciende y se forma un rayo ardiente.

14.

Est ergo fulmen pars aeris collisione aliqua usque ad obstaculum cum impetu ueniens. Tonitruum uero est partium aeris sibi cum impetu occurrentium sonus; coruscatio uero est pars aeris ex impetu ignita et splendens. Non est ergo fulmen lapidea substantia, ut quidam asserunt. Si enim lapidea esset substantia, non huc et illuc discurreret, nec sursumreuerteretur, et – cum aliquem feriret – carnem et ossa comminueret. Ideo fulmen sæpius alta sternit, quia cum ab alto obliquando descendit, citius alta repetit.

15.

Sed quia quorundam est sententia quædam fulmina esse lapideam substantiam, ne ex ignorantia uel inuidia uideamur eam uituperasse, uel tacuisse, breuiter eam exponemus. Aiunt quod cum fumus humidus ad superna ascendit, cum eo eleuatur aliquid terrenæ substantiæ, quod ex calore Solis in lapideam spissatur substantiam, contineturque in concauitate nubis, donec impetu aliquo nubes diuiditur: unde lapis ille impulsus altum aliquod percutit.

16.

Hic subiciet aliquis: «Cum in omni tempore anni fumus humidus, ut prædiximus, ascendat, quare in omni non

14.

El rayo es parte del aire que entre choques marcha hasta encontrar un cierto obstáculo donde impacta. Los truenos son el sonido de las partes del aire que se entrechocan. El relámpago es parte del aire encendida y reluciente por ese ímpetu. No es, entonces, el rayo una sustancia pétrea, como algunos afirman. Si fuese una sustancia pétrea no se dispersaría por aquí y por allí ni retornaría hacía arriba, y al tocar alguna carne destruiría hasta los huesos. El rayo impacta más comúnmente sobre las cosas altas, porque, al caer oblicuamente desde lo alto, encuentra primero lo más alto.

15.

Pero como la opinión de algunos es que el rayo es una sustancia pétrea, para que no parezca que la rechazamos por ignorancia o envidia, y callamos sobre ella, vamos, brevemente, a exponer algo. Dicen estos que cuando el vapor húmedo asciende a las partes altas, se eleva con él algo de sustancia terrena, que por el calor del Sol se convierte en una sustancia pétrea, y es contenido en la concavidad de una nube, hasta que por un cierto ímpetu la nube se parte, por lo cual esa piedra es arrojada y produce un golpe contra algo.

16.

Alguno sugerirá aquí: "En todo tiempo del año sube, como ya dijimos el vapor húmedo, ¿por qué no hay en todo tiempo

contingunt fulmina et tonitrua?». Cui dicimus: etsi ex fumo humido ascendente habeant fieri, non fiunt tamen inde, donec ad summum aeris peruenerint, quod per simile maris potest probari. Cum enim mare ex fumo terræ ascendente in fundo commoueatur ex spissitudine, tamen non potest huc et illuc impelli; sed cum usque ad summum commotio illa peruenerit, huc et illuc undæ impelluntur, fitque tempestas. Quod uero a fundo tempestas maris incipiat, ex hoc potest probari quod phocas undas agitantes ante tempestatem uidemus. Ut enim ait Plinius: «Naturæ sunt dormitoriæ inque fundo maris dormiunt». Fumo tamen, ut prædiximus, fundum maris commouente, excitati ad summum ascendunt: quod uidentes nautæ, experimento certi, etsi de physica incerti, tempestatem futuram prædicunt, quippe iam incepit tempestas in fundo.

17.

Simile uero est in aere. Dum enim aeris inferiores partes obtinet fumus, ex spissitudine non potest huc et illuc impellere aera; sed cum ad summum peruenit, huc et illuc ex labilitate eum impellit, fiuntque tonitrua et fulmina. In Hieme uero, etsi aer spissus sit, non est tantus calor, quod spissus fumus usque ad summum possit erigi, nec etiam in Vere.

rayos y truenos?". A este le decimos: Se originan por el aire húmedo ascendente, pero no ocurren hasta que llegue a lo más alto del aire, lo que puede probarse por una semejanza con el mar. Cuando el mar, por el vapor ascendente, se conmueve en el fondo, por su espesura no puede ser empujado de un lado a otro. Pero cuando la conmoción llega hasta lo más alto, las olas se chocan entre sí y se produce una tempestad. Que la tempestad empieza en el fondo puede probarse por esto, porque vemos a las focas que agitan las olas antes de la tempestad. Por eso dice Plinio: "Son navegantes dormidas, que duermen en el fondo del mar".[7] Cuando el vapor, como dijimos, conmueve el fondo del mar, se excitan y suben a la superficie, y cuando los marinos ven esto, con seguridad por su experiencia, aunque desconocedores de la razón física, predicen la tempestad futura, pues ya ha comenzado la tempestad en el fondo.

17.

Lo mismo sucede en el aire. Mientras el vapor está en las partes inferiores del aire, por su espesura no puede mover el aire de una a otra parte. Pero cuando llega a lo más alto, siendo liviano, lo mueve de aquí para allá, y se producen truenos y rayos. En el invierno, aunque el aire es espeso, no hace tanto calor, y el vapor espeso no puede subir hasta lo

---

[7] Plin. *Nat. hist.* IX, 19.

Remanens uero in inferiori parte aeris, uentos et pluuias gignit. In Æstate uero, cuius est maximus feruor, usque ad summum eleuatur fitque partium aeris diuersa incursio: unde contingunt fulmina et tonitrua. In Autumno uero, quia est frigidus et siccus, neque est humor qui eleuetur, neque calor quo eleuetur.

VII. DE EO QUOD STELLÆ VIDENTUR CADERE

18.

In eodem aere uidentur stellæ, nulla cadente, aliquando cadere. Cum enim igneæ sint naturæ, et proprius locus stellarum sit æther, numquam ad terram descendunt. Iterum cum maximæ sint, etsi ex remotione paruæ uideantur, si aliqua ex illis caderet, totam Terram uel maximam partem eiusdem occuparet. Non ergo cadunt, sed cadere uidentur. Sæpe etenim in superioribus partibus aeris est uentus et commotio, etsi non sit in inferioribus, ex ea commotione aer ignitus et splendens per aera discurrit; qui cum iuxta aliquam stellam splendere incipit, splendore suo uisum illius stellæ nobis aufert, uideturque quod stella illa occiderit. Sed dicet aliquis: «Unde est ergo quod postea stellam ipsam non uidemus?». Huic dicimus stellam eandem a nobis postea uideri, sed eam esse nesciri. Cum enim, ut prædiximus, aer ignitus decurrat, aer spissior et inde tardior subsequitur, qui inter nos et stellam illam interpositus, uisus eiusdem

más alto del aire ni en primavera. Permaneciendo en la parte inferior del aire, origina vientos y lluvias. En el verano, cuando el calor es máximo y se eleva, incursiona por diversas partes del aire; así se producen rayos y truenos. En otoño, que es frío y seco, no hay vapor que se eleve ni calor para elevarlo.

VII. ACERCA DE LAS ESTRELLAS QUE SE VEN CAER

18.

En el mismo aire no se ven caer estrellas, aunque alguna cae. Siendo de naturaleza ígnea y teniendo por lugar propio al éter, nunca caen a la Tierra. Además, son muy grandes, aunque parezcan pequeñas por la distancia; si alguna cayera ocuparía toda la Tierra o su mayor parte. Por lo tanto, no caen, sino que parecen caer. A menudo en la parte superior del aire hay viento y conmoción, aunque no en la parte inferior; por esa conmoción hay un aire encendido y resplandeciente que recorre ese espacio. Al comenzar a brillar fuera de alguna estrella, con su resplandor nos quita la visión de esa estrella, que nos parece que hubiera caído. Y dirá alguno: "¿Por qué no vemos esa estrella?". A esto respondemos: Esa estrella puede verse, pero no sabemos que está. Ya dijimos que se mueve un aire encendido, y continúa un aire más espeso y más lento, que se interpone entre nosotros y esa estrella, y nos impide

nobis aufert; sed antequam transeat et stella illa, appareat firmamentum, quod semper ad occasum tendit, stellam illam ad ulteriora secum detulit, cumque apparet, quia in alio loco quam ante esset uidetur, alia stella reputatur.

VIII. DE COMETA

19.

De cometa uero, quæ in mutatione imperii apparet, hoc sentimus: quod stella non est, quia nec de infixis est neque aliquis planeta. Quod uero de infixis non est, ex hoc apparet, quod motus illius sentitur. Planeta uero non est, cum extra Zodiacum sæpe uidetur, nec motum planetarum sequitur. Si iterum stella esset, in aliquo esset hemisphærio. Cum igitur stellæ eiusdem hemisphærii apparent, unde ista quæ maior uidetur, non apparet? Non est ergo stella, sed ignis, iuxta uoluntatem Creatoris, ad aliquid designandum, accensus.

IX. DE SITU AQUÆ ET REFLUXIONIBUS OCEANI

20.

Quoniam de aere et eis quæ in eo contingunt pro affectata breuitate transcurrimus, de aqua et situ eiusdem dicere incipiamus.

Sapientia igitur diuina sine calore et humore nihil posse uiuere præsciens, terram uero et aquam frigidas

su vista. Pero antes de que pase y esa estrella aparezca, el firmamento, que se dirige al ocaso, ya se llevó consigo esa estrella Cuando aparece está en un lugar distinto del que estaba, y se considera que es otra estrella.

VIII. EL COMETA

19.

Acerca del cometa que apareció en la mutación del Imperio, pensamos que no se trata de una estrella, porque no es ni una estrella fija ni un planeta. Que no es una estrella fija es claro porque se lo ve moverse. Y no es un planeta porque se lo ve a menudo fuera del zodíaco y no sigue el movimiento de los planetas. Si fuese una estrella, estaría en algún hemisferio. Cuando aparecen las estrellas de un mismo hemisferio, ¿por qué esta, que es más grande, no aparece? Por lo tanto, no es una estrella, sino un fuego, según la voluntad del Creador, encendido para sellar algo.

IX. EL LUGAR DE LAS AGUAS Y LA EXTENSIÓN DEL OCÉANO

20.

Como ya hemos tratado, aunque brevemente, acerca del aire y las cosas que en él ocurren, comencemos a hablar sobre el agua y su sitio.

Porque la sabiduría divina, sabiendo de antemano que nada puede vivir sin calor y humedad y que la tierra y el

esse – ut in ea aliquid uiuere posset – fontem totius caloris (idest Solem), ut æqualiter hinc et illinc Terram calefaceret, super medium Terræ posuit. Sed – quia ex solo calore nihil uiuere posset – in medio eiusdem fonti caloris fontem humoris supposuit, ex quibus hinc et illinc terra temperatur. Est ergo fons humoris in medio torridæ zonæ in modum æquinoctialis circuli Terram circumdans. Qui ideo a pluribus esse non creditur, quia propter nimium feruorem ad ipsum non peruenitur: a physicis tamen prædicta necessitate esse creditur uerumque *mare* appellatur.

21.

Hoc uero mare, cum usque ad Occidentem uenerit, duas refluxiones ibi agit: quarum una ad Austrum, alia ad Septemtrionem uergitur, latera Terræ sequentes. Similiter in Oriente duas facit, ad prædicta se uergentes. Cum uero hæc Occidentalis refluxio et illa Orientalis ad Septemtriones se uergentes sibimet occurrunt, ex repercussione ingurgitatur mare retro, fitque famosa accessio et recessio Oceani, quæ *fluctus maris* dicitur. Similiter aliæ duæ in alio capite Terræ sibi occurrentes. Sunt alii qui dicunt fluctus maris montes subditos mari causam esse. Cum enim usque ad ipsos mare peruenit, retro cadit et ingurgitatur, impleturque retro alueus, sed ante expletur; cum iterum

agua son frías, para que en ella pudiera vivir algo, puso sobre el medio de la Tierra al Sol, fuente de todo calor, para que calentara la Tierra igualmente de todos lados. Pero como nada puede vivir por el solo calor, puso en medio de la fuente de calor una fuente de humedad, para que con ellos se templara equilibradamente la Tierra. Hay, pues, una fuente de humedad en medio de la zona tórrida, rodeando a la Tierra en medio del círculo equinoccial, y muchos no creen que esto sea así, porque debido al mucho calor no se llega a él. Los físicos, por la necesidad mencionada, creen que existe y lo llaman "mar".

21.

Este mar, habiendo llegado hasta occidente, tiene allí dos extensiones, una de las cuales está orientada al sur y la otra al norte, siguiendo los costados de la tierra. Igualmente, hacia el Oriente, tiene dos extensiones en la misma forma antedicha. La extensión occidental y la oriental, rodeando ambos lados, se encuentran entre sí. Y, con el encuentro, el mar se agita hacia atrás: y así se produce el conocido acceso y receso del mar que recibe el nombre de flujo y reflujo. Igualmente hay otras dos extensiones que se encuentran en la cabeza. Hay otros que dicen que los flujos del mar son causados por montes que le están sujetos. Cuando llegan al mar caen y son tragados y su cavidad vuelve a llenarse después de haberse

reuertitur, expletur retro, sed impletur ante. Prædicta Occidentalis refluxio ad Septemtrionem uergens.

22.

Cum iuxta latera Terræ, tangens Africam usque ad finem eius peruenerit, inter Calpem et Atlanta usque iuxta Hierusalem <ingurgitatur>, *Mediterraneumque* mare uocatur, diuersa a diuersis regionibus nomina accipiens. Qualiter uero ascendat et descendat, si quis scire desiderat, et quæ nomina ex quibus regionibus contrahat, mappam mundi consulat. Sed quia facilius illabitur animo oculis subiecta descriptio, id quod dicimus oculis subiciamus:

23.

Praedicta Oxidentalis refluxio ad Septemtrionem se uergens, ex Atlante monte adiacente, Atlanteum vocatur, infra quae est Anglia et aliae uicinae insulae. Ex Orientale refluxione ad Septemtrionem uergente nascitur Inducum mare. Similiter in aliis refluxionibus ad Austrum ad uergentibus, credendum est diuersa maria nasci. Sed hoc nostra attestatione describi non debuit, quia propter torridam interiectam situs illarum nobis incognitus perseuerat.

vaciado. Si se vacía antes, luego el agua vuelve, y vuelve a vaciarse y antes se lleva la mencionada extensión occidental, dirigiéndose hacia el norte.

22.

Cuando siguiendo el costado de la tierra que toca el África, llega a su fin, entre Calpes y Atlantis, hasta Jerusalén, se llama Mediterráneo, recibiendo diversos nombres desde diversas regiones. Si alguno desea saber cómo es que asciende y desciende, y qué nombres recibe en cada región, consulte el mapamundi. Pero para que lo que dijimos quede más claro en el ánimo pongamos esa descripción ante los ojos:

23.

La extensión occidental que se dirige al norte, se llama mar Atlántico, por el Monte Atlante adyacente, debajo del cual está Inglaterra y las islas vecinas. De la extensión oriental que se dirige al norte, nace el mar Índico. Igualmente, de las otras extensiones, que se dirigen al sur, hay que creer que nacen otros mares. Pero esto no debe describirse con nuestro testimonio, porque debido a la zona tórrida interpuesta, su sitio continúa desconocido para nosotros.

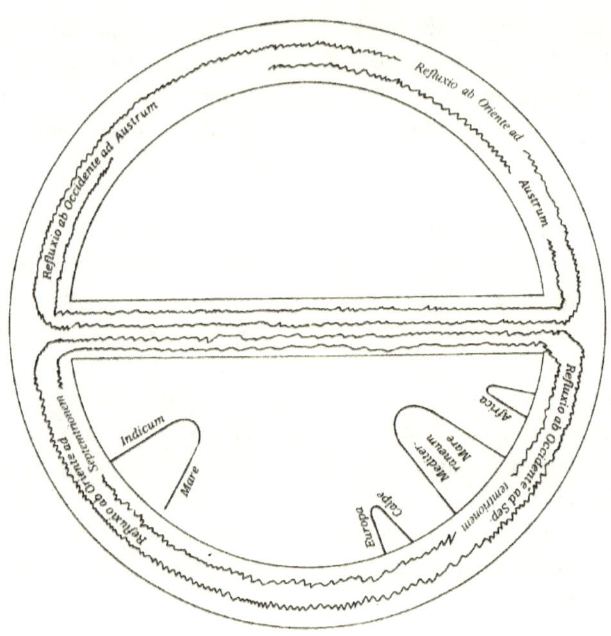

<table>
<tr><td>

X. DE ORTU VENTORUM

24.

**Et quia nostra sententia est ex illis reflu-
xionibus uentos nasci, de ortu illorum
disseramus, tam cardinalium quam co-
llateralium. Cum igitur, ut prædiximus,
in Occidente ex illo fonte totius humo-
ris duæ refluxiones, una ad Austrum,
alia ad Septemtrionem diuidantur, in
illa separatione aquarum mouetur aer.
Sed si tantus fuerit impulsus, quod us-
que ad nos peruenerit, generat uentum
qui *Zephyrus* uocatur; duæ uero Orien-
tales sua diuisione et motu generant uen-
tum Orientalem, qui *Eurus* nominatur.**

</td><td>

X. EL NACIMIENTO DE LOS VIENTOS

24.

Y como nuestra opinión es que de esas
extensiones nacen los vientos, hablemos
de ellos, tanto de los cardinales como de
los colaterales, pues, como dijimos, en oc-
cidente, desde esta fuente de toda la hu-
medad, se separan dos extensiones, una
al sur y otra al norte, y en esta separación
de las aguas el aire se mueve. Si el impul-
so es tan grande como para llegar hasta
nosotros, genera un viento que se llama
Céfiro. Las extensiones orientales, con su
división, generan un viento que se llama
Euro. Cuando la oriental y la occidental

</td></tr>
</table>

Cum uero Orientalis et Occidentalis ad Septemtrionem uergentes in medio sibi occurrunt, mouetur aer, fitque uentus Septemtrionalis qui *Boreas* dicitur, qui ideo frigidus est, quia in frigida zona oritur; siccus uero, quia nubes de hoc angulo Terræ ad medium fugat. Estque inde pluuiosus iuxta fines torridæ zonæ. Cum uero transit torridam zonam, calefit; etsi nobis sit frigidus, ibi tamen est calidus.

25.

Similiter cum duæ uergentes ad Austrum in medio sibi occurrunt, generatur *Auster*, qui etsi ultra torridam zonam frigidus et siccus, ut apud nos Boreas, quippe cum in frigida zona oriatur, quia tamen transit per torridam <zonam>, calefactus ad nos peruenit calidus, fugandoque ante se nubes <usque> ad angulum Terræ in quo habitamus generat nobis pluuias. Estque nobis ex accidente calidus et humidus, etsi in sua origine frigidus et siccus.

26.

Viso unde quattuor cardinales uenti oriantur, uideamus unde sint quattuor collaterales. Si in duabus prædictis refluxionibus ad Septemtrionem uergentibus, Boreamque prædicto modo generantibus, hoc contingat, quod Orientalis ex aliquo accidente sit uelocior, ultra medium Septemtrionis

convergen hacia el norte, al encontrarse en el medio, se origina un movimiento de aire y surge un viento norte que se llama Bóreas, que es frío, porque nace en una zona fría. Es seco, porque aparta las nubes desde este ángulo de la Tierra hacia el medio y lluvioso hasta los confines de la zona tórrida. Cuando atraviesa la zona tórrida se calienta, aunque para nosotros sea frío; allí, sin embargo, es cálido.

25.

Igualmente, cuando se encuentran las dos corrientes que convergen hacia el sur, chocan en el medio y se genera el Austro que, aunque más allá de la zona tórrida es seco y frío, al igual que entre nosotros el Bóreas, como se origina en una zona fría, dado que, sin embargo, pasa por la zona tórrida, se ha calentado y llega caliente hasta nosotros, empujando las nubes delante de sí, hasta el ángulo de la Tierra en el que habitamos, generando lluvias para nosotros, y accidentalmente es cálido y húmedo para nosotros, aunque en su origen hubiera sido frío y seco.

26.

Habiendo visto dónde se originan los vientos cardinales, veamos también de dónde proceden los colaterales. Si en las dos extensiones que convergen hacia el norte, sucede que generan el Bóreas de la manera que se dijo, y que el oriental, accidentalmente, sea más veloz, llegando más allá del medio norte y oeste, nace

Occidentali occurrat, nasciturque uentus collateralis inter Boream et Zephyrum. Si uero Occidentalis ultra medium, Orientali occurrit, fit uentus collateralis inter Boream et Eurum. Similiter si aliæ duæ refluxiones ultra medium, modo hinc, modo illinc, sibi occurrant, duos collaterales uentos generant, unum inter Eurum et Austrum, alterum inter Austrum et Zephyrum. Sed quia oculis subiciendo figuram minuemus laborem, unam similem præcedenti faciamus, in qua non in medio refluxiones sibi occurrant (ut in prima) ut ex illa cardinales, ex hac collaterales intelligamus. Sed, quia non in una figura plus quam duos potuimus ostendere, per simile istarum de aliis intelligatur.

un viento colateral, entre el Bóreas y el Céfiro. Pero si el occidental llega más allá del medio del septentrional y del oriental, se produce un viento colateral entre el Bóreas y el Euro. Igualmente si otras dos extensiones más allá del medio, sea más aquí sea más allá, se encuentran, generan otros dos vientos colaterales: uno entre el Euro, y el otro entre el Austro y el Céfiro. Pero como poniendo una figura ante los ojos, aliviaremos el trabajo, presentemos una semejante a la anterior, en la cual las extensiones no se encuentren en el medio. Para que en la primera entendamos los cardinales y en esta los colaterales. Pero como en una sola figura no podemos mostrar más de dos, entiéndanse los otros por semejanza de esta.

27.

Quæritur: si ex prædictis causis contingant uenti, cum cotidie refluxiones diuidantur sibique occurrant (quod testantur cotidiani fluctus maris), quare cotidie uentus non contingant? Cui dicimus quod, etsi cotidie contingant, non tantum impetum faciunt, quod usque ad nos perueniant. Sæpe uero contingit quod non putamus uentum esse in aliis regionibus uel in superioribus aeris partibus, tamen sit: non tamen a nobis sentitur.

27.

Se puede preguntar: Si los vientos suceden por las causas mencionadas, puesto que las extensiones se separan diariamente, como lo atestiguan las mareas cotidianas, ¿por qué no hay vientos todos los días? A esto respondemos que, si los hay todos los días, no tienen un ímpetu que llegue hasta nosotros. Sucede que a menudo pensamos que no hay viento, mientras que, en otras regiones, o en las partes superiores del aire está soplando, aunque nosotros no lo sentimos.

28.

Sunt qui dicunt cauernas Terræ esse causas uentorum. Cum enim eas subintrant

28.

Hay quienes dicen que las cavernas de la tierra son la causa de los vientos. En

partes aeris ex labilitate, una intrante, alia nititur exire fitque conflictus, quo aer commotus generat uentum. Inde est, quod Æolia, quæ cauernosa est, *regio uentorum* dicitur. Alii dicunt fumum humidum ascendentem ex præponderatione sua aera mouere, uentumque generare. Nos uero et primum et secundum et tertium causam esse dicimus.

XI. UNDE QUÆDAM AQUA SIT DULCIS, QUÆDAM SALSA

29.

Postquam de fonte totius humoris, et ortu uentorum docuimus, unde aqua salsa sit doceamus. Naturaliter ergo sapor aquæ insipidus est (unde naturale flegma est insipidum): ex accidente tamen fit salsa. Cuius ratio talis est: cum mare, ut prædiximus, torridæ zonæ sit suppositum, ex calore spissatur fitque salsum. Certum nempe est per ebullitionem aquam transire in salem. Sed dicet aliquis: cum ex hoc principio salso omnes aquæ nascantur, et ad idem reuertantur – testante Salomone, qui ait: «Ad loca unde exeunt, aquæ reuertuntur» neque enim credendum est aquas adnihilari, sed circulariter reuerti. Unde est quod quædam aquæ sunt dulces, quædam salsæ.

ellas, cuando una parte quiere entrar y otra quiere salir, se produce un conflicto y, por la levedad de esas partes, la conmoción del aire genera el viento. Por eso Eolia, que es cavernosa, se dice que es la región de los vientos. Otros dicen que hay un vapor húmedo que asciende y con su volumen mueve el aire y produce el viento.

XI. POR QUÉ CIERTA AGUA ES DULCE Y CIERTA AGUA ES SALADA

29.

Por nuestra parte, en primero, segundo y tercer lugar ya hemos enseñado la causa de los vientos. Expliquemos por qué hay agua salada. El sabor natural del agua es insípido, porque la flema es insípida, pero accidentalmente se vuelve salada. La razón es esta: estando el mar, como dijimos, bajo la zona tórrida, con el calor se espesa y se vuelve salado. Es cosa cierta que por ebullición el agua se hace sal. Dirá alguno: Como las aguas nacen de este principio salado y vuelven a él, como dice Salomón: "Las aguas vuelven al lugar de donde salieron".[8] No debe creerse que las aguas se aniquilan, sino que regresan en forma circular. He aquí por qué algunas aguas son dulces y otras saladas.

---

[8] Ec. 1, 7.

30.

Huius hæc est solutio: cum Terra cauernosa sit, aqua ex labilitate sua subintrat, quæ per cataractas transiens, colatur et tenuatur, salsumque amittit saporem, quæ ad Terræ superficiem erumpens, fontes et inde diuersos riuulos dulcis saporis gignit.

30.

La solución es esta: siendo la tierra cavernosa, el agua, por su levedad, la penetra y al pasar por sus intersticios se cuela y se hace más tenue, perdiendo el sabor salado, y, saliendo a la superficie de la tierra, genera fuentes y ríos de sabor dulce.

XII. DE PUTEIS

XII. LOS POZOS

31.

Sed de puteis, unde habeant humorem dissensio est. Si enim a cataractis, ut fontes, haberent principium, implerentur et decurrerent. Contra quod dicimus: etsi a cataractis habeant principium, non implentur tamen <putei>. Contingit enim cataractam ibi non finiri, sed hinc et illinc esse. Unde ultra transit aqua putei, sed non sursum ebullit. Ubi uero est fons, finita est cataracta. Inde aqua propter spissitudinem terræ non ualens ultra defluere, cogitur sursum ebullire.

Sunt alii qui dicunt non esse ex cataractis principium putei, sed ex sudoribus terræ. Cum enim terra aliquid humoris contineat, si perforata est, descendunt guttæ aquæ ad modum sudoris hominis; inde est aqua putei.

31.

Hay una discusión acerca de la procedencia de la humedad en los pozos. Si las fuentes tuvieran principio en las filtraciones, ¿se llenarían y correrían? Contra esto decimos que, aunque tengan principio en las filtraciones, sin embargo, no se llenan. Sucede que una filtración no termina allí, sino que aparece aquí y allá. Por eso se filtra el agua del pozo y no surge hacia arriba. Donde hay una fuente, termina la filtración. El agua, por el espesor de la tierra, no puede fluir más allá y se ve obligada a surgir.

Hay quienes dicen que los pozos no tienen principio en las filtraciones sino en sudoraciones de la tierra. Como la tierra contiene algo de humedad, si se la perfora, descienden gotas de agua al modo del sudor del ser humano, y de allí procede el agua del pozo.

32.

Nobis uero uidetur ex utroque esse causam putei; quod enim ex cataractis sint,

32.

A nosotros nos parece que es por ambas causas. Que proceda de filtraciones se

ex hoc comprobatur, quod iuxta flumina statim reperitur aqua putei, et quod contingit sæpe uno puteo post alterum facto, aquam de primo auferri. Quod uero ex sudore Terræ sint, probatur per hoc: quod in siccis et editis locis aqua putei reperitur.

33.

Quod uero aqua fontis et putei in Hieme sit calida, in Æstate frigida, sic contingit: cum Hiems naturaliter sit frigida, ex frigiditate pori terræ constringuntur, nec potest calor euaporare, qui, remanens intus, terram calefacit et aquam. In Æstate uero, poris superficiei terræ ex calore apertis, fumus euaporat, minuiturque calor, inde aqua abintus erumpens exit frigida.

Est ergo aqua putei in Æstate frigidissima, aqua uero fontis, quia propinquior est calido aeri, minus frigida, minus adhuc aqua fluuiorum, minus pluuiarum. Sic ergo dulcis aqua colando per cataractas terræ fit, sed aquæ illæ quæ ex prædicto humoris fonte exeunt per superficiem terræ, non per cataractas, spissæ sunt et salsæ, *mariaque* uocantur.

XIII. DE EXUSTIONE ET DILUVIO

34.

Et quoniam communis fuit philosophorum sententia, terrena modo diluuio,

prueba porque cerca de los ríos siempre se encuentra inmediatamente agua de un pozo, y lo que sucede a menudo con uno, si se hace otro, este toma agua del primero. Que procedan del sudor de la tierra se prueba porque en lugares secos y áridos se encuentra agua de pozo.

33.

Que el agua de un pozo o una fuente sea cálida en invierno sucede porque, dado que el invierno es naturalmente frío, y por el frío se cierran los poros de la tierra, el calor no puede evaporarse y, permaneciendo en la tierra, la calienta y también al agua. Pero en el verano los poros de la tierra se abren y por ellos se escapa el vapor y el calor disminuye; por eso el agua que surge desde adentro es fría.

Por eso el agua del pozo en verano es muy fría, pero el agua de la fuente, como está más cercana al aire cálido, es menos fría y, menos aún lo es el agua de los ríos y también lo es menos el agua de las lluvias. O sea que el agua dulce se produce por las filtraciones de la tierra. Pero aquellas aguas, de cuya humedad se originan las fuentes, por la superficie de la tierra y no por filtraciones, son espesas y saladas y se llaman mares.

XIII. UNA QUEMAZÓN Y UN DILUVIO

34.

Es opinión común de los filósofos que los espacios de la tierra a veces sufren

modo exustione finiri, unde utrumque contingat uideamus. Cum aqua, ut praediximus, fonti caloris sit supposita, contingit humorem paulisper crescere caloremque superare, donec ad id creuerit, quod nullis litoribus detentus, per terras se diffundens, terrena submergit. Qui cum ex calore Solis et siccitate Terrae desiccatus sit, contingit calorem paulisper crescere, humoremque superare, donec ad id creuerit, quod per terras diffusus eas adurat.

35.

Sunt qui dicunt ex communi eleuatione planetarum uel depressione ea contingere. Si enim omnes planetae simul eleuentur, plus solito a Terra remoti, minus de humore consumunt. Unde humor crescens per terras se diffundit fitque diluuium. Sed si unus uel duo, uel tres, eleuentur sine aliis, non tantum humor excrescit. Quod enim crescit ex istorum eleuatione, desiccatur ex aliorum propinquitate. Si enim omnes simul deprimantur, ex uicinitate adurunt terras, fitque exustio. Sed si duae uel tres, sine aliis deprimantur, non fit exustio; quia, quod istae ex propinquitate magis faciunt, aliae remotae faciunt minus. Et attendendum quod diluuium aliud *commune*, aliud *particulare*: *commune* uero continuum post aliud esse non potest, sed proprium potest, sicque alternatim pereunt temporalia. Unde – quia in tempore Noae

quemazones y a veces diluvios; veamos cómo se originan estos. Estando el agua, como dijimos, bajo la fuente de calor, sucede que la humedad va creciendo paulatinamente y supera el calor hasta que llega al punto en que, sin ser contenida por las costas, se expande por la tierra, y cubre sus espacios. Cuando por el calor del Sol la sequedad de la Tierra termine por desecarse, el calor comienza paulatinamente a crecer superando lo húmedo y se difunde por la tierra y la quema.

35.

Hay quienes dicen que esto sucede por la elevación y depresión común de los planetas. Si todos los planetas se elevaran juntamente desde la Tierra, estando lejos, asumirían menos humedad para sí; por eso la humedad al acrecer se difunde sobre la tierra y se produce un diluvio. Pero si los que se elevan son uno, dos o tres, sin los otros, sin embargo, no crece. Lo que crece por la elevación de estos, se deseca por la vecindad de los otros. Así, por su vecindad, todos hacen arder la tierra y se produce una quemazón, pero si lo hacen dos o tres, sin los demás planetas, no hay quemazón: lo que más producen estos por su vecindad, producen tanto menos los que están remotos. Debe prestarse atención a que puede haber un diluvio general o diluvios particulares. Un diluvio común no puede ser continuo y uno particular, sí. De este modo las realidades temporales perecen

per diluuium mundi fuit destructio –
per exustionem mundus iste finietur.

alternativamente. Así como la destrucción del mundo ocurrió por un diluvio en tiempos de Noé, el mundo va a terminar por un incendio general.

XIV. DE LUNATIONE

XIV. LA LUNACIÓN

36.

Sed – quoniam in fine huius uoluminis de mari habitus est tractatus – unde in primis septem diebus lunationis fluctus illius decrescant, in aliis septem crescant, in tertia septimana decrescant, in quarta crescant, uideamus.

Cum igitur interlunium est, quia totus splendor Solis qui eam accendit est super aera, subditum non potest tenuare neque humorem desiccare; est ergo tunc plenus fluctus. Sed cum splendor incipit descendere, accenditur Luna, desiccatque aera, minuitque humorem; quantoque plus descendit splendor, desiccatur humor, et hoc usque ad septimum diem. Septima die quia tota medietate accensa est, mediante aere calefacit humorem, qui bulliens sursum eleuatur; et sic usque ad decimamquartam diem crescit fluctus. Sed, quia in tertia hebdomada calor eleuans in ea minuitur, fluctus maris minoratur. In quarta uero, quia splendore ascendente calor deficit, spissatur aer, humorque crescit, et inde fluctus maris usque ad nouilunium.

36.

Como en el fin de este volumen se trata sobre las cosas relativas al mar, veamos por qué en los primeros siete días de la lunación decrezcan las mareas y en los otros siete crezcan, y decrezcan en la tercera semana, creciendo en la cuarta.

Cuando es el período del interlunio, en que el aire que está bajo él no puede atenuar en todo el esplendor del Sol que lo enciende, ni tampoco secar su humedad, hay entonces una marea plena. Pero cuando el esplendor comienza a descender, se seca la humedad, hasta el séptimo día. En el séptimo día, como todo lo intermedio está encendido, la humedad se calienta, por medio del aire. Surge hacia arriba en ebullición y así crece la marea hasta el día decimocuarto. Pero como en la tercera semana disminuye el calor que tiende hacia arriba, la marea se demora. En la cuarta, como disminuye el calor del esplendor que asciende, se espesa el aire y crece la humedad y así hay mareas hasta el novilunio.

LIBER QUARTUS

1.

Uperiorum uoluminum series a prima causa rerum orta usque ad Terram defluxit, pruritum aurium non continens, sed utilitati legentium deseruiens, atque ideo animis stultorum minus sedens. Iam enim illud Apostoli impletum est: «Erit cum sanam doctrinam non sustinebunt, sed ad desideria sua coaceruabunt sibi magistros, prurientes auribus».

2.

Quæ igitur studii reliqua libertas sperari potest, cum magistros discipulorum palpones, discipulos magistrorum iudices, legemque loquendi et tacendi imponentes, cognoscamus? In paucis enim magistri frontem, sed adulantis uultum et uocem percipies; etsi sit aliquis qui magistri seueritatem sequatur, ut insanus a meretricibus scolarum fugitur, crudelisque et

LIBRO CUARTO

PREFACIO

1.

La serie de los volúmenes anteriores, a partir de la causa primera, se extendió hasta la Tierra, sin causar prurito a los oídos, sino que, antes bien, sirviendo a la utilidad de los lectores, y por lo tanto sin atender a los deseos de los necios. Así se cumplió aquello del Apóstol: "Porque vendrá tiempo cuando no sufrirán la sana doctrina, sino que, teniendo comezón de oír, se amontonarán maestros conforme a sus propias concupiscencias".[1]

2.

¿Qué libertad de estudio puede esperarse cuando vemos a maestros aduladores de los discípulos y a discípulos como jueces de sus maestros, imponiendo la ley de lo que debe decirse o callarse? Si advierten el gesto y el rostro adulador del maestro, aunque alguno, si obedece la severidad del maestro, es tratado como lo es por las meretrices un maestro de escuela demente, a quien

---

[1] II *Tim.*, IV, 3.

inhumanus uocatur, ut iam uerbis Umbricii possit uti:

*atque ideo nulli comes ex eo
tamquam mancus et extinctæ
corpus non utile dextræ.*

Unde ergo deberent diligi, fugiuntur magistri, secundum illud Ouidii:

*Per quas nos petitis, sæpe
fugatis opes.*

3.

Sed quoniam probi est animum ad peiora non flectere, sed melioribus conformare, remoto animo a peioribus, conformatoque melioribus, ad cetera transeamus; et, quia de aliis elementis et ornatu illorum sectantes compendia diximus, de Terra et eius ornatu dicere incipiamus.

I. DE TERRA EIUSQUE QUALITATIBUS

4.

Est ergo Terra elementum in medio mundi positum, atque ideo infimum. In omni enim sphærico, solum medium est infimum.

Mundus nempe ad similitudinem oui est dispositus. Namque Terra est in medio, ut meditullium in ouo; circa

llaman cruel e inhumano. Y podrían usarse las palabras de Umbricio:

"soy tratado como un inútil
manco que ha perdido el uso
de su diestra".[2]

Y en lugar de ser amados, los maestros son echados, según aquello de Ovidio:

"La riqueza que os atrae en nosotros,
a menudo la rechazáis".[3]

3.

Pero como es propio de un ánimo probo no ceder ante lo menor sino conformarse a lo mejor, pasemos a lo demás. Y como ya hemos hablado sintéticamente de los otros elementos, su ornamentación y complementos, comencemos a discurrir sobre la Tierra y su ornamentación.

I. LA TIERRA Y SUS CUALIDADES

4.

La Tierra es un elemento situado en medio del mundo y, por lo tanto, ínfimo. En todo cuerpo esférico, entonces, únicamente el centro es ínfimo.

Pues el mundo está compuesto a la manera de un huevo. La Tierra está en el centro, como la yema en el huevo. Sobre

---

[2] Juv. *Sat.*, III 47-48.

[3] Ovid. *Ars.* III, 147.

hanc est aqua, ut circa meditullium albumen; circa aquam est aer, ut panniculus continens albumen. Extra uero cetera concludens est ignis, ad modum testæ oui.

5.

Hæc Terra sic in medio mundi posita, et inde omnia recipiens pondera: etsi naturaliter sit frigida et sicca, in diuersis tamen suis partibus ex accidente diuersas continet qualitates. Pars etenim illius torridæ parti aeris subiecta, ex feruore Solis torrida est, et inhabitabilis; sed duo eiusdem capita duabus frigidis partibus aeris subdita, frigida sunt et inhabitabilia. Pars uero temperatæ parti aeris subiecta, temperata est et habitabilis. Sed quia duæ, ut prædiximus, partes illius sunt temperatæ, duæ in Terra sunt temperatæ, et habitationis patientes: una citra torridam zonam, altera ultra; sed quamuis sint habitabiles, unam tamen tantum ab hominibus inhabitari credimus, nec totam. Sed quia philosophi de habitatoribus utriusque – non quia ibi sint, sed quia ibi esse possunt – loquuntur, de illis quos non credimus esse propter intellectum lectionis philosophicæ dicamus.

ella está el agua, como sobre la yema está la albúmina. Sobre el agua está el aire, como la cobertura de la albúmina. Por fuera y encerrando todo, está el fuego, como la cáscara del huevo.

5.

Esta tierra, puesta así en medio del mundo, recibiendo por lo tanto todos los pesos, aunque naturalmente sea fría y seca, sin embargo, en sus diversas partes, contiene accidentalmente distintas cualidades. Su parte de la zona tórrida, sujeta a esa misma parte del aire, por el calor del Sol, es tórrida e inhabitable. Y sus dos cabezas, sujetas a las partes frías del aire, son frías e inhabitables. En cambio, la parte sujeta a la parte templada del aire es templada y habitable. Así como dos partes, como ya hemos dicho, son destempladas e inhabitables; las otras dos, templadas y permiten ser habitadas. Una, fuera de la zona tórrida y la otra, del otro lado; pero, aunque ambas sean habitables, creemos que solo una está habitada y no por completo. Los filósofos hablan de las dos como habitadas, no porque lo estén sino porque pueden estarlo y como no creemos que lo estén, digamos algo sobre la interpretación de la lectura de los filósofos.

II. DE HABITATORIBUS TERRÆ

6.

Pars igitur Terræ habitabilis, in qua sumus, in duo diuiditur. Cum enim temperies aeris ex omni parte Terræ sit, ex omni parte Terræ quædam pars temperata est et habitabilis. Sed quoniam refluxiones Oceani latera Terræ iuxta qualitatem horizontis cingunt, in duo illam diuidunt. Cuius superiorem inhabitamus partem, antipodes uero nostri inferiorem; nullus tamen nostrum ad illos, neque illorum ad nos peruenire potest. Ex parte enim Septemtrionis frigus et refluxiones transitum prohibent, ex parte uero Orientis et Occidentis solæ refluxiones. Similiter alia habitabilis in duo diuiditur: superius quorum obtinentnostri antœci, et antipodes illoruminferius.

7.

Sunt ergo in duobus habitabilibus quattuor habitationes, quarum habitatores alii cum aliis in quibusdam temporibus conueniunt, in quibusdam differunt. Nos enim et nostri antipodes simul habemus Æstatem et Hiemem, et alia anni tempora; sed quando habemus diem, illi noctem, et e conuerso. Si enim ex propinquitate Solis est Æstas, ex remotione Hiems, ex mediocri distantia Ver et Autumnus. Signa uero æqualiter nobis et illis distant – quippe Terram seruantia suum naturalem

II. LOS HABITANTES DE LA TIERRA

6.

La parte de la zona habitable en la que estamos se divide en dos. Siendo la condición del aire la misma para la tierra, cierta parte de esta es templada y habitable. Pero como las aguas del océano rodean los costados de la tierra según la cualidad del horizonte, la dividen en dos. Nosotros habitamos la parte superior y nuestros antípodas, la inferior. Nadie, sin embargo, puede llegar desde nosotros a ellos o desde ellos a nosotros. De la parte del norte el frío y las aguas prohíben el tránsito. De la parte de oriente y occidente, el Sol y las aguas. Igualmente, la otra parte habitable se divide en dos: en la parte superior están nuestros *antíoi* y en la parte inferior, sus *antípodoi*.

7.

Hay, pues, en las partes habitables, cuatro grupos de habitantes; unos con otros se encuentran en algunos tiempos y en otros están distantes. Nosotros y nuestros antípodas tenemos simultáneamente el verano y el invierno y las otras estaciones del año. Pero cuando para nosotros es de día para ellos es de noche, y viceversa. Si por la cercanía del Sol es verano y por su lejanía es invierno, por su media distancia es primavera u otoño; los signos están a la misma distancia para ellos y para nosotros, acompañando a la Tierra y ocupando

locum obeuntia – in quocumque signo sit Sol, æqualiter erit nobis et illis, idemque <tempus> efficiet.

su lugar natural, en cualquier signo que esté el Sol será igual para ellos y para nosotros, y tendrá los mismos efectos.

8.

Merito ergo simul habemus anni diuersitates, non tamen simul diem et noctem. Cum enim ex splendore Solis sit dies, ex umbra Terræ nox, umbra uero semper est in parte splendori Solis opposita, cum in superiori parte Terræ est splendor diei, in inferiori est umbra noctis; et cum in superiori est umbra, in inferiori est splendor. Nulla est ergo hora qua in aliqua parte Terræ non sit dies, in aliqua nox.

8.

Con razón, por lo tanto, tenemos diferencias del año, pero no, sin embargo, simultáneamente el día y la noche. Cuando con el resplandor es de día, con la sombra de la Tierra es de noche. La sombra siempre está en la parte opuesta al resplandor del Sol. Cuando en la parte superior de la Tierra está el esplendor del día, en la parte inferior está la sombra de la noche. No hay ninguna hora en la cual, en alguna parte no sea de día, y en otra parte no sea de noche.

9.

Sed quæritur: «Si nos et ipsi habemus simul Æstatem simul Hiemem sed quando nos diem, ipsi noctem (in Æstate uero dies nobis sunt longissimi, breues autem noctes) – habebunt ergo ipsi in sua Æstate dies breues et noctes longas, quod contra naturam est Æstatis?».

Contra hoc dicimus: etsi quando nos habemus diem, ipsi noctem, non tamen quam cito habemus diem, illi noctem; immo in quodam tempore dies nobis et illis est communis, sed alteri in uespere, alteri in mane.

9.

O sea que nosotros y ellos tenemos simultáneamente el verano y el invierno, pero cuando nosotros tenemos el día, ellos tienen la noche. En el verano para nosotros los días son muy largos y las noches breves; ¿tendrán, entonces, ellos en el verano los días breves y las noches largas, lo que no es natural en el verano?

Contra esto decimos: aunque cuando para nosotros es de día para ellos es de noche, nuestro día no llega velozmente como la noche de ellos; sin embargo, en cierta estación el día es común para ellos y nosotros, pero para unos en la tarde y para otros en la mañana.

10.

Cum enim Sol est nobis in ortu, adhuc est in occasu illis habemusque mane et illi uespere, ut circa horam primam nondum eis sit nox. Similiter in occasu, ex quo Sol incipit descendere, incipit illis apparere; et tunc illis mane, nobis uespere. Inde est ergo quod habemus et nos et illi dies æquales et noctes, etsi non simu. Similiter in Hieme. Sed qualiter hoc sit, ingeniis legentium discutiendum permittimus. Nos uero et antœci simul habemus diem et noctem. Sed quando nos Æstatem, illi Hiemem, et e conuerso. Cum enim in eodem hemisphærio simus nos et ipsi, simul habemus splendorem et simul umbram. Sed quia, quando Sol est nobis propinquus, illis est remotus, quando habemus Æstatem, ipsi Hiemem. Quando uero nobis est remotus, illis est propinquus; tunc ergo habemus Hiemem et ipsi Æstatem.

11.

Sed hic oritur quæstio similis priori, ad quam si quis superioribus instructus accesserit, illius solutionem facile inuenerit: nos uero et antipodes antœcorum neque simul Æstatem neque Hiemem, neque diem, neque noctem habemus. Antœci uero et sui antipodes

10.

Cuando el Sol está en el amanecer para nosotros, todavía está para ellos en el ocaso, y así nosotros tenemos la mañana y ellos la tarde, y alrededor de la hora prima todavía no es noche para ellos. Igualmente en el ocaso, cuando el Sol comienza a descender, empieza para ellos a aparecer. Y así eso es para ellos la mañana y para nosotros la tarde. Por eso tenemos nosotros y ellos días y noches iguales, aunque no simultáneamente. En forma semejante en los inviernos. Dejemos a los ingenios de los lectores el discutir cómo sea esto. Pero nosotros y los *antíoi* tenemos días y noches semejantes, pero cuando nosotros tenemos veranos, ellos tienen invierno y viceversa. Cuando en el mismo hemisferio nosotros y ellos tenemos esplendor, y juntamente sombra; cuando para nosotros el Sol está cerca, pare ellos está lejos y nosotros tenemos veranos y ellos, invierno. Cuando, en verdad, está lejano de nosotros, para ellos está cerca; por eso, nosotros tenemos el invierno y ellos, el verano.

11.

Y aquí surge una pregunta semejante a la anterior y si pudo instruirse sobre la anterior fácilmente se encontrará la respuesta a esta. Pero nosotros y los antípodas no tenemos juntamente ni el verano, ni el invierno ni el día ni la noche; pero los *antidikoi* y sus antípodas se comportan como

se habent ut nos et nostri antœci, et nostri antipodes ut nos et sui. Antipodes autem nostri et sui, ut nos et antœci. Et quoniam de tribus habitationibus, et earum habitatoribus satis docuimus, de nostra docere incipiamus.

nosotros y nuestros *antíoi* y nuestros antípodas, como nosotros y los suyos; nuestros antípodas y los suyos, como nosotros y los *antíoi*. Y como ya hemos hablado suficientemente de tres lugares habitables y de sus habitantes, comencemos a hablar de nuestra región.

III. DE TERMINIS ASIAE, AFRICAE ET EUROPAE

III. LOS CONFINES DE ASIA, ÁFRICA Y EUROPA

12.

Nostra igitur habitatio ab Oriente ad Occidentem, a Meridie ad Septemtrionem extenditur. Quae, quamuis temperata dicatur, non aequaliter tamen in omnibus suis partibus temperata est. Pars enim torridae zonae propinquior – ut est Libia, Ethiopia – calida est et sicca; uicina frigidae, frigida est et humida; orientalis uero calida et humida; occidentalis frigida et sicca; aequaliter uero distans, aequaliter est temperata. Huius iterum tres sunt partes principales: Asia, Africa, Europa. Et incipit Asia ab Oriente, extenditurque lateraliter usque ad Septemtrionem, et usque ad torridam zonam, terminaturque Tanai et Nilo, mediam partem habitabilis obtinens. Europa uero et Africa duas alias obtinent. Sunt uero termini Africae, Nilus ex parte Orientis, a Meridie torrida zona, a Septemtrione Mediterraneum mare, ab Occidente Oceani refluxio. Termini uero Europae sunt ab

12.

Nuestro lugar habitable se extiende de oriente a occidente y del sur al norte y aunque se llama templada no es igualmente templada en cada una de sus partes. La parte más cercana a la zona tórrida, como Libia y Etiopía, es cálida y seca; la parte vecina a la zona fría es fría y húmeda. La occidental es fría y seca; la oriental es cálida y húmeda. A la misma distancia, es igualmente templada. Hay tres partes principales de esta zona, Asia, África y Europa; comienza el Asia en oriente y se extiende lateralmente desde el septentrión hasta la zona tórrida y termina en *Tanais* y el *Nilo*, conteniendo la mitad de la parte habitable. Europa y África ocupan las otras dos. Los límites de África son: el *Nilo* en la parte oriental; en el sur, la zona tórrida y en el norte, el mar Mediterráneo; al occidente, también se extienden las aguas del Mediterráneo. Los límites de Europa son: desde el oriente, *Tanais*, hasta el

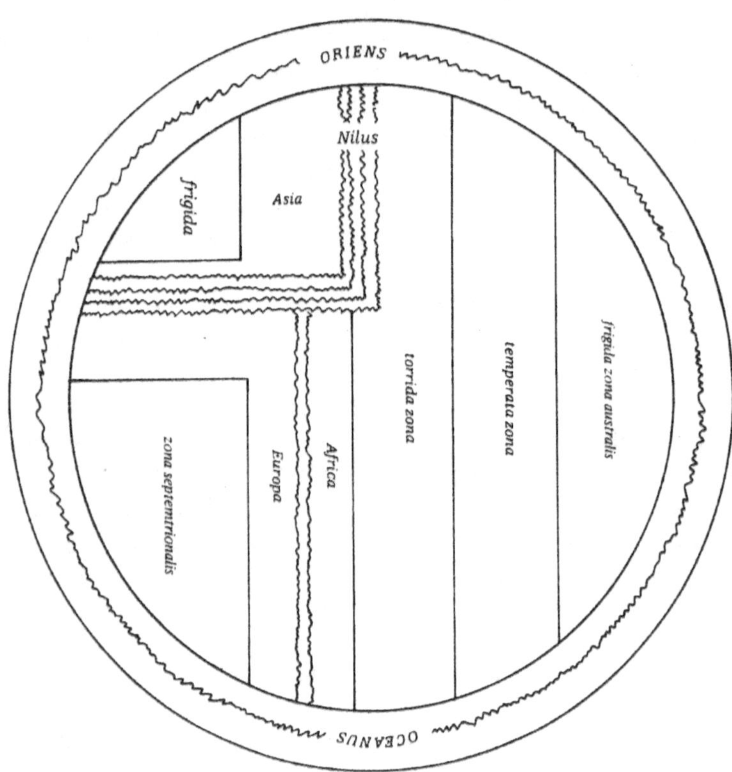

Oriente Tanais, a Meridie Mediterraneum mare, ab Occidente refluxio, a Septemtrione frigida zona, hoc modo:

mar Mediterráneo; en occidente, una extensión de las aguas y en el norte, la zona fría; de este modo:

IV. UNDE IN QUIBUSDAM MONTIBUS PERPETUAE NIVES

IV. POR QUÉ EN ALGUNOS MONTES HAY NIEVES PERPETUAS

13.
In hac iterum sunt montes, in quorum summitatibus sunt perpetuae niues, cum in conuallibus maximus sit calor.

13.
En esta también hay montañas en cuyas cimas hay nieves perpetuas, mientras que en los valles hace mucho calor.

Sed quaeritur: cum calor sit ex Sole et superioribus, montes uero illi propinquiores sunt Soli, quam suae conualles, quare in superioribus illorum sint niues et in conuallibus non? Contra hoc dicimus quod et in superioribus breuiter tetigimus, quod quamuis ex Sole sit calor, qui idem est calidæ naturæ, donec tamen humido, quod in sui naturam transmutet, se commisceat, nihil calefacere potest. Unde in prædictis montibus, quia aer subtilis est ex nimia remotione a terra, a Sole non potest accendi: sed ex sui leuitate huc et illuc impulsus, frigidus efficitur. In conuallibus uero quia aer est spissus, et inde fere immobilis, cito incenditur et calefit; quod per hanc similitudinem probari potest, quod si aer in Æstate sit immobilis, accenditur, et est calidus; sed si uentus ueniat, qui illum moueat, frigidus sentitur.

Hic oritur alia quæstio: si aer in superioribus prædictorum montium ita est subtilis, unde ergo spissatur in nubes et in niues? Nos uero dicimus quod ille non spissatur, sed fumus humidus, qui ex conuallibus ascendit, ex frigiditate superiorum spissatur in nubes, et constringitur in niues.

V. QUAS QUALITATES CONTRAHIT TERRA EX DIVERSIS VENTIS

14.

Hæc eadem habitabilis diuersis uentis exposita, diuersas contrahit qualitates.

Y se pregunta: si el calor viene del Sol y de las partes superiores, y las montañas están más cerca del Sol que los valles, ¿por qué en sus cimas hay nieve y en los valles no? Contra esto decimos lo que ya hemos tocado anteriormente en forma breve; aunque el calor viene del Sol, que también es de naturaleza cálida, sin embargo, hasta que se transmute y mezcle con lo húmedo, no puede dar calor: por eso, en las mencionadas montañas, como el aire es sutil y está muy lejos de la Tierra, no puede ser encendido por el Sol, sino que, impulsado por su levedad de aquí para allá, se torna frío. En los valles, como el aire es espeso, y está casi inmóvil, se enciende y calienta prontamente, lo que se puede probar por la siguiente semejanza. Si el aire está inmóvil se enciende y se calienta, pero si sopla viento y lo mueve, se pone frío.

Y aquí se originará esa pregunta: si el aire, en las cimas de los mencionados montes es sutil, ¿por qué se espesa en las nubes y en las nieves? Nosotros decimos que ese aire no se espesa, sino que el humo húmedo que asciende desde los valles, por el frío de las partes altas, se compacta en nubes y nieves.

V. ¿QUÉ CUALIDADES ADQUIERE LA TIERRA POR LOS DIVERSOS VIENTOS?

14.

Esta misma zona habitable, expuesta a diversos vientos, adquiere distintas

Si enim aliqua pars eiusdem montibus oppositis Orienti, Septemtrioni clausa sit et Occidenti, exposita uero meridiei, est calida et sicca: in Hieme habitationi bona, in Æstate pessima; si uero ex contrario, in Hieme mala, in Æstate bona: pars uero Orienti exposita et aliis clausa, est calida et humida, et inde bona. E contrario frigida et sicca, in Autumno mala, sed in Vere bona. Quod uero de partibus Terræ dicimus, probari potest per fenestras domus. Austrinæ namque in Æstate sunt malæ, in Hieme bonæ; Septemtrionales e contrario. Inde erat quod antiqui triclinia australia et borealia faciebant, ut in australi Hieme, in boreali Æstate discumberent.

cualidades. Si alguna parte de ella tiene montañas interpuestas, hacia el oriente y está cerrada al septentrión y al occidente, y expuesta al sur, es cálida y seca, buena para habitar en invierno y parcialmente en verano. Si, por el contrario, es mala en invierno, es buena en verano. La parte expuesta al oriente está cerrada a los otros lados, es cálida y húmeda y buena en primavera, y de lo contrario, fría y seca. En otoño es mala y en primavera, buena. Lo que dijimos de las partes de la Tierra puede probarse por las ventanas de la casa; las que dan al sur, son malas en el verano y en el invierno buenas; las que dan al norte, lo contrario. Por eso los antiguos preparaban triclinios australes y boreales; para reclinarse en invierno en los australes y en verano en los boreales.

VI. DE INSERTIS ARBORIBUS

VI. ÁRBOLES INJERTADOS

15.

Et quoniam de hoc elemento et partibus eius satis disseruimus, de herbis et fructibus et arboribus consequens est ut dicamus. Sed quoniam Maceret Dioscorides satis de illis et aperte docent, de illis taceamus, unam solam quæstionem cum eius solutione de insertis ponentes, quæ talis est: cum alterius naturæ sit truncus, alterius surculus, causaque crescendi de terra per radices et truncum ascendit, quomodo transeunt in naturam surculi, rami et fructus? Huius talis est solutio: ex terra fumus

15.

Y como de este elemento y de sus partes hemos hablado suficientemente, es lógico que hablemos de las hierbas, de los frutos y de los árboles. Y como Macer y Dioscórides enseñan claramente todo eso, nosotros podemos callar. Vamos a presentar una sola cuestión y con su solución. Es esta: siendo el tronco de una naturaleza y el vástago de otra, ¿cuál es la causa del crecimiento? La causa del crecimiento es el humor que viene de la tierra por las raíces y el tronco, y cuando desciende, perforando las raíces,

calidus et humidus ascendit per poros radicis, secum aliquid terreæ et aqueæ substantiæ trahens, causamque uiuendi, augmentandi, fructusque ferendi per truncum ascendit; truncus – quod suæ naturæ est conueniens – retinet, naturali que calore illud dirigens, in medullam truncum et corticem transmutat: quod uero ad surculum ascendit, surculus similiter in sui naturam digerit.

VII. DE TERRENO ANIMALI

16.

Restat ergo ut de terreno animali dicamus, quod – cum omne sit mortale – quoddam tamen est rationale, quoddam irrationale. Sed – quia irrationabilia infinita sunt, nec lectioni philosophorum multum pertinentia – de naturis illorum et unde quædam ruminent, quædam non, quædam mingunt, quædam non, dicere postponamus, ut de rationali et mortali (idest de homine), quod dignius est, disseramus. Quod, quia ex duobus (scilicet anima et corpore) constat, prius de humano corpore (quod prius nostræ cognitioni occurrit), deinde de anima et eius uirtutibus, doceamus. Sed – quoniam de compositione primi hominis et feminæ, qualiter ex limo terræ homo factus sit, in primo uolumine docuimus – de cotidiana hominis creatione, formatione, natiuitate, ætatibus, membris,

arrastra algo de la sustancia de la tierra y el agua y así le da a la planta la capacidad de vivir, desarrollarse y dar fruto. Este asciende por el tronco y este tronco absorbe lo que le conviene a su naturaleza; naturalmente, con el calor, lo digiere, y lo transforma en médula, tronco y corteza. Lo que asciende por el vástago, este, naturalmente, lo transforma en su naturaleza o lo que le es conveniente.

VII. EL ANIMAL TERRENO

16.

Hablemos algo del tema de los animales. Todos son mortales y alguno es racional. Como los irracionales son infinitos, y esto corresponde en gran parte a la enseñanza de los filósofos, pospongamos la explicación de por qué algunos rumien y otros no, y algunos orinan y otros no. Hablemos sobre el racional y mortal, es decir, el hombre, ya que es más digno; dado que consta de dos partes, es decir, del alma y el cuerpo, hablemos primero del cuerpo humano, de lo que está en nuestro conocimiento y enseñemos después lo referente a las virtudes del alma. Y como ya en el primer volumen hemos hablado de la composición del primer hombre, tanto del varón como de la mujer, de qué manera fue hecho del limo de la tierra, hablemos ahora de la creación cotidiana del hombre, formación, nacimiento,

de officiis et utilitatibus membrorum dicamus.

edades, miembros, oficios y utilidades de sus miembros.

VIII. DE SPERMATE

VIII. EL ESPERMA

17.

Cum igitur ex spermate conceptio hominis fiat, de ipso aliquid dicamus. Sperma ergo est uirile semen, ex pura substantia omnium membrorum compositum. Quod uero ex substantia omnium membrorum illud sit compositum, ex hoc apparet, quod omnia membra inde formantur, naturaque est ut similia ex similibus nascantur. Aliud iterum ad hoc est argumentum: quod si pater in aliquo membro aliquam incurabilem infirmitatem obtineat, ut ciragram uel podagram, filius in eodem membro eandem obtinebit infirmitatem.

17.

Produciéndose la concepción del hombre por el esperma, digamos algo acerca de él. El *esperma* es un semen viril compuesto de una sustancia de todos los miembros. Que esté compuesto de una sustancia de todos los miembros es claro porque todos los miembros se crean desde allí, y es natural que cosas semejantes nazcan de cosas semejantes. Hay otro elemento como argumento para esto, porque si el padre tiene alguna enfermedad incurable en un miembro, el hijo tendrá la misma en el mismo miembro, como la quiragra o la gota.

IX. DE TEMPORE CONVENIENTE COITUI

IX. LA EDAD PARA EL COITO

Et quia de spermate fecimus mentionem, quod in matrice recipitur, de tempore conueniente coitui et de matrice parum dicamus. A quartodecimo anno tempus coitus incipit. Sed quæritur cum ex calore et humore sperma causam contrahat, pueritia uero calida sit et humida, quare in ea coitus non contingat. Cui dicimus quod in illa ætate stricti sunt meatus, huic ad hoc deseruientes, unde sperma exire non potest. In aliis uero aperti sunt, et

Y porque hemos hecho mención del esperma, que es recibido en el útero, hablemos brevemente del mejor momento para el coito y de la vagina. Desde el decimocuarto año comienza el coito. Pero se pregunta: si con calor y humedad, ¿por qué no ocurre el coito en la puericia que es cálida y húmeda? A este le decimos: porque en esa edad los conductos aptos para este fin son estrechos y el esperma no puede salir. Están abiertos y aptos para el coito en otra edad. En la

apti coitui. In senectute uero et senio propter frigiditatem coitus uix contingit. Post comestionem uero ante somnum, molestum est hoc opus. Minuitur enim naturalis calor, qui cibum debet digerere; post somnum uero, quia cibus digestus est in sanguinem, tempus illius est. Quæ uero complexio huic operi conueniat, ex secunda particula quæratur.

ancianidad, por causa del frío, el coito raramente ocurre. Después de la comida y antes del sueño esta tarea es incómoda, porque el calor natural disminuye teniendo que digerir los alimentos. Después del sueño, cuando el alimento ya está digerido y volcado a la sangre, es el tiempo apropiado. Cuál sea el órgano apropiado para esta acción se investigará a continuación.

X. DE MATRICE ET STERILITATE

X. LA MATRIZ Y LA ESTERILIDAD

18.

Matrix uero est cista seminis susceptrix, intus uillosa, ut melius semen recipiat, septem obtinens cellulas, humana figura ut moneta impressas. Inde est quod septem nec umquam plures mulier uno lecto potest parere. Et quia aliquando ex matrice causa sterilitatis contingit, de illa aliquid dicamus. Causa igitur sterilitatis est nimia siccitas, nimia humiditas, nimius calor, nimium frigus. Cum enim sperma ex temperato (idest sanguine) constet, ut inde aliquid sit consimile, requirit. Aliquando uero nimia pinguedo est causa quare nihil concipiatur, ex ea enim os folliculi obstruitur, ne semen intrare possit. Unde Virgilius in *Georgicis* dicit equas in tempore coitus macie esse extenuandas. Deinde subiungit physicam: ne pinguior usus «sulcos oblimet

18.

La matriz es la receptora del semen, pilosa por dentro para contener mejor el semen, con siete células con la figura impresa como en una moneda. Por eso una mujer nunca puede parir más de siete en un mismo lecho. Y como la matriz puede ser a veces causa de esterilidad, digamos algo sobre eso. Por lo tanto, la causa de la esterilidad es excesiva sequedad, excesiva humedad, excesivo calor y excesivo frío. Procediendo el esperma de una mezcla en la sangre, consta que requiere de algo para producir algo semejante. A veces la demasiada gordura es causa de que no se conciba nada; con ella se obstruye la boca del folículo y el semen no puede entrar. Por eso dice Virgilio en las *Geórgicas* que hay que someter a escasa comida a las yeguas en tiempo del coito. Y añade la razón física: "Para que la gordura

inertes»; iterum frequentia coitus eiusdem rei causa est. Delinitur enim matrix intus. Ad modumque marmoris uncti, nihil potest retinere. Si uero in muliere nulla sit causa sterilitatis, ueniatque sperma genituræ conueniens in matricem, clauditur statim matrix, ita – ut ait Ipocras – quod nec etiam acus posset ingeri, factaque est conceptio. Ideo *conueniens genituræ* diximus, quia si nimis sit calidum, uel frigidum, uel siccum, uel humidum, non est aptum genituræ.

XI. DE SPERMATE MULIEBRI ET DE MENSTRUO

19.

Sed quæritur si solum uirile sperma, sine muliebri, genituræ sufficiat. Dicunt quidam illud solum sufficere, cuius rei hæc est probatio, quod sæpe aliquis homo cum aliqua nolente concumbit, eaque flente aliquem gignit, ubi nullum semen mulieris esse potest. Non est enim sine uoluptate seminis emissio. Nos uero dicimus etiam muliebre esse in conceptione, quod per infirmitatem quam puer contrahit in simili membro a matre potest probari. Quod uero dicunt aliqua nolente puerum concipi, dicimus quod – etsi in principio displicet – in fine tamen, ex carnis fragilitate, placet.

no obstruya los surcos".[4] También la frecuencia del coito es causa de esto, pues la matriz queda alisada como mármol untado y no puede retener nada. Pero si no hay en la mujer ninguna causa de esterilidad, y entra en la matriz el esperma adecuado para la generación, esta se cierra inmediatamente de modo que como dice Hipócrates, no puede introducirse ni una aguja y se produce la concepción. Dijimos que debe "ser conveniente para la concepción", porque si es demasiado cálido o seco no es conveniente para esta.

XI. EL ESPERMA FEMENINO Y LA MENSTRUACIÓN

19.

Se pregunta si el solo semen viril, sin el esperma femenino es suficiente para la generación. Algunos dicen que es suficiente y presentan esta prueba: algunas veces un hombre se acuesta con una mujer que no lo desea y se opone con llanto; y alguna vez engendra cuando no puede haber nada de semen femenino, porque no hay emisión de semen sin placer. Nosotros decimos que también hubo semen femenino en la concepción, porque esto puede probarse por la madre dada la debilidad que el niño contrae en ese miembro. Y lo que se dice que alguna vez se concibe un niño sin la voluntad de la mujer, decimos que, aunque al principio

---

[4] *Georg.* III, 136.

a ella le desagrade, sin embargo, al final le agrada por la fragilidad de la concupiscencia de la carne.

20.

Sed quia facta conceptione menstruum solet cessare, unde contingat et quare tunc cesset, edisseramus. Cum mulier omnis naturaliter frigida sit, calidissima quippe frigidissimo uiro frigidior est, cibum bene non potest digerere, remanentque superfluitates quæ per singulos menses purgantur, menstruumque inde uocatur. Conceptione uero facta geminatur calor ex fœtu, unde melius cibus digeritur, nec tantæ superfluitates oriuntur. Iterum quia ex sanguine matris nutritur fœtus, non indiget purgatione. Inde est quod cum cetera animalia, ex quo nata sunt gradiuntur, homo non graditur, quia ex sanguine menstruato in utero nutritur.

Sed unde mulieres post conceptum feruentiores sunt libidine, bruta uero animalia omnino tunc ab ea cessant; unde, cum mulieres frigidiores sint uiris, luxuriosæ magis sunt illis; unde post coitum leprosi mulier non lædatur, accedens uero uir leprosus efficiatur, dicere postposuimus, ne corda religiosorum – si forte hoc nostrum opus in manibus acceperint – diu loquendo de tali re offendamus.

20.

Pero como en la concepción suele haber una cesación menstrual, expliquemos por qué sucede y por qué cese entonces. Como toda mujer es naturalmente frígida, y la más caliente es más fría que el más frío de los varones; no puede digerir bien el alimento y permanece una superfluidad que se purga todos los meses y se llama menstruación. Efectuada la concepción se genera calor desde el feto y así digiere mejor el alimento y no se originan tantas superfluidades como antes. Además, como el feto se nutre de la sangre de la matriz, no necesita purgación. Los demás animales, ni bien nacen, caminan; el hombre no camina porque se nutre en el útero de sangre menstruada.

Pero ¿por qué las mujeres aumentan su libido después de la concepción y los otros animales cesan de ella? Siendo más frígidas que los varones, después de la concepción son más lujuriosas que ellos. La mujer de un leproso, después del coito, no es dañada. Dejemos de lado el hablar acerca de si el varón que accede se pone leproso, para no molestar hablando demasiado de esto los corazones de las personas religiosas, si es que llega a sus manos esta obra nuestra.

XII. UBI CONCIPIATUR MASCULUS, UBI FEMINA

Spermate igitur in matrice locato, oreque eiusdem clauso, si in dextra parte remaneat, quia hepar est in dextra parte matrici uicinum, meliori et calido sanguine fœtus nutritur, masculusque efficitur. Si autem in sinistra, quæ a fonte caloris (idest ab hepate) est remota, femina. Si uero non bene in dextra, sed aliquantulum uersus sinistram, plus tamen uersus dextram, uir effeminatus; si in sinistra, ita quod aliquantulum uersus dextram, mulier uirilis.

XIII. DE OPERATIONIBUS VIRTUTUM IN PUERO

21.

Cum uero in una prædictarum quattuor partium semen locatum est, incipit uirtus digestiua operari, quæ calefaciendo calore matris illud spissat. Sed ex siccitate folliculum intra se continentem conceptum creat, ne aliquæ superfluitates illi se commiscentes illum corrumpant. Hic folliculus cum puero crescit et oritur. Septima die conceptus, ut refert Macrobius, guttæ sanguinis in superficie folliculi incipiunt apparere. Tertia septimana ad ipsum conceptionis humorem

XII. LA CONCEPCIÓN DE UN HOMBRE O DE UNA MUJER

Por lo tanto, colocado el esperma en la matriz, y cerrada su boca, si permanece en la parte derecha, como el hígado está vecino a la parte derecha de la matriz, el feto se nutre con sangre mejor y más cálida y se produce un ser masculino. Pero si se ubica en la parte izquierda, que está más alejada de la fuente de calor, es decir, del hígado, será un ser femenino. Pero si no está bien a la derecha sino algo hacia la izquierda, sin embargo, más hacia la derecha, nacerá un varón afeminado. Pero si en la parte izquierda y algo hacia la derecha, será una mujer viril.

XIII. LAS ACCIONES DE LAS CAPACIDADES EN EL NIÑO

21.

Pero cuando el semen se ha ubicado en una de las cuatro partes mencionadas, comienza a operar la potencia digestiva, que lo va espesando con el calor de la matriz. Por la sequedad crea un folículo que contiene dentro de sí lo que se ha concebido, para que no se mezclen con él algunas superfluidades y lo corrompan; este folículo crece con el niño y nace con él. Al día séptimo de la concepción, como dice Macrobio comienzan a aparecer gotas de sangre en la superficie del folículo. En la tercera semana se introducen en

se demergunt. Quarta in quadam liquida soliditate, uelut inter carnem et sanguinem coagulatur. Quinta uero si puer septimo mense nasci debeat, sin autem in nono septima incipit uirtus formatiua, cuius est officium humanam figuram conferre: hanc sequitur uirtus assimilatiua, cuius est, quod frigidum et siccum est, in frigida et sicca membra (ut sunt ossa) mutare; quod frigidum et humidum, in flegmatica (ut est pulmo); quod calidum et siccum, in colerica (ut est cor); quod calidum et humidum in sanguinea (ut hepar). Deinde sequitur uirtus concauatiua: huius est manus cauare, nares perforare, et cetera. Formatis uero membris, assimilatis et cauatis, incipit fumus humidus per uenas et arterias discurrere, motumque et uitam conferre. Hic motus septuagesimo die a conceptu incipit, si puer septimo mense nasci debeat: si in nono, nonagesimo. Sed quia omnia quæ temporaliter uiuunt, cibo aliquo indigent, sequitur uirtus pascitiua, quæ usque ad mortem extenditur.

XIV. QUALITER PUER PASCATUR IN UTERO. DE SEPTIMESTRIBUS

22.

Sed quæritur quomodo puer in utero pascatur, dicimus quod quibusdam neruis, qui in umbilico sunt, matrici coniungitur, per quos puro sanguine ab

el humor mismo de la concepción; en la cuarta, se espesa con una cierta solidez líquida, entre carne y sangre; en la quinta, si el niño debe nacer en el séptimo mes, y en la séptima, si debe nacer en el noveno, empieza la virtud formativa, cuya tarea es formar la figura humana. A esta le sigue la virtud asimilativa, cuya tarea es lo que es frío y seco mantenerlo frío y seco, como son los huesos; lo que es frío y húmedo, transformarlo en flema, como son los pulmones; lo que es cálido y seco, en cólera, como es el corazón; lo que es cálido y húmedo, en sangre, como es el hígado. Luego sigue la virtud performativa. Su tarea es formar las manos, perforar las narices, etc. Formados los miembros, asimilados y perforados, comienza el vapor húmedo a correr por las venas y las arterias, confiriendo movimiento y vida. Este movimiento comienza en el día septuagésimo desde la concepción, si el niño debe nacer en el séptimo mes, pero si en el octavo, en el nonagésimo. Pero como todo lo que vive temporalmente necesita algún alimento, aparece la virtud alimentaria, que se extiende hasta la muerte.

XIV. ¿CÓMO SE ALIMENTA EL NIÑO EN EL ÚTERO?

22.

Se pregunta cuánto y de qué manera se alimenta el niño en el útero. Decimos que con ciertos nervios que están en el ombligo se une a la matriz y que por ellos

hepate matris descendente nutritur puer et crescit. Unde, quia digestum recipit, non indiget egestione superfluitatis. Has prædictas uirtutes sequitur natiuitas, cuius duo termini sunt, septimus mensis et nonus.

23.

Habet autem quæstionem: quare, si ante septimum mensem nascatur, puer uiuere non potest, et cur in septimo natus uiuat, in octauo non? Dicunt inde physici quod ante septimum mensem non est tantus motus in puero, quod, si nasceretur, uiuere posset. In septimo uero est motus uitæ sufficiens: unde puer se mouens, si debiles neruos (quibus matrici iungitur) habeat, frangens illos, nascitur uitæ idoneus.

In octauo mense motu septimi debilitatus, si nascitur, uiuere non potest, donec refectus in illo, et in parte noni incipit moueri iterum rumpensque neruos idoneus uitæ nascitur. Et, quia in calido et humido nutritus est, nascens et ad dissimile prodiens, contrarietatem sentit uocemque eiulationisemittit, et ideo prima uox hominis uox est doloris.

XV. DE INFANTIA

24.

A natiuitate uero usque ad septimum annum est infantia, quia in quadam

---

el niño se nutre y crece, descendiendo por ellos con sangre pura alimentos desde el hígado de la madre. Como recibe algo digerido no necesita desechar la superfluidad. A estas virtudes les sigue el nacimiento, que puede tener dos términos. El séptimo mes o el noveno.

23.

El nacimiento y por qué viven los nacidos en el séptimo mes. Y cabe una pregunta: ¿por qué si nace antes del séptimo mes el niño no puede vivir y por qué si en el séptimo mes vive, en el octavo no? Dicen los físicos: antes del séptimo mes no hay tanto movimiento en el niño y si nace, no puede vivir. En el séptimo, hay suficiente movimiento de vida, y si rompe los débiles nervios que lo unen a la matriz, puede nacer idóneo para la vida.

En el octavo mes, se ve debilitado por el movimiento del séptimo, no puede vivir hasta que se reponga, y en parte del noveno mes comience a moverse y rompiendo los nervios puede nacer idóneo para la vida. Como ha sido nutrido en un medio cálido y húmedo y al nacer sale a uno diferente, siente la contrariedad, emite una emulación de la voz y por eso la primera voz del hombre es una voz de dolor.

XV. LA INFANCIA

24.

La infancia se extiende desde el nacimiento hasta el año séptimo, porque en

parte illius *fari non* potest; in altera uero, si loquitur, imperfecte loquitur. In hac ætate sensum habere potest, rationem tamen et intellectum non. De sensu igitur aliquid dicamus. De ratione uero atque intelligentia, quare in tali ætate haberi non possint, quia sunt de uirtutibus animæ, loquendo de anima ostendemus. Et quia ex animali uirtute, quam præcedunt naturalis et spiritualis sensus, habet principium, de istis uirtutibus a naturali, quæ prior est inchoando aliquid deliberemus.

XVI. DE PRIMA DIGESTIONE

25.

Cum igitur homo ex quattuor elementis constet, ex calore et humiditate contingit fumum humidum nasci et calidum, qui diffusus per membra mouens illa trinam digestionem operatur uirtusque naturalis uocatur. Et quia de tribus digestionibus facta est mentio, inquiramus quid sit et ubi, et qualiter fiat digestio. Digestio igitur est alicuius rei per ebullitionem facta mutatio. Prima uero digestio fit in stomaco, secunda in hepate, tertia in omnibus membris. Quare de prima primum dicamus.

26.

Cum humanum corpus incremento indigeat in quadam ætate, in omni uero restauratione, quippe interiori et exteriori calore uel frigore deuastantibus,

cierta parte de ella no puede hablar y en otra, si lo hace, es en forma imperfecta. En esta edad puede tener sentido, pero no razón e intelecto. Digamos, pues, algo sobre el sentido. En esa edad no puede haber razón e inteligencia porque estas pertenecen a las virtudes del alma y hablaremos suficientemente cuando tratemos sobre el alma. Y como tiene principio desde la virtud animal, que precede al sentido natural y espiritual, hablemos de estas virtudes, comenzando por la natural, que es anterior.

XVI. LA PRIMERA DIGESTIÓN

25.

Constando el hombre de cuatro elementos, del calor y la humedad nace un vapor húmedo y cálido, que se difunde por los miembros y los mueve, operando una triple digestión. Se llama virtud natural. Y como se habló de tres digestiones, investiguemos cuáles son, dónde están y cómo obran. Digestión es la ebullición de alguna cosa por el calor. La primera digestión se produce en el estómago, la segunda en el hígado y la tercera en todos los miembros; en primer lugar, hablemos de la primera.

26.

El cuerpo humano en cierta edad necesita un crecimiento y en todas, una restauración (pues el calor interior y exterior y el frío lo desgastan), por eso son

necesse fuit cibum et potum, ex quibus esset nutricatio et incrementum, subintrare. Sed quia cibus grossus est, necesse fuit ut, priusquam intraret stomacum, tenuis et delicatus redderetur. Ad hoc ergo dentes parati sunt, nati ex flegmate per gingiuas descendente, ex frigiditate spissato et durato, ut cibum conterant; lingua uero, ut ad modum manus molendinarii illum uertat et sub dentes reducat: quæ ad hoc spongiosa est, ut cibi sucum recipiens saporem discernat. Fit ergo in ore quædam primæ digestionis præparatio: cibus uero sic præparatus cum potu per isophagum in stomacum, per portam cuius introitus amplus est, descendit, ibique decoquitur, et in speciem tisanæ transmutatur. Et hæc est prima digestio.

necesarios el alimento y la bebida con cuya mutación se produce ese incremento. Si el alimento es muy grueso, es necesario que antes de entrar al estómago se vuelva más tenue y seco. Para ello están preparados los dientes (que nacen de la flema, bajan por las encías y con el frío se espesan y se endurecen) para triturar el alimento. La lengua lo agita como si fuera la mano de un molinero y, siendo ella esponjosa, lo pone bajo los dientes, y recibiendo el jugo del alimento, discierne su sabor. De esta manera se produce en la boca una cierta preparación de la primera digestión. El alimento, así preparado con la bebida, por el esófago va al estómago por la puerta, que es amplia, y allí se cuece y es transformado en una especie de tisana; esta es la primera digestión.

XVII. DE STOMACO CETERISQUE DIGESTIONIBUS

XVII. EL ESTÓMAGO Y LAS RESTANTES DIGESTIONES

27.

De stomaco uero, utrum sit calidæ naturæ est quæstio. Aiunt quidam: oportet quod calidæ naturæ sit, aliter enim cibum non posset decoquere. Cum ergo cibum decoquat et transmutet, calidus est.

Nos uero dicimus stomacum frigidum esse naturaliter, calidum accidentaliter. Est enim neruosæ naturæ, ut quando plus solito homo comederet, extenderetur; quando minus,

27.

Se pregunta si el estómago es de naturaleza caliente. Algunos dicen que es de naturaleza caliente porque de otro modo los alimentos no podrían cocerse; pero es así como cuece el alimento y lo transmuta, o sea, que es caliente.

Nosotros decimos que el estómago es naturalmente frío y accidentalmente caliente. Es también de naturaleza nerviosa, de modo que cuando el hombre come un

contraheretur. Iterum necesse fuit, quod esset neruosæ naturæ, ne, cum aliquod durum nec commasticatum reciperet, læderetur. Cum igitur omne neruosum frigidæ sit naturæ, ergo et stomacus. Sed ut melius cibum retineat, donec decoquatur, intus est uillosus.

poco más abundantemente, se expande y cuando come menos, se contrae. También es necesario que sea de naturaleza nerviosa para que cuando le llega algo duro o no bien masticado no se lastime; y como todo lo nervioso es de naturaleza fría, por lo tanto, también el estómago. Para retener mejor el alimento mientras lo cuece, es velloso por dentro.

28.

Quamuis tamen naturaliter sit frigidus, ex accidente calefit, superpositus enim est hepati, ita quod fere totus ab eo includitur. Ex dextra uero parte eius est fel, ex sinistra cor, quæ calida sunt et sicca, et inde fit calidus stomacus, ut igne supposito cacabus. Si ergo proprie uelimus loqui, *in* stomaco, non *a* stomaco, cibum dicamus coqui.

Cibus igitur sic in modum tisanæ mutatus per inferius foramen, quod *porta* dicitur, exiens intrat duodenum intestinum, sic dictum quia quantitatem duodecim digitorum, quales sunt digiti eiusdem in unoquoque obtinet.

Relicto uero in eo quod eius nutrituræ est conueniens, transit in aliud, quod *ieiunum* dicitur, quia nihi inde retinet. Huic ieiuno uenæ quædam ab hepate uenientes, se coniungunt. Per quas quod liquidius est transit in sima hepatis,

28.

Aunque naturalmente sea frío, accidentalmente se calienta. Está superpuesto al hígado de manera tal que lo envuelve casi por completo. En su parte derecha está la bilis y en su parte izquierda, el corazón que son calientes y secos. Por eso el estómago es caliente, como una cacerola puesta sobre el fuego. Si queremos hablar con propiedad, decimos que en el estómago el alimento se cuece y no mediante el estómago.

El alimento, transformado en una especie de tisana, a través del esófago una abertura, que es como una puerta, saliendo, entra al intestino duodeno, así llamado porque tiene un largo como de doce dedos.

Dejando lo que es necesario para su nutrición pasa a otro intestino llamado yeyuno porque no retiene nada. A este yeyuno se unen ciertas venas que vienen desde el hígado, por las cuales pasa a la parte inferior lo que es más líquido; se

miseraicæ, quia sic sucum mittunt, dictæ. Quod uero fæculentum est in longaonem, et inde in secessum descendit, et hæc est primæ digestionis superfluitas.

29.

Illud uero liquidum quod in sima hepatis transit, calore eiusdem digeritur: quodque in eo calidum et siccum est, transit in coleram, et per quasdam uenas ad cistam fellis transmittitur, et hæc est sedes coleræ. Inde quædam pars ad confortandam uim appetitiuam in stomacum transit. Quod uero frigidum est et siccum in melancoliam transit, et ad splenem, sedem melancoliæ, descendit. Sed quædam pars ad stomacum ascendit, ad uim retentiuam confortandam. Quod uero frigidum et humidum in flegma mutatur, et ad pulmonem, sedem flegmatis, transit, quadam parte propter expulsiuam uim in stomacum transmissa. Quod uero calidum est et humidum in sanguinem uersum remanet in hepate, quod est sedes sanguinis. In hepate ergo quattuor gignuntur humores proprias sedes habentes, colera (fel), melancolia (splen), sanguis (hepar), flegma (pulmonem); quamuis quidam dicant flegma propriam sedem non habere, sed cum sanguine, ut melius possit per membra discurrere, remanere. Et hæc est secunda digestio. Quod ibi superfluum est, per <*lirin* (uel *ulen*, uel> cœlen) uenam, quæ spleni adiacet, ad renes descendit. Qui quod ibi liquidum est,

llaman meseraicas porque transforman el jugo. Lo que es frío e impuro desciende en una prolongación; esta es una superfluidad de la primera digestión.

29.

El líquido que había pasado a la parte inferior del hígado es digerido por su calor. Lo que es caliente y seco se convierte en cólera y es llevado por ciertas venas al depósito de la hiel. Esta es la sede de la cólera y desde allí una parte pasa al estómago para refuerzo. Lo que es frío y seco se convierte en melancolía y pasa al esplín, que es sede de la melancolía. Pero cierta parte desciende hasta el estómago para ser desde allí retenida. Lo que es frío y húmedo se convierte en flema y pasa al pulmón que es sede de la flema, y otra parte, es transmitida al estómago por la fuerza expulsiva. Y si es cálido y húmedo se convierte en sangre y permanece en el hígado, que es sede de la sangre. En el hígado, por lo tanto, se engendran cuatro humores, que tienen sus sedes propias, cólera, flema, melancolía, es decir, cólera negra. La sangre en el hígado y la flema en el pulmón, aunque algunos dicen que la flema no tiene sede propia, sino que permanece con la sangre para que pueda correr mejor por los miembros. Y esta es la segunda digestión. Lo que allí es superfluo, por el *lerin* o *ylen* o la vena quilia, adyacente al bazo, desciende a los riñones. Retienen

ad sui nutrimentum retinentes, reliquum per uricides poros ad uesicam transmittunt, quod per uirilem uirgam exiens, *urina* dicitur, et hæc est superfluitas secundæ digestionis.

30.

Sed quia pueri habent uricides poros strictos, quod ibi spissum est, remanens in lapideam transit substantiam. In aliis uero ætatibus quia pori aperti sunt, non generatur ibi lapis, sed circa renes. Ergo pueris nascitur lapis in collo uesicæ, senibus circa renes. Sanguine uero prædicto modo in hepate generato, per uenas ad omnia transit membra, calore quorum digestus, in eorum similitudinem transit. Superfluitas uero partim per sudores exit; alia uero pars ad hepar reuertitur, ibique decocta descendens exit cum urina, *sedimen*que uocatur. Sed si in fundo sit urinæ, dicitur *ypostasis*, <idest natura subsistens, siue substantia>; si in medio, *eniemenon* <siue *eniemi*, idest ad inferna in aluum fundens>; si in summo, *nephile*, <*nephi*, idest purificatio>. Sed quid significet *in diuersis locis existens*, quid *quando est continuum, quando diuulsum*, quid *ex substantia et colore*, dicere non est nostrum. Si quis uero hoc scire desiderat, Theophilum *De urinis* legat.

parte de lo que es líquido para su nutrición y transmiten el resto, por los poros urinarios a la vejiga. Se llama orina y sale por el órgano viril, y es lo superfluo de la segunda digestión.

30.

Como los niños tienen los poros urinarios estrechos, si algo es espeso permanece dentro y se convierte en una sustancia pétrea. En otras edades, como los poros están más abiertos, no se genera allí una piedra, sino cerca de los riñones; por eso para los niños la piedra se origina en la vejiga y para los mayores, en los riñones. La sangre generada de ese modo en el hígado pasa a todos miembros por las venas y, al ser digerido por su calor, se convierte una semejanza de ellos. Lo superfluo es emitido por los sudores. Otra parte regresa al hígado, y ya cocida allí, sale con la orina; se llama sedimento. Pero si está en el fondo de la orina se llama *ypóstasis*, es decir, naturaleza subsistente o sustancia; si está en el medio se llama *evémeron* o *eníemi* o sea, en la parte inferior del conducto; si está en la parte superior se llama *nefite* o *nefi*, es decir, purificación. Pero qué signifique cuando está en los diversos lugares, y cuándo es continuo o cuándo es interrumpido, o lo que depende de la sustancia y el calor, no nos proponemos aclararlo. Si alguien desea conocer esto lea el *De urinis* de Teófilo.

XVIII. DE COMPLEXIONIBUS

31.

Huius iterum naturalis uirtutis est augmentum conferre, quod contingit ex humore et calore. Quod enim aliquid ascendit, est caloris; quod uero spissatur, humoris. Sed dicent: si ex calido et humido est crementum, unde colerici et melancolici, quorum alteri frigidi et sicci, alteri calidi et sicci sunt, crescunt? Nos uero dicimus nullum esse hominem qui calidus non sit et humidus, sed tamen quidam plus, quidam minus. Verbi gratia: homo naturaliter calidus est et humidus, et inter quattuor qualitates temperatus; sed quia corrumpitur natura, contingit illas in aliquo intendi et remitti. Si uero in aliquo intendatur calor, et remittatur humiditas, dicitur *colericus*, idest calidus et siccus, non est tamen sine humiditate. Sin uero in aliquo intensus sit humor, calor uero remissus, dicitur *flegmaticus*. Sin autem intensa sit siccitas, remissus calor, dicitur *melancolicus*. Si uero æqualiter insint, dicitur *sanguineus*.

32.

Sunt ergo omnes homines naturaliter calidi et humidi, sed propter qualitates intensas et remissas, recipiunt nomen intensæ, et nomen contrariiremissæ. In omni ergo complexione potest homo

XVIII. LAS COMPLEXIONES

31.

Corresponde ahora explicar esta virtud natural, lo que sucede por causa de la humedad y el calor. Lo que asciende corresponde al calor; lo que se espesa, a la humedad. Pero se dirá: si el incremento se debe al calor y la humedad, ¿de dónde proceden los coléricos y los melancólicos, de los cuales unos son fríos y secos y los otros cálidos y secos? Pero decimos que no hay ningún hombre que no sea caliente y húmedo; sin embargo, unos más y otros, menos. Por ejemplo, un hombre naturalmente cálido y húmedo, equilibrado entre las cuatro cualidades, cuando su naturaleza en algo se corrompe, esas cualidades disminuyen o se retiran. Si en alguno disminuye el calor y se retira algo la humedad, este se dice que es colérico, es decir, cálido y seco, pero, sin embargo, no queda sin humedad. Pero si en alguno el calor es intenso y la humedad es escasa, este se dice que flemático. Si la sequedad es intensa y el calor es escaso, se dice que es melancólico. Si las cualidades están equilibradas se dice que es sanguíneo.

32.

Son, por lo tanto, todos los hombres cálidos y húmedos, pero por las cualidades intensas o débiles, se los denomina según la intensidad o según lo contrario. Con cualquier temperamento el hombre

crescere, plus tamen in una, minus in alia; in quadam in longum, in quadam in latum. *Colerici* namque longi et graciles sunt: longi ex calore, cuius est ascendere, graciles ex siccitate; *sanguinei* uero longi propter calorem, pingues propter humiditatem; *flegmatici* uero propter frigiditatem parui, propter humiditatem pingues; *melancolici* uero propter frigiditatem parui, propter siccitatem graciles. Istæ tamen naturales proprietates sæpe ex accidente uariantur. Nam colerici et melancolici uel ex otio uel ex comestione sunt pingues; sanguinei et flegmatici ex abstinentia et labore graciles. Quod uero sanguinei et <phlegmatici> præter naturam breues sunt, ex paruitate matricis uel spermatis contingit. Hæc naturalis uirtus habet quædam principalia membra, quædam deseruientia et adiuuantia, quædam alterum, quædam neutrum. Sed quia hoc a Johannicio in *Isagogis* satis dictum est, illo postposito, ad somnum, qui ad naturalem uirtutem pertinet, transeamus.

XIX. DE SOMNO ET SOMNIIS

33.

Somnus ergo est quies animalium uirtutum, cum intensione naturalium. Contingit autem sic: fumo humida ad superiora ascendente implentur nerui, quibus animalis uirtus solet descendere. Desinit ergo animal uidere, audire et cetera, donec naturali calore illo

puede crecer, pero más con uno que con otro; con alguno más en altura y con otro, más en ancho. Los sanguíneos por el calor son altos y por la humedad son gruesos. Los flemáticos, por el frío quedan bajos y por la humedad, gruesos. Los melancólicos por la sequedad son delgados y por el frío, de baja estatura. Estas propiedades naturales varían a menudo accidentalmente; pues los coléricos y los melancólicos a veces por ociosidad o exceso de comida, son gruesos: y los sanguíneos y flemáticos, por abstinencia o por mucho trabajo, son delgados. También sucede que los sanguíneos, los flemáticos y otros son pequeños por la pequeñez de la matriz o del esperma. Esta virtud natural tiene ciertos miembros que son principales, otros que son auxiliares; algunos son de ayuda, otros, no, y otros son neutros, pero de esto habló abundantemente Johannicius en su *Isagoge*. Dejando esto de lado, pasemos a tratar del sueño, que pertenece a la virtud natural.

XIX. EL SUEÑO Y LOS SUEÑOS

33.

El sueño es el descanso de las virtudes animales con una intensificación de las naturales. Sucede cuando el vapor húmedo asciende a las partes superiores y se cargan los nervios por los que la virtud animal suele descender. El animal deja de ver, de oír, etc., hasta que, vuelto a

desiccato, animalis spiritus incipiat descendere, et ad aliquem sensum animal<is> excitare.

Somnia uero ex reliquis cogitationum, ex cibo, ex potu, ex tempore, ex complexione, ex qualitate iacendi habent existere, et hæc nihil significant. Alia ex ministerio angelorum, alia ex munditia et libertate animæ, quorum omnium probationes in promtu habemus. Sed quoniam hoc nostro proposito multum non attinet et ad finem uoluminis tendimus, illo prætermisso, ad spiritualem uirtutem transeamus.

34.

Prædictus ergo fumus per diuersa foramina transeundo, subtiliatus ad cor perueniens, ad attrahendum aera illud dilatat, ut interior calor temperetur; ad expellendas uero superfluitates, idem constringit, et tunc dicitur *spiritualis uirtus*, cui arteriæ deseruiunt. Sed ad animalem uirtutem ueniamus. Prædictus ergo fumus, per neruos ascendens, colando ita subtilis efficitur, quod perueniens ad cerebrum *spiritus* dicitur; descendensque per diuersa instrumenta, diuersas animales operatur uirtutes, ut ostendemus. Quæ quia a cerebro prodeunt, de ipso ante dicamus; deinde qualiter sensus inde prodeant, et quoniam in capite continetur, ab illo exordiamur.

secar por el calor natural, el espíritu animal comienza a ascender, excitando algún sentido animal.

Los sueños deben su existencia (y esto no significa nada) a recuerdos de pensamientos, la comida y la bebida, el clima, el temperamento, el modo de estar recostado. Otros provienen del ministerio de los ángeles, o del mundo, o de la virtud y libertad del alma; y de todo esto tenemos pruebas. Pero como nuestro propósito no se refiere mayormente a esto y estamos llegando al fin del volumen, lo pasamos por alto y tratamos la virtud espiritual.

34.

Este vapor, atravesando diversos orificios, hecho más sutil, llega al corazón; allí atrae el aire para que temple el calor interior, obligándolo a expeler las superfluidades. Se llama, entonces, virtud espiritual, estando las arterias a su servicio. Pero pasemos a la virtud animal. El vapor mencionado asciende filtrado por los nervios y así se torna más sutil y, llegando al cerebro, se dice que es espíritu: desciende por diversos instrumentos y obra distintas virtudes animales, como vamos a mostrar; y como proceden del cerebro, hablemos antes de él, y luego, de cómo surgen los sentidos. Dado que se contienen en la cabeza, comencemos por ella.

XX. DE CAPITE

35.

Caput est quædam sphærica substantia, quasi duobus digitis ante et retro expressa. Rotunda, ut melius in ea cerebrum moueretur, et ne superfluitates in angulis si ibi essent remanentes illud corrumperent. Ante et retro expressa propter neruos inde procedentes, quorum priores <quinque> sensus operantur, posteriores uero motum corporis uoluntarium. In eius exteriori parte est graneum, cuius pelliculæ adhærent capilli, ex fumo ascendente, et per poros exeunte nati. Fumus etenim ille exiens siccus ex frigiditate aeris constringitur, et in corpulentam substantiam conuertitur. Alio uero fumo exeunte impellitur sur sum quod induratum est et sic crescunt capilli. Sed quia est naturale ponderum descendere, curuantur et descendunt.

Unde quia nulli ætati desunt superfluitates, neque alicui deest capillorum incrementum, neque unguium, qui ex superfluitatibus cordis, per summitates digitorum exeuntibus, ex frigiditate duratis fiunt.

36.

Ceteri uero pili, barbæ scilicet et pectoris, cuidam ætati desunt, barbæ uero femineo sexui. Cum enim barba ex calore habeat existere in homine, propter geminum calorem cordis et testiculorum potest esse. In muliere

XX. LA CABEZA

35.

La cabeza es una sustancia esférica extendida como unos dos dedos hacia adelante y hacia atrás. Es redonda para que el cerebro en ella se mueva mejor. Si quedaran superfluidades en los ángulos se dañaría. Por delante y por detrás hay nervios; los anteriores operan los sentidos; los posteriores hacen funcionar el movimiento voluntario. En la parte exterior está el cráneo a cuya película adhieren los cabellos nacidos del vapor ascendente y que sale por los poros. El vapor sale seco y con el frío del aire se contrae y se transforma en una sustancia corpórea. Otro vapor impele hacia arriba a la sustancia endurecida y así se forman los cabellos; pero como es natural que lo pesado descienda, los cabellos se curvan y descienden.

Como a ninguna edad le faltan superfluidades, a ninguna le falta el crecimiento de los cabellos. Lo mismo sucede con las uñas, que salen de las superfluidades del corazón por las extremidades de los dedos y se ponen duras por el frío.

36.

Los pelos de la barba y el pecho dejan de aparecer en cierta edad. El sexo femenino carece de barba. La barba existe en el hombre por el calor y puede proceder del calor conjunto del corazón y los testículos. En la mujer no puede existir

uero propter frigiditatem esse non potest, nisi sit aliqua præter naturam calida. Eadem ratione nec est barba in spadonibus. In pueritia uero esse non potest propter strictitatem pororum. Et quoniam ex fumo ascendente fiunt capilli, iuxta complexiones uniuscuiusque diuersos contrahunt colores: de quibus – quia in physica satis dicitur – ad cetera transeamus.

XXI. DE CEREBRO

37.

Sub graneo duæ sunt pelliculæ, *miningæ* dictæ, quarum exterior durior est *duraque mater* dicitur; propinquior uero cerebro, ne lædat ipsum, tenerior est diciturque *pia mater*.

Sub istis est cerebrum, cuius talis a Constantino datur diffinitio: «Cerebrum est liquida et alba substantia sine sanguine». De quo quæritur an frigidum sit an calidum. Dicimus quod naturaliter est frigidum, ne continuo motu desiccetur.

Huius in capite sunt tres cellulæ: in prora, in medio, in puppe. Prima uero cellula est calida et sicca, diciturque *phantastica*, idest *uisualis*, quia in ea est uis uidendi et intelligendi. Hæc calida et sicca est, ut formas rerum et colores attrahat. Media uero dicitur *logistica*, idest *rationalis*, quia in ea est uis discernendi. Quod enim phantastica attrahit, ad hanc transit, ibique anima discernit. Estque calida et humida,

---

por su frigidez, salvo que alguna sea cálida, fuera de lo natural. Por la misma razón tampoco tienen barba los eunucos. En la niñez tampoco puede haberla por la pequeñez de los poros, Como los cabellos se forman con el calor que asciende, los colores se deben a las cualidades del temperamento de cada uno. De ellos se habla mucho en la física. Pasemos a otros temas.

XXI. EL CEREBRO

37.

Debajo del cráneo hay dos películas, llamadas meninges, de las cuales la exterior es más dura y se llama *dura mater*, más cerca del cerebro y para no dañarlo, hay una más tenue, llamada *pia mater*.

Debajo de ellas está el cerebro, del cual Constantino da esta definición: "El cerebro es una sustancia blanca y líquida, sin sangre". Se pregunta si es frío o cálido. Decimos que es frío, para no secarse por un movimiento continuo.

Pero en la cabeza hay tres células: en la parte anterior, en la media y en la posterior. La primera célula es cálida y seca y se llama *fantástica*, es decir, visual e imaginativa, porque en ella está la fuerza para ver y entender, pero es cálida y seca para atraer las formas y colores de las cosas. La célula media se llama *logistikón* es decir, racional, porque en ella está la fuerza de discernir. Lo que la célula fantástica atrae, para esta, y el

ut melius discernendo proprietatibus rerum se conformet. Tertia uero *memorialis* dicitur, quia in ea uis est retinendi memoriam. Quod enim in logistica cella discretum est, transit ad memorialem per quoddam foramen, quod claudit quidam panniculus, donec aperiatur, quando aliquid tradere memoriæ uel ad memoriam reducere uolumus. Ista est frigida et sicca, ut melius retineat: frigidi enim et sicci est constringere.

38.

Sed dicet aliquis: «Quomodo hoc umquam potuit probari?». Dicimus: per uulnera in illis partibus accepta. Cum enim aliquis esset bonæ intelligentiæ, rationis et memoriæ, uiderunt physici quod accepto uulnere in aliqua illarum cellularum, uim illius amittebat, uires aliarum retinens. Unde Solinus in *Polistoriis* narrat de quodam quod, accepto uulnere in occipitio, ad tantam deuenit ignorantiam, quod nesciebat se habuisse nomen. Ergo merito antiqui dixerunt in capite esse sedem sapientiæ. In capite enim habent sedem quæ faciunt sapientem: *intellectus* scilicet, *ratio* et *memoria*. Ab hoc cerebro prodeunt nerui ad oculos, per quos animalis spiritus exiens uisum operatur, ut ostendemus. Sed prius de substantia oculorum aliquid dicamus.

alma discierne. Es cálida y húmeda, para que al discernir se conforme mejor a las propiedades de las cosas. La tercera se llama *memorial* porque en ella está la fuerza de retener algo en la memoria. Lo discernido en la célula logística pasa a la memoria por un orificio que está cerrado por cierto pincelillo que se abre cuando deseamos hacer pasar algo, llevándolo a la memoria. Esta parte es fría y seca, para retener mejor. El retener es propio de lo frío y seco.

38.

Y dirá alguno: ¿Cómo puede probarse esto? Decimos que por heridas recibidas en esas partes. Cuando hay alguien de buena inteligencia, razón y memoria, les parece a los físicos que, si se recibe un daño en alguna de esas partes, se pierde en ella la fuerza, mientras que en las otras se retiene. Narra Solino en el *Polistor* (*Plin. Lib. VII*) que cierta persona, habiendo recibido un daño en el occipucio llegó a tal estado de ignorancia que no sabía si había tenido un nombre. Con toda razón, por lo tanto, decían los antiguos que en la cabeza está la sede de la sabiduría. En la cabeza tienen su sede las cosas que hacen al sabio, a saber, el intelecto, la razón y la memoria. De este cerebro proceden los nervios hacia los ojos, por los cuales, saliendo el espíritu animal, opera la visión, como vamos a demostrar. Pero antes digamos algo sobre la sustancia de los ojos.

XXII. DE OCULO

39.

Oculus igitur est quædam orbiculata substantia et clara, sed in superficie aliquantulum plana, ex tribus humoribus et septem tunicis constans. Orbiculata est, ut huc et illuc uerti possit. In superficie plana, ut melius formas rerum et colores in se possit recipere. Lucens et ex humoribus constans, ut a uisuali spiritu possit penetrari. Ex tunicis, ut superfluitates expellant, ne illum lædant. Sed si quis nomen humorum et tunicarum et dispositiones scire desiderat, *Pantegni* legat. Duos uero oculos Natura constituit, ut si unus læderetur, alter remaneret. Deinde de uisu dicamus.

XXIII. QUALITER FIAT VISUS

40.

Cum igitur animalis spiritus, per neruos a cerebro prodeuntes ad oculos usque peruenerit, exiens si aliquem exteriorem splendorem, uel Solis uel alterius, repperit, usque ad obstaculum dirigitur, quod offendens per ipsum se diffundit, formisque illius et coloribus informatus per oculos, et per phantasticam cellam ad logisticam cellam transit, uisusque efficitur. Inde est quod uisu figuras rerum et colores discernimus. Stoici tamen dicunt uisualem spiritum usque ad rem non peruenire, sed oculum figuras rerum

XXII. LOS OJOS

39.

El ojo es una cierta sustancia redondeada y clara y algo plana en la superficie, que consta de tres humores y siete túnicas. Es redondeada para poder dirigirse en todas direcciones, y es plana en la superficie para recibir mejor las formas y los colores de las cosas, luciente y brillante por los humores para poder ser penetrada por el espíritu visual. Por las túnicas se expelen las superfluidades para que no produzcan daños. Si alguien desea conocer el nombre de los humores y de las túnicas y sus disposiciones, lea el *Pantegni*. La naturaleza puso dos ojos para que, si uno se dañara, quede el otro. Pero ahora hablemos de la visión.

XXIII. ¿CÓMO SE PRODUCE LA VISIÓN?

40.

Cuando el espíritu natural, proviniendo del cerebro, llega a los ojos, al salir encuentra el resplandor del Sol o de otra cosa y se dirige hacia ese obstáculo. Allí se entrega y se difunde, se impregna de las formas y los colores y los transmite través de los ojos y la célula fantástica y así se produce la visión. Por eso, a través de la visión, discernimos las figuras y los colores de las cosas. Los estoicos, sin embargo, dicen que el espíritu visual no llega hasta el obstáculo, sino que el ojo recibe las figuras y los colores de las

et colores in se recipere, ad quem perueniens ille radius, similiterque informatus, uisum operatur.

Sunt alii qui dicunt illum neque usque ad obstaculum peruenire, neque oculo informari, sed medium aera inter uidentem et obstaculum, formis et coloribus informari, ad quem radius perueniens, informatusque reuertens, uisum operatur. Nobis uero illa placet sententia, quod uisualis spiritus usque ad rem perueniat.

41.

Cuius rei hæc est probatio, quod ex uisu alicuius lippientis sæpe eandem contrahimus infirmitatem. Et unde hoc, nisi quod uisuali spiritu ad corruptum oculum perueniente corrumpitur, reuertensque oculos corrumpit? Huius eiusdem rei fascinum probatio est, quod sic contingit: cum homines contrariarum sint complexionum – alii etenim sunt calidi, alii frigidi, alii humidi, alii sicci –, uisualis spiritus ab aliquo exiens, qualitatesque illius secum trahens, diffusus per faciem alterius contrariæ complexionis, illum corrumpit. Contraria namque contrariis læduntur. Inde est quod uetulæ lingentes faciem et exspuentes, illud curant. Quod enim ibi est nociuum exspuunt.

Ut igitur uisus sit, tria sunt necessaria: interior radius, exterior splendor, obstaculum rei. His etenim concurrentibus, est uisus; aliquo uero istorum deficiente, deficit.

cosas, al cual llega un rayo, igualmente informado, y tiene lugar la visión.

Hay otros que dicen que este llega al obstáculo con formas y colores, y no se impregna en el ojo al cual llega el rayo, cargado de información y así se realiza la visión. A nosotros nos agrada más la opinión de que el espíritu visual llega hasta la cosa.

41.

Y la prueba es esta: que a menudo contraemos la enfermedad de alguien que es legañoso; y esto se produce porque se corrompe al llegar desde el espíritu visual a la corrupción y al volver corrompe al ojo. La prueba de esto es fácil; sucede así: Como los hombres son de temperamentos contrarios, porque algunos son cálidos, otros fríos, otros húmedos y otros secos, el espíritu visual que sale de alguno, arrastrando las cualidades de este, se difunde por el rostro de alguien de una cualidad contraria y lo corrompe. Los contrarios se dañan con los contrarios; por eso sucede que algunas ancianas lamen la cara y, al escupir, la curan. Porque escupen lo que es nocivo.

Para que se produzca la visión son necesarias tres cosas: un rayo interior, un resplandor exterior, el obstáculo de la cosa. Cuando concurren estas tres cosas, se produce la visión. Si falta alguna, no se produce.

42.

Visus autem species sunt tres: *contuitio, intuitio, detuitio*. Et est contuitio quando aliquid uidemus nullo in eo occurrente simulacro; sed ostendentes qualiter uisus fieret, de ea satis diximus. Intuitio est quando aliquid uidemus, in cuius superficie aliquod occurrit simulacrum. Detuitio uero est quando non in superficie, sed in profundo apparet, ut in aqua; diciturque *detuitio*, quasi *deorsum tuitio*. Restat ergo de intuitione et de tuitione dicere, quorum quia eadem est causa, de intuitione disputemus, ut quod de ea constituemus, de detuitione intelligatur.

43.

Cum ergo uisualis spiritus ad aliquid uidendum dirigitur, ex labilitate huc et illuc impellitur, informatusque formis circumstantium, si ad aliquod obscurum peruenerit, ex sui subtilitate uideri non potest. Sin autem ad aliquod radiosum, ex splendore illius apparet.

Aristoteles uero dixit nullum ibi apparere simulacrum, sed hominem se et posteriora uidere tali modo: cum prædictus spiritus aliquod radiosum offendit, radiis illius elisus repercutitur, reuersusque ad faciem uidentis, se et posteriora percipit. Sed quia mediante speculo hoc contingit, uidetur hoc in speculo apparere. Sunt qui dicunt aera

42.

Hay tres especies de visión: la contuición, la intuición y la detuición. Hay contuición cuando vemos algo sin que se produzca un simulacro, sino demostrando cómo se realiza la visión. De esto ya hablamos suficientemente. La intuición ocurre cuando vemos algo, en cuya superficie se produce un simulacro. La detuición ocurre cuando no aparece en la superficie sino en el fondo, como en el agua, como si fuera una tuición desde abajo. Nos resta hablar de la tuición. Como la noción de ellas es la misma, hablemos también de la intuición y de la tuición, de modo que lo que establezcamos sobre ella lo entendamos también de la detuición.

43.

Cuando el espíritu visual se dirige a un viviente, por su levedad se mueve de aquí para allá; se carga con las formas de las cosas que están alrededor, y da en algo oscuro, eso, por su sutileza, no puede verse. Pero si llega a algo radiante, desde ese esplendor aparece.

Aristóteles, sin embargo, dijo que no aparece allí ningún simulacro, sino que el hombre se ve a sí mismo y otras cosas que están detrás de él de este modo: cuando el espíritu mencionado muestra algo radiante, regresa desde allí un rayo al rostro del que está viendo y así ve cosas que están detrás de él; pero como esto se ve mediante un espejo,

inter hominem et speculum diuersis formis et coloribus insignitum, unde si aliquid apponatur, splendidum apparet, sine contrario, non.

parece que esto apareciera en el espejo. Hay quienes dicen que el aire entre el hombre y el espejo se encuentra poblado de formas y colores. Si algo se interpone, aparece espléndido. De lo contrario, no.

XXIV. DE AUDITU

XXIV. EL OÍDO

44.

Auditus autem sic contingit: cum aer, naturalibus instrumentis percussus, formam uocis acceperit, exiens, primam partem aeris quam reperit simili informat forma et illa aliam, donec ad aures perueniant ad modum timpani, siccas et concauas; quibus resonantibus, excitatur ille spiritus animalis descendensque ad aures per quosdam neruos, informat se simili forma, sique informatus ad logisticam cellamreuertens, auditum operatur. Similiter alii sensus fiunt eodem animali spiritu ad illorum instrumenta, per neruos a cerebro descendente. Et quoniam de perceptis ab illis anima iudicat, de anima et eius uirtutibus tempus est disserere.

44.

La audición se produce así: cuando el aire, sacudido por instrumentos naturales, recibe los espacios de la voz, a la primera parte del aire que encuentra al salir la informa con una forma semejante, y luego a otra hasta llegar a los oídos, que son a la manera de un tímpano, secos y cóncavos, con cuya resonancia se excita el espíritu animal y descendiendo así a los oídos, a través de ciertos nervios, recibe una forma semejante, y así formado, dirigiéndose a la célula logística, se produce la audición. Lo mismo sucede con los otros sentidos, descendiendo el mismo espíritu animal, del cerebro, por los nervios, a sus propios instrumentos. Y como lo percibido por ellos lo indica el alma, es ahora tiempo de hablar del alma y sus virtudes.

XXV. QUID SIT ANIMA

XXV. ¿QUÉ ES EL ALMA?

45.

Anima est spiritus quidam coniunctus corpori, idoneitatem discernendi

45.

El alma es un cierto espíritu unido al cuerpo, que confiere una capacidad idónea

et intelligendi conferens. Quod enim ex anima sit discernere et intelligere, sic probatur: quod crescente cura corporis, minuuntur illæ uirtutes; decrescente illa et crescente cura animæ, crescunt illæ. Si enim ex natura corporis esset, crescente cura corporis, crescerent. Augmentata namque causa, augmentatur effectus.

Iterum cum omnis creatura corporea uel spiritus sit, conueniens fuit ut homo ex spiritu et corpore constaret, ut cum utroque aliquam affinitatem haberet. Habet ergo cum corporibus uita carentibus commune existere, cum herbis et arboribus uiuere, cum brutis animalibus sentire, cum spiritibus discernere. Inde est quod in diuina pagina *homo* dicitur omnis creatura.

XXVI. QUÆ ACTIONES SINT ANIMÆ, QUÆ CORPORIS

46.

Cum ergo ex corpore et anima homo constet, dominante tamen anima, quippe in qua est similis Creatori, inconueniens esset si corpus suas haberet actiones, anima uero non. Sed dicet aliquis: «Quomodo discernam quæ actiones in homine debeant iudicari animæ et quæ corporis?». Dicimus: illæ actiones, quæ communes sunt homini cum bruto animali, uel cum corporibus

para discernir y entender. Que discernir y entender provienen del alma se prueba así: aumentando el cuidado del cuerpo disminuyen esas virtudes y disminuyendo el cuidado del cuerpo y aumentando el del alma, esas virtudes se acrecientan. Si fuesen de la naturaleza del cuerpo, aumentando el cuidado de este, ellas aumentarían. Pues aumentando la causa aumenta el efecto.

Además, siendo toda criatura corporal o espiritual, fue conveniente que el hombre constara de cuerpo y espíritu, para que tuviera alguna afinidad con ambas cosas. De este modo, con los cuerpos que carecen de vida tiene en común el existir, con las hierbas y los árboles, el vivir, con los animales brutos el sentir, y con los espíritus, el discernir. Por eso en la Página divina se dice que el hombre es toda criatura.

XXVI. ¿QUÉ ACCIONES SON DEL ALMA Y DEL CUERPO?

46.

Constando, pues, el hombre de alma y de cuerpo, con predominio del alma, porque en ella hay una semejanza con el Creador, sería inconveniente que el cuerpo tuviera sus acciones y el alma no. Pero dirá alguno: "¿cómo podré discernir en el hombre qué acciones deban adjudicarse al alma y cuáles al cuerpo?". Decimos que todas aquellas acciones que son comunes al hombre y a los animales brutos, o que

carentibus uita, etsi anima illas in homine operetur, non debent dici animæ, sed corporis; quæ uero inueniuntur in homine, et in nullo alio corpore esse possunt, animæ sunt. Discernere ergo et intelligere, animæ est; sentire uero, et similia, corporis.

47.

Sed dicet aliquis: «Si animæ actiones non sunt, debentne dici uel uirtutes uel uitia animæ? Et quare propter illa damnatur anima uel remuneratur?» Nos uero dicimus: etsi illius non sunt actiones, eius possunt esse uitia. Cum enim ad hoc sit anima homini data ut illicitos motus corporis corrigat, ignorantia illius uel negligentia contingunt. Sicut ergo si discipulus uel seruus negligentia doctoris uel domini peccet, magister uel dominus extra culpam non est; sic nec anima illis contingentibus non ergo extra culpam est, etsi illius non sint actiones.

XXVII. QUALITER ANIMA SIT IN COMPOSITIONE HOMINIS

48.

Cum igitur homo ex anima et corpore constet, quæritur an sit apposita, an concreta, an commixta, an coniuncta. Uno quippe istorum modorum insunt omnia, quæ sunt in alicuius compositione.

---

carecen de vida en sus cuerpos, aunque en el hombre las opere el alma no deben decirse del alma sino del cuerpo. Aquellas que se encuentran en el hombre y no pueden hallarse en otro cuerpo, deben decirse del alma. Discernir y entender es propio del alma; sentir y semejantes son algo propio del cuerpo.

47.

Dirá alguno: si las acciones no son del alma, tampoco debe decirse que las virtudes y los vicios sean del alma y, sin embargo, ¿por qué se condenan y se perdonan? Nosotros decimos que, aunque las acciones no sean del cuerpo, sí pueden serlo los vicios. Como el alma le fue dada al hombre para corregir los movimientos ilícitos del cuerpo, que suceden por ignorancia o por negligencia. Así como si el discípulo o el siervo peca por negligencia del doctor o del amo, el maestro o el señor no están exentos de culpa, así tampoco el alma si esas cosas suceden. No está, pues, sin culpa, aunque las acciones no sean de ella.

XXVII. CÓMO ESTÁ EL ALMA EN EL HOMBRE

48.

Constando el hombre de alma y cuerpo, se pregunta si esta es añadida, transformada, mezclada o unida. Todo lo que entra en una composición pertenece a alguno de estos modos. No es añadida

Apposita non est, quia tunc extra corpus anima esset, nec æqualiter illud moueret. Omne etenim appositum extra illud est cui est appositum, et maiores uires habet in proximo, ut ignis alicui appositus.

Concreta non est: concretum est id quod ex sua substantia transit in alterius substantiam, ut aqua per ebullitionem in salem. Cum ergo anima non transeat in corporis substantiam, sed semper spiritus est, concreta illi non est. Commixta non est illi; nullum etenim commixtorum esse suum retinet, sed ex duobus fit unum, ut ex auro et argento electrum. Cum ergo utrumqueesse suum retineat, non sunt commixta corpus et anima. Coniuncta ergo sunt, sed ita quod tota anima in omnibus partibus est corporis esse suum retinens, tota et integra.

49.

Hic subicient: «Si in omnibus partibus tota est, abscisa una parte corporis, ablata est tota anima a corpore». Nos uero dicimus animam non esse in aliqua parte corporis, nisi dum est coniuncta corpori idoneo uitæ. Separata igitur a corporea parte, remanet anima in aliis partibus in quibus ante tota erat.

50.

Iterum quæritur an anima sit ex eodem et corpus, an ex alio. Nos dicimus nullam esse illius causam, præter solum

porque entonces estaría fuera del cuerpo y no se movería juntamente con él. Pues lo que se añade está fuera de aquello a lo que se añade, que es lo que tiene las mayores fuerzas, como si algo se pone cerca del fuego.

Transformada no es. Se transforma aquello que de una sustancia pasa a otra, como, por ejemplo, el agua, por ebullición, se hace sal. Pero el alma no se convierte en las sustancias del cuerpo, sino que permanece siendo espíritu; por lo tanto, no hay una transformación. Ninguna de las cosas que se mezclan retienen su ser propio; por lo tanto, el cuerpo y el alma no son cosas mezcladas. Están, pues, unidos, pero de tal forma que el alma está toda en cada parte del cuerpo, reteniendo todo su ser, subsistiendo entera e íntegra.

49.

Si el alma está entera en cada parte del cuerpo, si se separa una parte de este, ¿queda separada toda el alma? Nosotros decimos que el alma no está en alguna parte del cuerpo sino cuando está unida a un cuerpo idóneo para la vida. Separada una parte del cuerpo, el alma permanece en las otras, en las que estaba toda entera.

50.

Se pregunta también si el alma y el cuerpo sean de la misma parte o de otra. Nosotros decimos que ninguna respuesta

Creatorem, qui omnibus dat esse. Unde Plato, omnium philosophorum doctissimus, dicit Deum creatorem stellis creatis a se et spiritibus curam formandi hominis iniecisse, ipsum uero animam fecisse et illis tradidisse: quia ministerio spirituum et effectu stellarum corpora humana existunt et crescunt, sed sola uoluntate Creatoris anima existit.

XXVIII. DE TEMPORE CONIUNCTIONIS

51.

Iterum quæritur an humana anima ante existat quam corpus, et quando illi coniungitur. Dicimus illam non ante subsistere, quod probari potest ratione et auctoritate. Si enim ante esset, uel in miseria uel in beatitudine esset, nullo præcedente merito. Auctoritate Augustini hoc probatur, qui dicit: «Cotidie creat Deus nouas animas». Tempus uero coniunctionis illius cum corpore a nullo diffinitur. Nobis tamen post operationem informatiuæ et concauatiuæ uirtutis uidetur: tunc enim naturalis uirtus per membra potest discurrere, sine qua uita non potest esse, nec anima in corpore.

es cierta y que es el Creador solo el que da el ser a todas las cosas. Platón, el más docto de todos los filósofos, dice que Dios Creador, una vez que creó por sí mismo las estrellas, les dio a los espíritus la potestad de formar al hombre, porque por el ministerio de los espíritus y el efecto de las estrellas, existen y crecen los cuerpos humanos y, por voluntad del Creador, existe el alma.

XXVIII. EL MOMENTO DE SU UNIÓN CON EL CUERPO

51.

Se pregunta también si el alma humana existe antes que el cuerpo y cuándo se une con él. Decimos que el alma no existe antes que el cuerpo y esto puede probarse con la siguiente razón y autoridad: si existiera antes, o estaría en estado de felicidad sin que hubiera habido mérito anterior para eso. Dice Agustín: sea aprobado el que dice que "Dios todos los días crea almas nuevas"; el momento en que se une con el cuerpo no es definido por nadie; a nosotros nos parece que eso es después de la operación de la virtud informativa y perforativa; es entonces cuando la virtud natural comienza a correr por los miembros, sin lo cual no puede haber vida ni alma en el cuerpo.

XXIX. DE VIRTUTIBUS ILLIUS

52.

Huius animæ diuersæ sunt potentiæ, scilicet *intelligentia, ratio* et *memoria*. Et est intelligentia uis animæ, qua percipit homo incorporalia cum certa ratione quare ita sit. Ratio uero est quædam uis animæ, qua percipit homo quid sit res, in quo conueniat cum aliis, et in quo differat. Memoria uero est uis, qua firme retinet homo ante cognita.

53.

Sed quæritur cum istæ sint animæ proprietates, quare infans, in quo est anima, non discernit, intelligit et cetera. Ad hoc dicimus quod anima homini a Creatore habens principium, ex quo est perfecta in genere suo, omnia sciret quæ ab homine sciri possunt, nisi grauitas carnis esset, quod per primum hominem – qui ante corruptionem humanitatis, ex quo fuit, perfectam habuit scientiam humanam – probari potes. Sed modo, corrupta humanitate – ex quo coniungitur corrupto corrumpitur, nec proprietates suas potest exercere, donec usus, experientia et alicuius doctrina excitata, incipit discernere, ueluti si aliquis cum subtili acie oculorum, tenebroso carceri detrudatur, uidere tamen non potest nisi consuescat

XXIX. LAS VIRTUDES

52.

De esta alma hay diversas potencias, a saber: *inteligencia, razón* y *memoria*. La inteligencia es una fuerza del alma con la cual el hombre percibe las cosas incorpóreas, con una cierta razón de por qué es así. La razón es una fuerza del alma con la cual el hombre percibe lo que es una cosa, en qué se asemejan las cosas y en qué difieren. La memoria es una fuerza por la cual el hombre retiene las cosas que antes conoció.

53.

Estando estas propiedades en el alma, se pregunta por qué un infante, en quien está el alma, no discierne ni comprende, etc. A esto decimos que el alma del hombre, teniendo principio en el Creador, es por cierto perfecta en su género. Es por eso por lo que todo lo que el alma no sabe lo podría saber el hombre si no estuviese de por medio el peso de la carne, lo que puede probarse por el primer hombre (quien antes de la corrupción de la humanidad, desde que existió, tuvo una ciencia humana perfecta). Debido a la humanidad corrompida, de la que procede, está corrompido y no puede ejercer sus propiedades, hasta ejercitar su experiencia y recibir la doctrina ejercitada por alguien, y entonces empieza a discernir; como si alguien, por algún desperfecto de los ojos,

tenebris, uel lumen accendatur. Unde Virgilius:

quantum non noxia corpora tardant.

está en una especie de cárcel tenebrosa, y no puede ver, hasta que se acostumbre a las tinieblas o se encienda una luz. Como dice Virgilio:

"Cuanto no retardan cuerpos dañinos".

54.

In prima uero ætate nec præcessit usus experientia, nec est tempus doctrinæ conueniens. Cum enim illa ætas calida sit et humida, statim cibum digerit et appetit: unde frequenti influxione indiget et effluxione, spissusque fumus generatur, qui ascendens cerebrum, in quo uis est discernendi et intelligendi, turbat. Hanc ætatem sequitur *iuuentus*, quæ est calida et sicca. Desiccatus est enim ille naturalis humor, quem contrahit homo ex matris utero. Unde non tam spissus nascitur fumus, neque cerebrum ita turbatur. Estque ætas conueniens ad discernendum et cetera, et maxime si lampas diligentis doctrinæ accendatur. Sequitur *senectus* frigida et sicca. Extinctus est enim naturalis calor, unde in hac ætate uiget memoria, sed uires corporis deficiunt, ex frigiditate enim et siccitate, cuius est constringere, est memoria. Ex calore uero, cuius est impetum facere, uires corporis; hanc sequitur senium, frigidum et humidum. Extincto enim naturali calore, crescit frigidum flegma; unde in illa ætate deficit memoria, fiuntque

54.

En la primera edad, ni precedió un ejercicio, ni una experiencia ni hubo tiempo conveniente para una doctrina. Siendo esta edad cálida y húmeda, inmediatamente apetece y digiere el alimento y requiere un frecuente flujo y eflujo y genera un vapor espeso, que turba el cerebro, en el que está la fuerza de discernir y entender. A esta le sigue la juventud, que es cálida y seca. Ya se ha secado aquel humor natural, que el hombre contrae del útero materno; por eso no se origina un vapor tan espeso, y no se turba tanto el cerebro, y es una edad conveniente para discernir, etc. Principalmente, si enciende la lámpara de una diligente doctrina. Sigue la madurez, fría y seca; extinguido el calor natural, en esta edad prevalece la memoria; pero disminuyen las fuerzas del cuerpo. Por la frigidez y la sequedad, que comprimen, está vigente la memoria. Por el calor faltante, cuya propiedad es poner ímpetu, disminuyen las fuerzas del cuerpo. A esta sigue la ancianidad, flema fría: desfallece la memoria y los hombres se vuelven pueriles. Pues la

homines pueriles. Est enim a flegmate uis expulsiua. Hanc sequitur animæ et corporis dissolutio. Non enim extincto naturali calore diu potest homo uiuere.

flema es una fuerza expulsiva. A esto le sigue la disolución del alma y del cuerpo. Extinguido el calor el hombre no puede vivir largo tiempo.

XXX. QUALIS QUÆRENDUS SIT MAGISTER

XXX. QUÉ MAESTRO ELEGIR

55.

Et, quia de homine satis diximus, cuius est docere et doceri dicamus, quales ut doceant quærendi sint, quales ut doceantur, qualis complexio conueniens doctrinæ, in qua ætate sit incipienda et quando finienda, quis sit ordo discendi. Talis igitur ut doceat quærendus est, qui neque causa laudis, nec spe temporalis emolumenti, sed solo amore sapientiæ doceat. Si enim propriam laudem diligit, numquam discipulum ad sui perfectionem uenire uoluerit. Subtrahet ergo doctrinam, ne in eo quod plus diligit æquetur uel superetur. Si iterum spe commodi temporalis inductus doceat, non curabit quid dicat, dum nummum extorqueat. Sæpe uero plus placent nugæ quam utilia. Sed si amore scientiæ ad docendum accesserit, nec propter inuidiam doctrinam subtrahet: nec ut aliquid extorqueat, ueritatem cognitam fugiet, nec si deficiat multitudo sociorum, deficiet, sed ad instructionem sui et aliorum uigil et diligens fiet.

55.

Y como hemos hablado suficientemente sobre el hombre, hablemos de a qué corresponde enseñar y ser enseñado, quiénes deben ser buscados para enseñar y quiénes para ser enseñados. Qué temperamento es conveniente para la doctrina, a qué edad debe comenzarse, y concluirse y cuál es el orden del aprendizaje. Debe buscarse alguien que enseñe; que no enseñe por causa de alabanza, ni por la esperanza de un estipendio personal, sino por amor de la sabiduría. Si ama su propia alabanza, nunca desea que el discípulo alcance su perfección. Le retacea a su doctrina para no ser igualado o superado en aquello que más ama. Si está movido por la esperanza de una ganancia temporal, no se va a preocupar de lo que dice, mientras consiga dinero. A menudo le complacen más las vanidades que las cosas útiles. Pero si toma la enseñanza por amor a la ciencia, no va a retacear la doctrina por causa de envidia ni por conseguir dinero va a ocultar la verdad conocida, ni va a dejar su trabajo porque disminuya la cantidad de alumnos, sino

que seguirá activo y diligente en su instrucción propia y de los demás.

XXXI. QUALIS DISCIPULUS

56.

Ut doceatur uero talis diligendus est, qui non sit doctrinæ obstrepens nec superbus, nec uideatur aliquid esse, cum nihil sit; qui magistrum ut patrem diligat, uel etiam plus quam patrem: a quo enim maiora et digniora accipimus, magis diligere debemus. A patre autem esse rude accipimus, a magistro uero esse sapientes, quod maius est et dignius. Plus ergo diligendi sunt boni doctores quam parentes, nec tamen iustum est quod diligantur doctores, sed utile, ut sententiæ1 illius et uerba nobis placeant: quia in eo quem non diligimus sæpe etiam bona nobis displicent, illaque fugimus dum studemus non imitari illos quos non diligimus.

XXXII. QUÆ COMPLEXIO CONVENIENS DOCTRINÆ QUÆQUE ÆTAS

57.

Quamuis uero sanguinea complexio habilis sit ad doctrinam, quippe in omnibus temperata, tamen in omni aliquis perfectus cum labore potest esse, quia

XXXI. CÓMO DEBE SER EL DISCÍPULO

56.

Para que sea enseñado hay que elegir a alguien que no sea presuntuoso de su saber, que no sea soberbio, que no pretenda ser algo siendo nada; que ame a su maestro como un padre y aún más que un padre. De quien recibimos las cosas más grandes y más dignas, a este tanto más debemos amarlo. Del padre recibimos el ser rudos y del maestro el ser sabios, que es más digno. Por eso los buenos maestros deben ser más amados que los padres. No solo es justo que sean amados los maestros, sino que es útil que sus enseñanzas nos resulten agradables, así como las palabras de aquellos que amamos, porque las palabras de aquellos a los que no amamos a menudo nos desagradan y las evitamos y procuramos no imitar a aquellos a quienes no amamos.

XXXII. QUÉ TEMPERAMENTO ES CONVENIENTE PARA LA DOCTRINA

57.

Aunque el temperamento sanguíneo sea hábil para la doctrina, en cualquiera de ellos uno puede llegar a ser perfecto, con esfuerzo, porque el trabajo ímprobo todo

«labor improbus omnia uincit». Principio uero doctrinæ adolescentiæ est conueniens, quia, ut ait Plato, «Ætas hominis similis est ceræ, quæ si nimis mollis sit, nec figuram recipit; nec retinet similiter, si sit dura: ergo nec nimis tenera ætas, nec nimis dura, conueniens est doctrinæ». Terminus uero doctrinæ est mors. Unde quidam sapiens, cum ab eo sic quæreretur «Ubi est terminus discendi?» respondit: «Ubi et uitæ». Quidam uero philosophus cum nonagenarius moreretur, inquisitus a quodam suo discipulo si de morte doleret, ait: «Sic». Quo interrogante quare, respondit: «Quia nunc incipiebam discere».

XXXIII. QUIS SIT ORDO DISCENDI

58.

Ordo uero discendi talis est, ut quia per eloquentiam omnis sit doctrina, prius instruamur in eloquentia, cuius tres partes sunt: recte scribere et recte pronuntiare scripta (quod confert Grammatica), probare id quod probandum est (quod docet Dialectica), ornare uerba et sententias (quod tradit Rhetorica). Initiandi ergo sumus in grammatica, deinde dialectica, postea rhetorica. Quibus instructi et ut armis muniti ad studium Philosophiæ debemus accedere. Cuius hic ordo est, ut prius in Aritmetica, secundo

lo vence. En un principio para la doctrina es conveniente la adolescencia porque, como dice Platón, "la edad del hombre es semejante a la cera que si es demasiado blanda no recibe una figura, ni la retiene; igualmente si es dura. Por eso ni la edad demasiado tierna ni la demasiado dura es conveniente para la doctrina". El término de la doctrina es la muerte; por eso cierto sabio, cuando se le preguntó: "¿Cuál es el término del aprendizaje?", respondió: "Igual que el de la vida". Cierto filósofo, muriendo nonagenario, preguntado por un discípulo si se dolía por la muerte, dijo: "Sí". Y cuando el discípulo le preguntó: "¿Por qué?", dijo: "Porque ahora empiezo a aprender".

XXXIII. CUÁL SEA EL ORDEN DE APRENDIZAJE

58.

Con respecto al orden de aprendizaje, como toda doctrina se imparte a través de la elocuencia, lo primero es instruirse en la elocuencia. Esta comprende tres partes: escribir correctamente y pronunciar correctamente lo escrito y esto corresponde a la gramática; probar lo que debe probarse, y esto lo enseña la dialéctica; adornar las palabras y oraciones, y eso lo da la retórica. Debemos, pues, iniciarnos en la gramática, luego en la dialéctica y luego en la retórica. Instruidos en estas cosas y como ya provistos

in Musica, tertio in Geometria, quarto in Astronomia, deinde in diuina pagina, quippe cum per cognitionem creaturæ ad cognitionem Creatoris perueniamus.

de armas, debemos ascender al estudio de la filosofía. Y en ella el orden es el siguiente, según el cuadrivio, es decir, lo primero en ella es la aritmética, lo segundo la música, lo tercero la geometría, lo cuarto, la astronomía. A continuación, debe estudiarse la Página divina, para que lleguemos desde el conocimiento de la criatura al conocimiento del Creador.

59.

Et quoniam in omni doctrina Grammatica præcedit, de ea dicere proposuimus, quoniam – etsi Priscianus inde satis dicat – tamen obscuras dat difinitiones, nec exponit causas uero inuentionis diuersarum partium et diuersorum accentuum in unaquaque prætermittit. Antiqui uero glosatores satis bene litteram continuauerunt et fere et plerumque et regulas bene exceperunt, sed in expositione accentuum errauerunt. Quod ergo ab istis minus dictum est, dicere proposuimus; quod obscure, exponere, ut ex nostro opere aliquis causa inuentionis prædictorum quærat et difinitionum Prisciani expositiones, ex antiquis uero glosis continuationem et expositionem litteræ eiusdem et exceptiones regularum et fere et plerumque petat.

59.

Como en toda doctrina lo que precede es la gramática nos propusimos hablar de ella, porque, si bien Prisciano ha dicho bastante, sin embargo, da definiciones oscuras y no explica las causas, y deja de lado las divisiones de las diversas partes y de los distintos acentos. Los antiguos glosadores continuaron con esto bastante bien, y en la mayor parte de los casos explicaron bien las reglas, pero erraron en la exposición de los acentos. Nos hemos propuesto explicar lo que fue menos explicado por ellos y con oscuridad para el que busque en nuestra obra algunas causas del descubrimiento de estas cosas mencionadas, y de la exposición de las definiciones de Prisciano. Indague con frecuencia en las antiguas glosas la continuación y exposición de su doctrina, y la explicación de las reglas.

60.

Sed quoniam de propositis supra – idest de eis quæ sunt et non uidentur, et de eis

60.

Pero como de lo que habíamos propuesto anteriormente, es decir, de aquellas

quæ sunt et uidentur – sectantes compendia diximus, ut animus lectoris alacrior ad cetera discenda accedat, hic quartæ particulæ longitudinem terminemus.

cosas que son y no se ven, hemos hablado en forma resumida, para que el ánimo del lector acuda con más empeño a las otras cosas que han de explicarse, terminemos aquí lo que comprende la cuarta parte.

Este libro se imprimió en la Ciudad de México
el 29 de junio de 2023, Solemnidad de San Pedro y San Pablo,
Apóstoles, en Litográfica Ingramex, S.A. de C.V.
Centeno 162-1, Granjas Esmeralda, Iztapalapa,
C. P. 09810, Ciudad de México, México.